E-Government

Springer-Verlag Berlin Heidelberg GmbH

August-Wilhelm Scheer
Helmut Kruppke · Ralf Heib

E-Government

Prozessoptimierung
in der öffentlichen Verwaltung

Mit 62 Abbildungen
und 16 Tabellen

Springer

Professor Dr. Dr. h.c. mult. August-Wilhelm Scheer
e-Mail aw.scheer@ids-scheer.de

Helmut Kruppke
e-Mail h.kruppke@ids-scheer.de

Ralf Heib
e-Mail r.heib@ids-scheer.de

IDS Scheer AG
Postfach 101534
66015 Saarbrücken

ISBN 978-3-642-62475-9   ISBN 978-3-642-55456-8 (eBook)
DOI 10.1007/978-3-642-55456-8

Bibliografische Information Der Deutschen Bibliothek
Die Deutsche Bibliothek verzeichnet diese Publikation
in der Deutschen Nationalbibliografie;
detaillierte bibliografische Daten sind im Internet
über *http://dnb.ddb.de* abrufbar.

http://www.springer.de

© Springer-Verlag Berlin Heidelberg 2003
Ursprünglich erschienen bei Springer-Verlag Berlin Heidelberg New York 2003
Softcover reprint of the hardcover 1st edition 2003

Umschlaggestaltung: Erich Kirchner, Heidelberg

SPIN 10981566   43/3111 – 5 4 3 2 1 – Gedruckt auf säurefreiem Papier

Vorwort

E-Government ist in aller Munde. Es gibt fast keine Verwaltung mehr, die nicht ein eigenes E-Government-Projekt oder eine E-Government-Inititative gestartet hat. Die Erwartungen an E-Government sind entsprechend vielfältig und hochgesteckt:

E-Government wird als neuer **Motor** der **Verwaltungsreform** gepriesen.

Doch was steckt hinter dieser Entwicklung? Was macht eine erfolgreiche E-Government-Lösung aus? Und warum wird die Deutsche Verwaltung beim Ranking der E-Government-Entwicklung international bislang eher im hinteren Mittelfeld positioniert?

Diese Fragen waren Ausgangspunkt für unsere **E-Government-Studie**, die wir beim Deutschen Forschungsinstitut für Künstliche Intelligenz (DFKI) in Auftrag gegeben haben.

Zugrunde lag die Hypothese, dass Verwaltungen, welche es mit ihren hohen Erwartungen an E-Government ernst meinen, damit auch zu wirklichen Veränderungen der Verwaltungsstrukturen kommen müssen. Veränderungen bedeuten dabei konkrete **Verbesserungen** der zugehörigen **Verwaltungsprozesse**.

So wurde die **Prozessorientierung** der **E-Government-Initiativen** auf Bundes- und Landesebene zum Gegenstand der Untersuchung: Wie gehen Verwaltungen mit dem Thema der Prozessorientierung um? Verbinden sie die Einführung von E-Government-Lösungen mit einer kritischen Analyse und einer Verbesserung der bestehenden Verwaltungsabläufe? Überprüfen sie den erreichten Grad der Prozessverbesserung kontinuierlich?

Die **Ergebnisse** der **Studie** zeigen:

Verwaltungen sind sich der **Potenziale** von **Geschäftsprozessoptimierung** im Rahmen von E-Government-Projekten sehr wohl bewußt. So zählt die Verbesserung der Verwaltungsprozesse zu den am häufigsten genannten und am höchsten priorsierten E-Government-Zielen. Die Technikeuphorie und die Knappheit der Ressourcen führt jedoch häufig dazu, dass das Ziel der Prozessverbesserung in vielen Fällen während des Projektes aus den Augen verloren wird. So bietet das systematische Management der Verwaltungsprozesse ein großes Nutzenpotenzial für öffentliche Verwaltungen, welches häufig noch ungenutzt bleibt.

Die Studie hat einen **weiteren Aspekt** aufgezeigt:

Betrachtet man die deutschen E-Government-Initiativen auf Bundes- und Landesebene, wie es die vorliegende Studie getan hat, so stellt man sehr schnell fest, dass viele Synergien und Energien durch ein paralleles und unabgestimmtes Neuerfinden der E-Government-Lösungen vergeudet werden. Dies wird um so deutlicher, wenn die Kommunen in die Betrachtung mit eingezogen werden. An dieser Stelle ist die geplante vertikale Öffnung der BundOnline2005-Initiative zu begrüßen. Nur eine **Kooperation** von **Bund**, **Land** und **Kommunen** kann Deutschland im internationalen Vergleich in die Spitzengruppe des E-Government führen. Und auch hier kann das Management der Verwaltungsprozesse eine entscheidende Rolle spielen. So gilt es, nicht nur technologische Lösungen, sondern auch erfolgreiche E-Government-Prozesse auszutauschen. Die Modellierung der Verwaltungsprozesse liefert hierzu eine wertvolle Wissensbasis, um "Best-Practice" zwischen Verwaltungen auszutauschen.

So gilt mehr denn je für die Zukunft in der öffentlichen Verwaltung:

"Kein E-Government-Erfolg ohne Prozessveränderung!"

Wir danken den Herren Öner Güngöz und Christian Seel vom Institut für Wirtschaftsinformatik am DFKI für die umfangreiche Analyse und Unterstützung zur Erstellung der vorliegenden E-Government-Studie. Darüber hinaus danken wir Frau Birte Lang-Lendorff sowie Björn Welchering für Ihre Unterstützung bei der Fertigstellung des druckreifen Manuskriptes.

Saarbrücken, im April 2003

Prof. Dr. Dr. h.c. mult. August-Wilhelm Scheer

Helmut Kruppke

Ralf Heib

Inhaltsverzeichnis

Kein E-Government-Erfolg ohne Prozessveränderung
Gestaltung organisationsübergreifender Geschäftsprozesse in der öffentlichen Verwaltung

The Virtual Government is Near!
Strategien, Prozesse, Technologien
Studie und Marktübersicht (Oktober 2002)

Kein E-Government-Erfolg ohne Prozessveränderung

Gestaltung organisationsübergreifender Geschäftsprozesse in der öffentlichen Verwaltung

1 E-Government - öffentliche Verwaltung als Netzwerk gestalten

Euphorie und Wehklagen um das Thema E-Business in der **Wirtschaft** haben es gezeigt: **erfolgreich** mit **E-Business** waren nur die Unternehmen, welche das "E", also die Technologie, mit dem Business, also dem Geschäftsmodell und dem Kundennutzen, verbunden haben. Viele rein technologie-getriebene E-Business-Projekte ohne klaren Kundennutzen und tragfähiges Geschäftsmodell sind schnell gescheitert.

Nicht anders ist die Situation in der **öffentlichen Verwaltung**: die alleinige Einführung von **Internet-Technologie** in Verwaltungen macht **noch kein E-Government**. Auch führt die internet-gestütze Umsetzung bestehender Verwaltungsprozesse längst noch nicht automatisch zu den erhofften Verbesserungen. So birgt die "Elektrifizierung" veralteter und ineffizienter Verwaltungsprozesse die Gefahr, neue Insellösungen zu schaffen. Ähnlich wie bei der Einführung betriebswirtschaftlicher Standardsoftware, welche in den letzten Jahren eine erheblich Veränderung der internen Prozesse in öffentlichen Verwaltungen mit sich gebracht hat, wird auch das Internet ohne einhergehende Neugestaltung der Prozesse für die Verwaltungen nur von geringem Nutzen sein.

Ein einfaches **Beispiel** hierfür ist das Thema **"Elektronische Signatur"**. Mit Public Key Infrastructure (PKI)-Lösungen ist die technische Basis für die Umsetzung der Elektronischen Signatur vorhanden. Trust Center bieten die notwendigen Dienstleistungen dazu. Gleichzeitig sind mit dem Signaturgesetz (SigG) auch die gesetzlichen Rahmenbedingungen geschaffen.

Die Verwaltungen sind somit gezwungen, ab dem Jahre 2003 die elektronische Signatur zu akzeptieren. Dies wird von den Verwaltungen durch die Einführung der notwendige Infrastruktur auch technisch umgesetzt. Die Überlegungen zur organisatorischen Umsetzung beschränken sich jedoch dabei oft weitestgehend auf die Einrichtung einer "virtuellen Poststelle", welche die eingehenden Nachrichten entschlüsseln und verteilen soll. Doch Zweifel am Erfolg eines solchen Vorgehen sind angebracht. So wird hier nur ein Teilausschnitt des gesamten Prozesses zwischen Bürger und Verwaltung betrachtet. Mit einer Virtuellen Poststelle werden **bestehende, überholter Verwaltungsstrukturen elektrifiziert**. Eine systematische Analyse der Verbesserungspotenziale, welche die Elektronische Signatur für den gesamten Prozess bringen kann, bleibt aus. Auch der Kundennutzen wird nur eingeschränkt in die Betrachtung einbezogen: Unter welchen Bedingungen wird ein Bürger überhaupt die elektronische Signatur einsetzen? Wird er dafür Geld bezahlen? Welches sind die geeigneten Vertriebskanäle? Welche weiteren Partner müssen in die Lösung mit einbezogen werden?

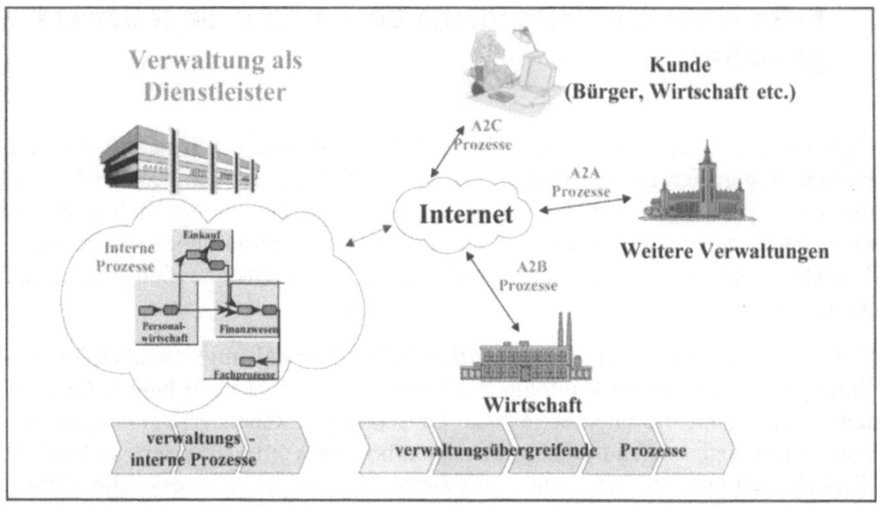

Abb. 1. Prozessintegration im E-Government-Netzwerk

Das einfache Beispiel zeigt, **dass E-Government weit über technologische Fragen hinaus** geht. **Verwaltungen** müssen sich als **Teil eines Netzwerkes** verstehen, welches sie aktiv mit gestalten können. Wesentliche Knoten dieses Netzwerkes sind die Bürger, die Wirtschaft und die Verwaltung selbst. Jeder dieser Knoten kann unterschiedliche Rollen übernehmen. So kann die Wirtschaft sowohl Dienstleister, als auch Kunde oder Kooperationspartner sein. Ähnlich verhält es sich mit den weiteren Verwaltungen, zu denen vielfältige Beziehungen bestehen.

Das aktive Gestalten des E-Government-Netzwerkes beginnt mit der Analyse der **Nutzensituation der beteiligten E-Government-Partner** und findet seine operative Umsetzung in der **Gestaltung der Prozesse zwischen den beteiligten Partnern**. So sind neben den internen Prozessen, die Prozesse zum Bürger (A2C), zur Wirtschaft (A2B) sowie zu den weiteren Verwaltungen auf horizontaler und vertikaler Ebene (A2A) zu gestalten.

Das **Management dieser Prozese** wird somit zum wesentlichen Ansatzpunkt für ein erfolgreiches E-Government.

2 Strategie, Organisation und Technologie in Einklang bringen

Für die Umsetzung von E-Government benötigen Verwaltungen einen **Rahmen**, der die Initiierung, Organisation und Koordination der verschiedenen **E-Government-Aktivitäten** ermöglicht.

Die inhaltliche Ausgestaltung des E-Government-Rahmens muss dabei sowohl die Ebenen „**Strategie**", „**Organisation**" als auch „**Technologie**" berücksichtigen.

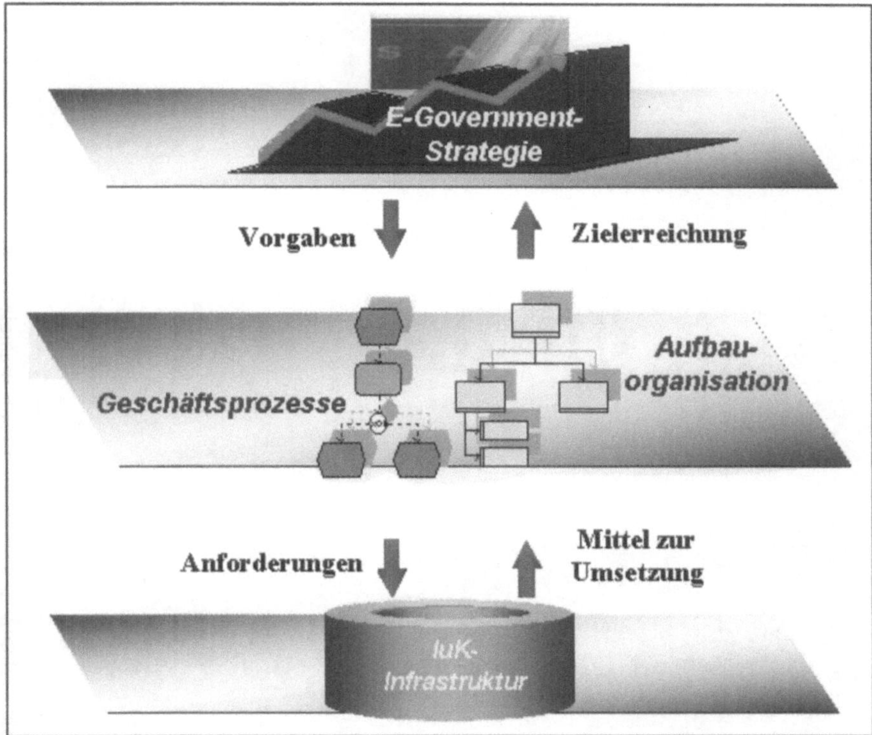

Abb. 2. E-Government durchgängig umsetzen

So gilt es, für die einzelnen Prozessbereiche Ziele und Strategien zu formulieren, welche sowohl organisatorisch als auch IT-technisch umzusetzen sind. Die einzelnen Ebenen stehen dabei in einem engen wechselseitigen Verhältnis. So kann die Vorgehensweise nicht mehr nur aus einem klassischen Top-down-Ansatz "Strategie-Organisation-Infrastruktur" bestehen. Vielmehr sind auch die techologischen Entwicklungen systematisch auf Ihre Auswirkungen auf Organisation und Strategie zu bewerten.

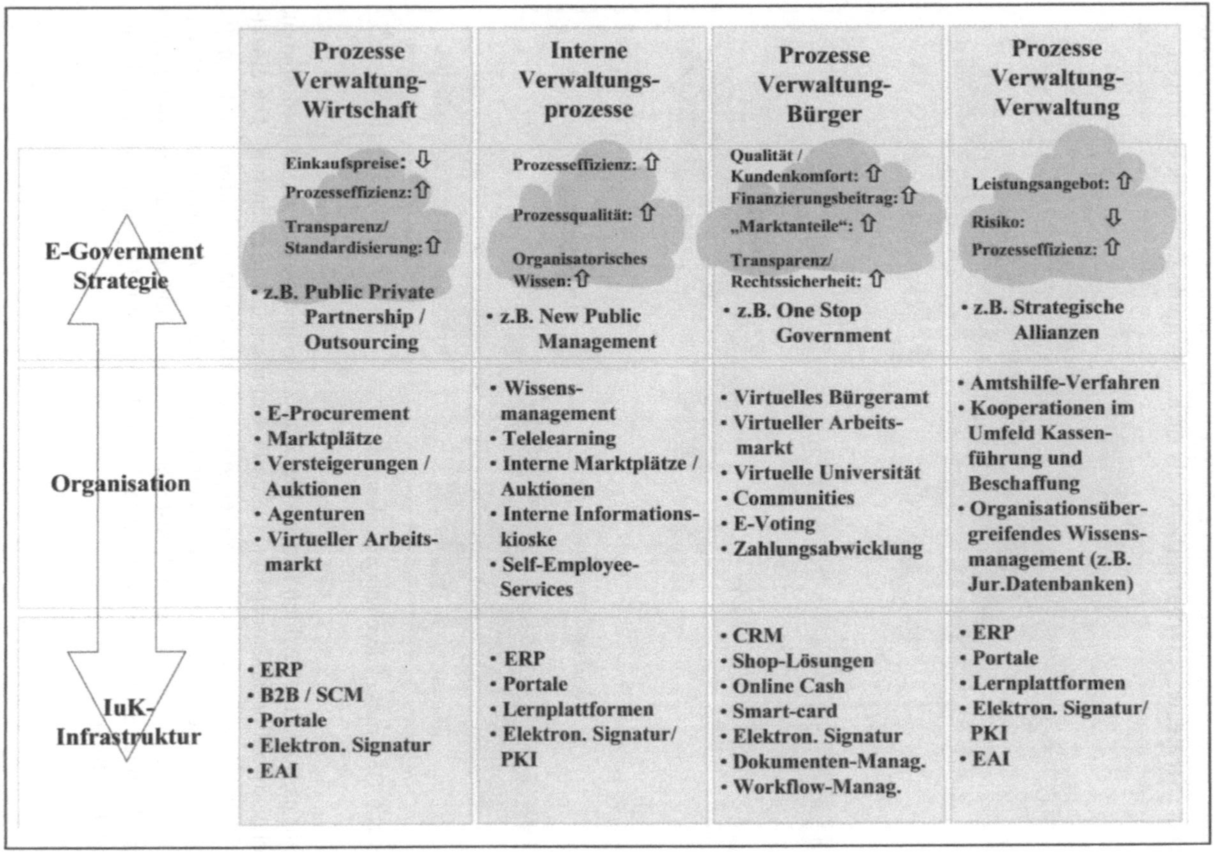

	Prozesse Verwaltung-Wirtschaft	Interne Verwaltungs-prozesse	Prozesse Verwaltung-Bürger	Prozesse Verwaltung-Verwaltung
E-Government Strategie	Einkaufspreise: ⇩ Prozesseffizienz: ⇧ Transparenz/ Standardisierung: ⇧ • z.B. Public Private Partnership / Outsourcing	Prozesseffizienz: ⇧ Prozessqualität: ⇧ Organisatorisches Wissen: ⇧ • z.B. New Public Management	Qualität / Kundenkomfort: ⇧ Finanzierungsbeitrag: ⇧ „Marktanteile": ⇧ Transparenz/ Rechtssicherheit: ⇧ • z.B. One Stop Government	Leistungsangebot: ⇧ Risiko: ⇩ Prozesseffizienz: ⇧ • z.B. Strategische Allianzen
Organisation	• E-Procurement • Marktplätze • Versteigerungen / Auktionen • Agenturen • Virtueller Arbeits-markt	• Wissens-management • Telelearning • Interne Marktplätze / Auktionen • Interne Informations-kioske • Self-Employee-Services	• Virtuelles Bürgeramt • Virtueller Arbeits-markt • Virtuelle Universität • Communities • E-Voting • Zahlungsabwicklung	• Amtshilfe-Verfahren • Kooperationen im Umfeld Kassen-führung und Beschaffung • Organisationsüber-greifendes Wissens-management (z.B. Jur.Datenbanken)
IuK-Infrastruktur	• ERP • B2B / SCM • Portale • Elektron. Signatur • EAI	• ERP • Portale • Lernplattformen • Elektron. Signatur/ PKI	• CRM • Shop-Lösungen • Online Cash • Smart-card • Elektron. Signatur • Dokumenten-Manag. • Workflow-Manag.	• ERP • Portale • Lernplattformen • Elektron. Signatur/ PKI • EAI

Abb. 3. Rahmen für E-Government-Strategie

Werden die Ebenen „Strategie", „Organisation" und „IuK-Infrastruktur" für die relevanten Prozessbereiche (Wirtschaft-Verwaltung, Verwaltung intern, Bürger-Verwaltung sowie Verwaltung-Verwaltung) betrachtet, ergibt sich **ein Raster zur Systematisierung der E-Government-Aktivitäten** einer Verwaltung. Abbildung 3 zeigt ein mögliches Beispiel.

So werden jeweils ausgehend von den Zielen der Verwaltung **übergreifende Strategien** (z.B. "Public Private Partnership" oder "One Stop-Government") formuliert, die **organisatorischen Umsetzungsformen** festgelegt und **relevante Technologien** zur Umsetzung ausgewählt.

Die **Stabilität der Festlegungen** in dem E-Government-Rahmenwerk nimmt zur technologischen Ebene hin auf grund des hohen Innovationstempos stark ab. ERP-Standardsoftware, Workflow- und Dokumentenmanagement, Public Key Infrastructure (PKI), Portale, Customer Relationship- und Supply Chain Management (SCM)-Lösungen oder auch Enterprise Application Integration (EAI) sind nur einige Beispiele für die große Bandbreite an relevanten Technologien.

3 Verwaltungsprozesse als zentraler E-Government-Baustein

Die **Organisation** stellt das **Bindeglied** zwischen der **E-Government-Strategie** (was wollen wir erreichen?) und der **E-Government-Technologie** (welche Möglichkeiten zur technischen Umsetzung bestehen?) dar.

Die organisatorische Ausgestaltung der E-Government-Lösung hat dabei einen unmittelbaren Einfluß auf den E-Government-Erfolg. Im Zentrum der organisatorischen Lösung stehen die **Verwaltungsprozesse**. Mit den neuen Verwaltungsprozessen werden die zu erwartenden Nutzeneffekte im Sinne von Effektivität, Effizienz und Qualität bestimmt. Im Vergleich zur technologischen Lösung, die kürzeren Innovationszyklen unterliegt, hat die Prozessbeschreibung dabei eine weitaus höhere Stabilität.

Auf dem Weg zur E-Government-Lösung müssen die Verwaltungen die **Transformation** der bestehenden Verwaltungsprozesse **systematisch steuern**. Ein **Vorgehensmodell** für diesen Prozess zeigt die nachfolgende Abbildung.

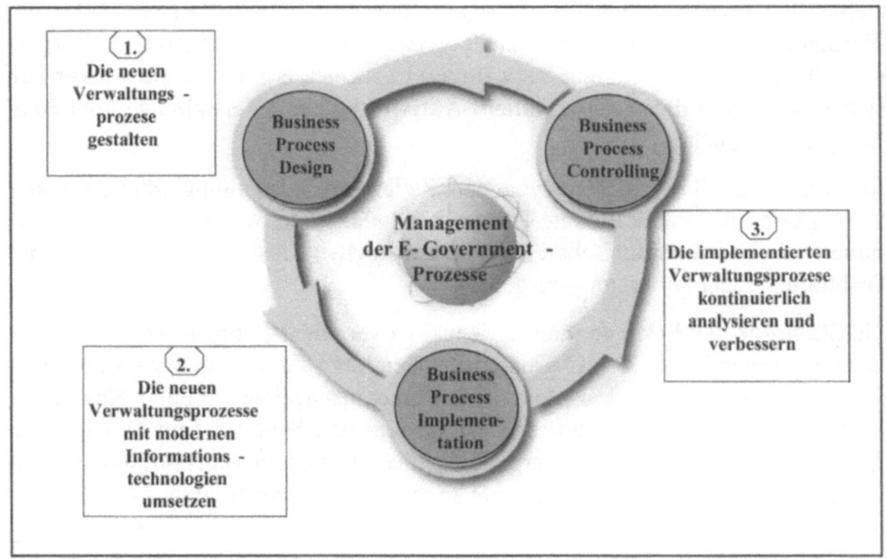

Abb. 4. Management der E-Government-Prozesse

Es handelt sich um einen Ansatz zum ganzheitlichen Management der E-Government-Prozesse. Ziel ist die Unterstützung der **E-Government-Prozesse** während ihres gesamten **Lebenszyklus**. Im industriellen Umfeld spricht man hierbei von **"Business Process Management (BPM)"** oder **"Geschäftsprozessmanagement (GPM)"** (vgl Jost 2002).

Im ersten Schritt (**Business Process Design**) erfolgt die Gestaltung der neuen E-Government-Prozesse. Dies umfaßt die kritische Analyse der bestehenden und die Festlegung der neuen Verwaltungsprozesse. Zur Beschreibung der Verwaltungsprozesse können dabei Werkzeuge zur grafischen **Geschäftsprozessmodellierung**, wie z.B. das ARIS Toolset (vgl. Scheer 2002), eingesetzt werden.

Bei der Beschreibung der Verwaltungsprozesse empfiehlt sich ein **Top-down-Ansatz**, der ähnlich wie die Ebenen einer Landkarte auf einer hoch agregierten Ebene beginnt und dann sukzessive die Prozesse weiter detailliert (vgl. Bürmann 2002).

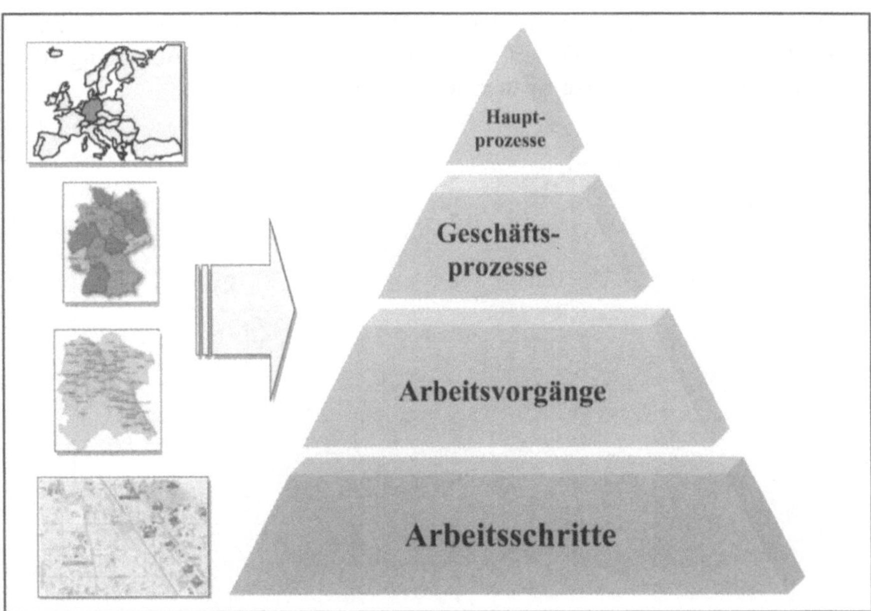

Abb. 5. Top-down-Vorgehen zum Design der Verwaltungsprozesse

So wird eine **Architektur der E-Government-Prozesse** erarbeitet. Diese ermöglicht auf einer hohen Ebene die Diskussion mit der Verwaltungsleitung, so z.B. zur Abgrenzung der einzelnen E-Government-Vorhaben im Sinne einer Projektlandkarte. Die nachfolgende Abbildung zeigt eine Prozessarchitektur zur Beschreibung der Prozesse auf einer hohen Abstraktionsebene. Dabei wird die Methode der **Wertschöpfungskettendiagramme** zur Dokumentation verwendet.

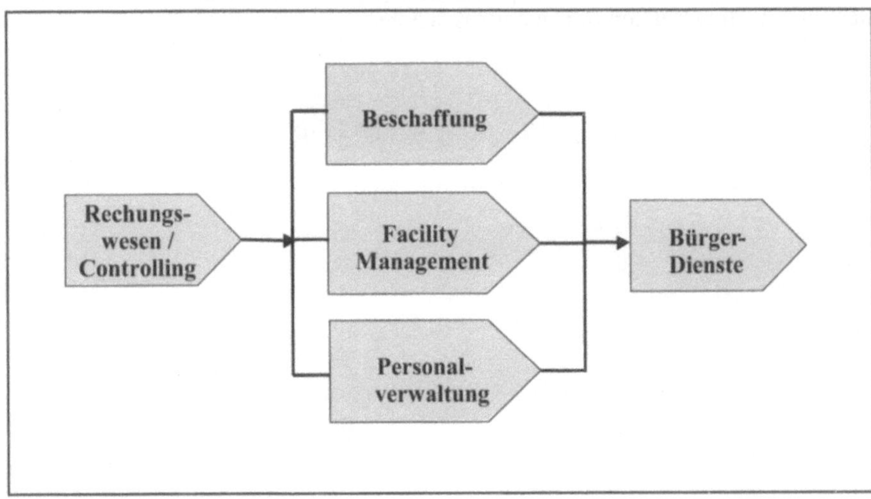

Abb. 6. Prozessarchitektur

In den weiteren Detaillierungsschritten werden hieraus die zu implementierenden
E-Government-Prozesse im Detail erarbeitet. Die nachfolgende Abbildung zeigt,
wie die Prozesse über mehrere Ebenen ausgearbeitet werden.

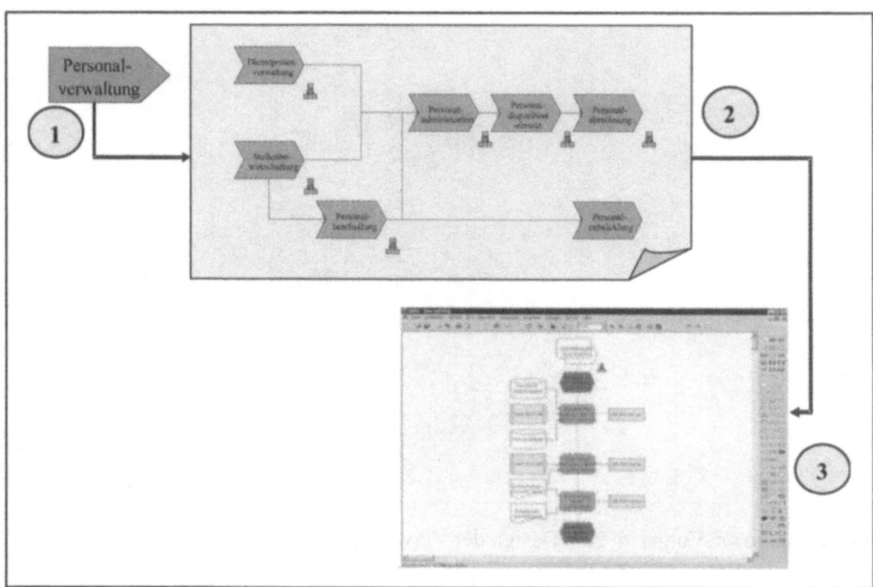

Abb. 7. Schrittweise Detaillierung der Verwaltungsprozesse

Zur Dokumentation der Detailprozesse wird schließlich die Methode der **Ereig-
nisgesteuerten Prozessketten (EPK)** verwendet. Diese Methode ermöglicht die
strukturierte Beschreibung der logischen Abfolge der Einzelaktivitäten sowie der
Informationsflüsse innerhalb des Prozesses, die Erfassung der für die einzelnen
Aktivitäten verantwortlichen Organisationseinheiten und Stellen sowie der zur
Unterstützung eingesetzten Informationssysteme.

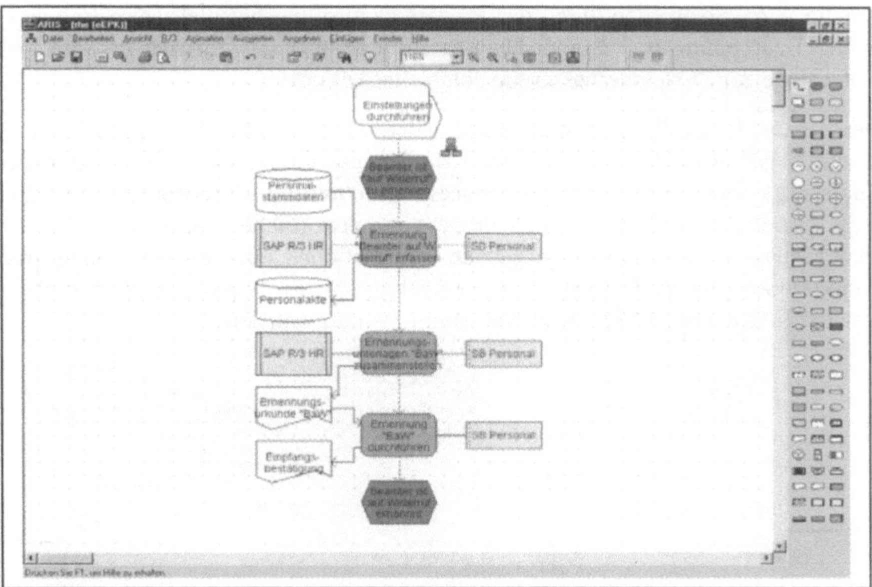

Abb. 8. Beispiel einer Prozessdokumentation

Die Erfassung der Prozessstukturen ermöglicht schließlich die **Bewertung der Prozesse** nach Kriterien wie **Qualität, Zeiten und Kosten**. So werden die Ziel-kriterien mit ihren Soll-Ausprägungen zu Beginn der Design-Phase definiert und als Gradmesser für die Ausgestaltung der neuen Soll-Prozesse verwendet. Bei der Gestaltung der neuen Verwaltungsprozesse kann dabei auch auf bestehende **Erfahrungswerte** aus vergleichbaren Projekten ("**Best Practice**") zurück gegriffen werden. So können Verwaltungen Erfahrungswissen untereinander in Form von sogenannten **Referenzmodellen** austauschen, welche den Design-Prozess erheblich beschleunigen. So können die Verwaltungen in einem Großteil der Bereiche Standardprozesse übernehmen und sich auf solche Bereiche konzentrieren, in denen sie spezifische Lösungen benötigen.

Ausgehend von dem Design der E-Government-Prozesse erfolgt schließlich deren Implementierung (**Business Process Implementation**). Die Prozess-Struktur bildet hierbei den Rahmen für die Auswahl und die Integration unterschiedlicher E-Government-Technologien. So können beispielsweise die Daten der Prozessbeschreibung zur Konfiguration von Workflow- und Dokumentenmanagement-Systemen sowie Standardsoftware oder auch zur Generierung von Individualsoftware-Lösungen verwendet werden.

Um sicher zu stelllen, dass die E-Government-Lösung nach der Implementierung auch weiterentwickelt und an neue Anforderungen angepaßt wird, erfolgt im dritten Schritt ein Prozess-Controlling (**Business Process Controlling**). Das Prozess-Controlling liefert kontinuierlich Daten über die Ist-Prozesse und identifiziert Prozessbereiche, in denen eine Anpassung der definierten Prozess-Strukturen notwendig wird. So werden durch das Prozess-Controlling beispielsweise Engpässe in der Bearbeitung von Bürger-Dienstleistungen über das Internet erkannt und Vorschläge zur Prozessverbesserung eingeleitet.

Das Prozess-Controlling gewinnt insbesondere dann an Durchschlagskraft, wenn es durch geeignete Werkzeuge, wie z.B. **Process Performance Management-Tools** (vgl. Jost 2001), oder ein **Process Information Warehouse** unterstützt wird. Dabei bekommt der für den Prozess verantwortliche Prozess-Eigner in einem Management-Cockpit tagesgenaue Informationen zum Zielerreichungsgrad seiner E-Government-Prozesse. Ein werkzeuggestütes, kontinuierliches Verbessern der E-Government-Prozesse wird somit institutionalisiert.

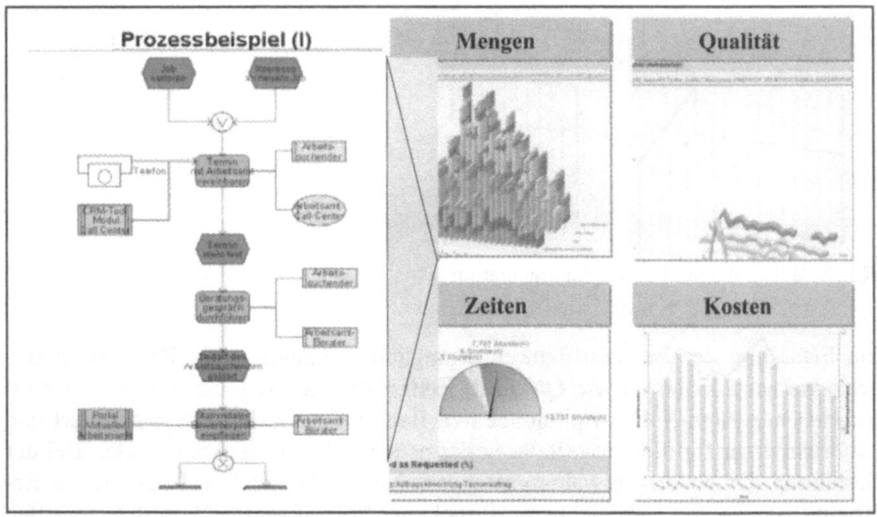

Abb. 9. Kontinuierliche Verbesserung der E-Government-Prozesse durch Prozess-Controlling

4 Nutzen eines prozessorientierten E-Government-Ansatzes

Der **Reifegrad** von **E-Government-Lösungen** wird häufig mit den vier Stufen

- **Information** (es werden für den Bürger lediglich Informationen bereit gestellt),

- **Kommunikation** (es wird dem Bürger eine Online-Kommunikation ermöglicht),

- **Interaktion** (es werden bereits einfache Prozesse abgewickelt) und

- **Transaktion** (der Bürger stößt umfassende Bearbeitungsprozesse innerhalb der Verwaltung an)

beschrieben (vgl. Umsetzungsplan 2001).

Viele Verwaltungen stehen erst jetzt kurz vor dem Einstieg in die Stufe "Transaktion". Spätestens ab hier ist der Erfolg von E-Government untrennbar mit der Neugestaltung und Verbesserung der betreffenden Verwaltungsprozesse verbunden. Und genau hier entstehen die **Synergie- und Effizienzvorteile** für die betreffenden Verwaltungen.

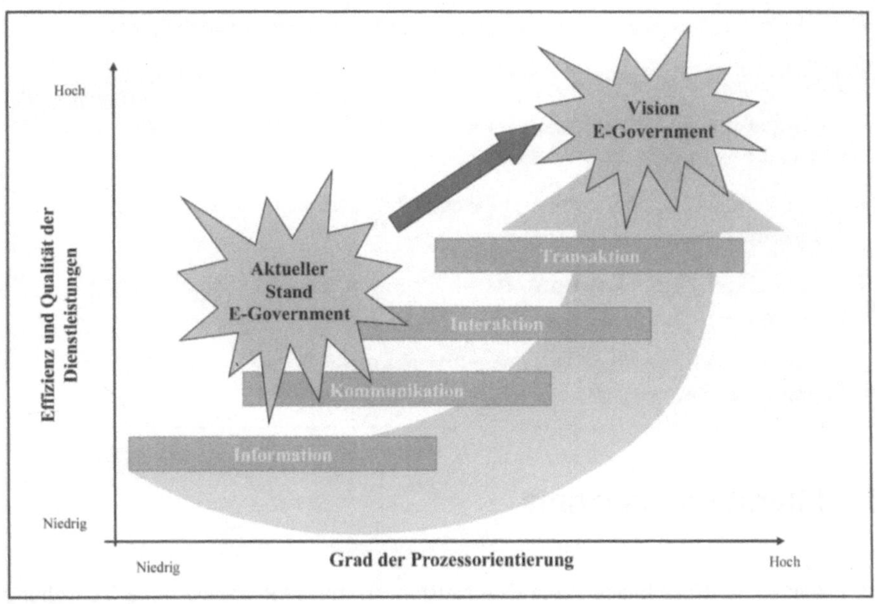

Abb. 10. Entwicklung zum prozessorientierten E-Government

Daher spricht sehr viel dafür, im Rahmen der E-Goverment-Vorhaben bereits von Anfang an ein **systematisches Management der E-Goverment-Prozesse** zu etablieren.

So werden für das betreffende E-Government-Netzwerk die relevanten Verwaltungsprozesse identifiziert und neu gestaltet, mit modernen Informationstechnologien umgesetzt und kontinuierlich verbessert.

Die systematische Prozessbetrachtung führt im Rahmen der E-Government-Projekte insgesamt zu folgenden **Nutzeffekten**:

- **Transparenz** über die relevanten E-Government-Prozesse,

- Einheitliche **Kommunikations-Plattform** für die Projektbeteiligten,

- Konsequente Ausrichtung der E-Government-Prozesse auf den **Kunden**,

- Optimierung der betreffenden E-Government-Prozesse nach **Effizienz- und Qualitätskriterien**,

- Sichere Basis zur **Auswahl** und **Integration** geeigneter **E-Government-Technologien**,

- Sicherstellung einer **kontinuierliche Verbesserung** der E-Government-Prozesse sowie

- **Wiederverwendbarkeit** der Projektergebnisse z.B. zur Personalbedarfs-planung oder zum Aufbau eines Qualitätsmanagements.

5 Literaturverzeichnis

Bürmann; R., C. Hüsselmann: Vom Geschäftsprozess zur SAP-Lösung, in: e-Verwaltung, Ausgabe 3, März 2002, S. 33 f.

Jost; W. Geschäftsprozessmanagment: Kernaufgabe einer jeden Unternehmensorganisation, in: A.-W. Scheer; Jost, W.: ARIS in der Praxis. Gestaltung, Implementierung und Optimierung von Geschäftsprozessen. Berlin, Heidelberg 2002, S. 33 f.

Jost; W. Prozess-Tuning für Collaborative Business; in: Computerwoche Extra, Ausgabe 9, 20. November 2001

Scheer, A.-W.: ARIS – Vom Geschäftsprozess zum Anwendungssystem; Springer Verlag, Berlin et al.; 1. Auflage, 1991; aktuell: 4. Auflage, 2002

Umsetzungsplan für die eGovernment-Initiative BundOnline2005, Kabinettsbeschluss vom 14. November 2001, S. 16.

The Virtual Government is Near!

Strategien, Prozesse, Technologien
Studie und Marktübersicht
(Oktober 2002)

1 E-Government – Verwaltung der Zukunft

Forschungs- und Entwicklungstätigkeiten widmen sich seit Jahrzehnten *Technologie* intensiv dem Gebiet der Informations- und Kommunikationstechnologie (IuK). Obwohl der weltweite Wandel der Industrienationen zu Informations- und Wissensgesellschaften längst vollzogen ist, vergeht kaum ein Monat, in dem nicht neue Technologien auf den Markt drängen, die Wirtschaft, Wissenschaft, Politik und Gesellschaft entscheidend beeinflussen und vor neue Herausforderungen stellen. Das Zusammenwachsen von Telekommunikation und elektronischen Massenmedien, bedingt durch technologische Innovationen, ist sowohl in quantitativer als auch in qualitativer Hinsicht zu einem zentralen Thema der heutigen „E-conomy" geworden. So hat beispielsweise die Leistungsfähigkeit aktueller Übertragungs- und Computer-Technologie dem Internet neben seiner von Unternehmungsseite betonten Bedeutung als „Vertriebsweg der Zukunft" zusätzlich zu einer neuen gesellschaftlich bedeutenden Rolle verholfen.

Nachdem die Privatwirtschaft bereits seit einigen Jahren hohe Standards *Electronic* in der Erbringung elektronischer Dienstleistungen etabliert hat, ist der *Government* Einfluss neuer Informations- und Kommunikationstechnologien auf den öffentlichen Sektor weltweit Gegenstand einer bedeutenden Diskussion in der gegenwärtigen Politik. Unter der Bezeichnung *Electronic Government (E-Government)* setzen öffentliche Verwaltungen in immer größerem Umfang elektronische Medien sowohl an der Schnittstelle zu Bürger und Unternehmen als auch im internen Bereich ein. Hierbei sieht sich der Staat mit hohen Ansprüchen der Informationsgesellschaft konfrontiert, welche allein mit der bloßen Digitalisierung von Dienstleistungen oder einer rein informativen Internet-Präsenz nicht erfüllt werden können. Neben dem elektronischen Behördenverkehr umfasst E-Government zudem die Schaffung international abgestimmter Rahmenbedingungen zur Förderung innovativer Geschäftsmodelle der Wirtschaft.

Eine genaue Abschätzung der Nutzenpotenziale des Einsatzes der neuen *Verwaltung der* Technologien ist allerdings nur schwierig vorzunehmen. Es ist jedoch da- *Zukunft* von auszugehen, dass bei der Realisierung eines umfassenden E-Government der Gestaltung der Ablauforganisation eine wesentliche Bedeutung zukommt. Schon die Erfahrungen im E-Business haben gezeigt, dass die Implementierung ausgefeilter technologischer Lösungen kein Garant für den Geschäftserfolg ist. Vielmehr müssen „Front"- und „Back-End" unter gleichzeitiger Berücksichtigung von Optimierungsmöglichkeiten umfassend integriert werden, um zum Nutzen von Bürgern und Wirtschaft zuverlässige und durchgängige Leistungen bereitzustellen. Die Verwaltung erhält gleichzeitig die Chance, sich zu einem Dienstleister zu entwickeln, der mit Hilfe schlanker Prozesse flexibel und kostengünstig zur Zufriedenheit seiner Kunden agiert – als Verwaltung der Zukunft.

2 Nutzungshinweise

2.1 Ziel der Studie

Ziel der Studie ist es, dem interessierten Leser einen Einblick in die aktu- *Zielsetzung*
ellen E-Government-Aktivitäten in Deutschland sowohl auf Bundes- als
auch auf Landesebene zu geben. Die Überprüfung der Prozessorientierung der einzelnen Initiativen bildet dabei einen Schwerpunkt der Betrachtung. Die Darstellung des Status Quo versteht sich als „Marktüber-
blick" und soll die Charakteristika der verschiedenen Vorgehensweisen
aufzeigen. Dabei werden die folgenden Aspekte berücksichtigt:

> ❏   Einführung in die Thematik des E-Government
>
> ❏   Bedeutung des Prozessmanagements für ein effektives
>   E-Government
>
> ❏   Übersicht über die Initiative BundOnline 2005
>
> ❏   Übersicht über die Länderinitiativen
>
> ❏   Aufzeigen der Prozessorientierung in Bundes- und Landesver-
>   waltungen auf Basis einer Primärbefragung

Box 1: Aspekte der Studie

Der Einsatz der Informations- und Kommunikationstechnologien nimmt *Entwicklungstenden-*
sowohl auf die Verwaltungsleistungen und deren Bereitstellung als auch *zen*
auf die Art des Arbeitens in den Verwaltungen einen grundlegenden Einfluss. Die Herausforderungen, die sich damit den Verwaltungen stellen,
werden im Rahmen der Betrachtungen den Entwicklungen in den verschiedenen Behörden gegenübergestellt. Abschließend wird ein Zukunfts-
szenario skizziert und eine mögliche Entwicklung des E-Government hinsichtlich umfassender Strategien aufgezeigt.

Damit die genannten Aspekte detailliert untersucht werden konnten, wur- *Vorgehen bei der Er-*
de ein mehrstufiges Vorgehen gewählt. Zum einen erfolgte die Recherche *hebung*
der Schwerpunkte von BundOnline 2005 sowie der Aktivitäten in den 16
Bundesländern anhand der offiziellen Dokumentationen und Berichte.
Zum anderen wurden in einer Primärerhebung Daten zu den Themenbereichen „Prozessorientierung" und „Technologieeinsatz" erhoben. Sowohl
die Fragebögen als auch die Dokumentationen wurden anschließend aus-
gewertet. Der Erhebungszeitraum erstreckte sich von Mitte Juli bis Ende
August 2002. Die gewonnenen Erkenntnisse wurden in der Beschreibung
des Zukunftsszenarios berücksichtigt.

Vollständigkeit und Bewertung Die Darstellung der E-Government-Initiativen und Aktivitäten in dieser Arbeit stellt lediglich ein kaleidoskopartiges Bild der deutschen E-Government- bzw. Verwaltungsreform-Landschaft dar. Die Beschreibung des Status Quo nimmt weder eine Klassifizierung vor, noch erhebt sie Anspruch auf Vollständigkeit. Eine grundsätzliche Bewertung der verschiedenen Initiativen kann und soll nicht vorgenommen werden.

Zielgruppen Die Studie „E-Government – Strategien, Prozesse, Technologien" richtet sich vor allem an die in Box 2 gezeigte Zielgruppen.

> ❑ Entscheidungsträger und IT-Verantwortliche in den Verwaltungen, die einen Überblick über die verschiedenen Aktivitäten auf Bundes- und Landesebene, über Erfolgsfaktoren und Anregungen zur Gestaltung ihres E-Government benötigen.
>
> ❑ Beratungsunternehmen, die Erfolgsfaktoren für eine aussichtsreiche Umsetzung von E-Government-Szenarien kennen müssen.
>
> ❑ Hard- und Softwarehersteller sowie Systemhäuser, die Geschäftschancen im Bereich des E-Government wahrnehmen möchten.

Box 2: Zielgruppen der Studie

2.2 Aufbau der Studie

Der strukturelle und logische Aufbau der vorliegenden Studie wird in Abbildung 1 durch einen Graphen visualisiert:

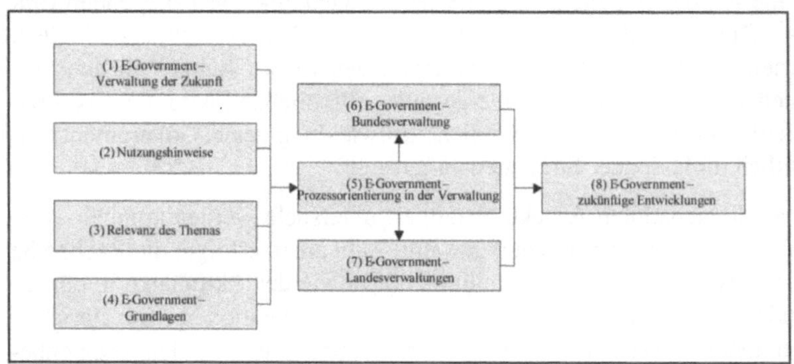

Abbildung 1: Aufbau der Studie

Themenrelevanz Im dritten Kapitel werden unter „Relevanz des Themas" Entwicklungen aufgezeigt, die unmittelbaren Einfluss auf die zukünftige Gestaltung der Verwaltung haben.

Das vierte Kapitel „E-Government – Grundlagen" erläutert die zum Verständnis der Studie notwendigen Grundbegriffe. Ausgehend von der öffentlichen Verwaltung in der Informationsgesellschaft erfolgt die Definition und Erläuterung des Begriffs E-Government. Eine Abgrenzung zu den Konzepten der Verwaltungsmodernisierung sowie ein Überblick über den Status Quo der Umsetzung vervollständigen den Überblick und geben ein umfassendes Bild über die aktuellen Entwicklungen im öffentlichen Sektor. *Grundlagen*

Der Zusammenhang zwischen der Gestaltung der spezifischen Geschäftsprozesse und deren Auswirkung auf Effektivität und Effizienz von E-Government-Konzepten ist Gegenstand des fünften Kapitels „E-Government – Prozessorientierung in der Verwaltung". Nach einer Darstellung einer ganzheitlichen Prozessarchitektur für die Verwaltung wird ein Überblick über die Grundlagen des Prozessmanagements und dessen Einfluss auf die Bereitstellung elektronischer Dienstleistungen gegeben. *Prozessorientierung in der Verwaltung*

Basierend auf den in Kapitel fünf erarbeiteten Erkenntnissen erfolgt dann im Kapitel „E-Government – Bundesverwaltung" eine Untersuchung der Prozessorientierung bei Umsetzung von E-Government-Konzepten in der Bundesverwaltung. Gegenstand der Betrachtung ist hier die Initiative „BundOnline 2005", in deren Rahmen die elektronische Umsetzung zentraler Dienstleistungen der Bundeseben erfolgen soll. Nach einem allgemeinen Überblick über die Ziele, Schwerpunkte und Vorgehensweise der Initiative erfolgt eine detaillierte Untersuchung der Prozessorientierung in der Umsetzungsplanung. Die Untersuchung stützt sich zum einen auf eine umfassende Recherche der von der Bundesverwaltung angebotenen Informationsmaterialien, zum anderen aber auch auf die Ergebnisse der Primärerhebung. Die schriftliche Befragung der in die Initiative involvierten obersten Bundesbehörden und Bundesoberbehörden verschafft dabei Einblicke, die über die allgemeinen öffentlichen Darstellungen hinausgehen. Ausgewählte Ergebnisse der Erhebung können im zweiten Teil des sechsten Kapitels eingesehen werden. *E-Government – Bundesverwaltung*

Die Prozessorientierung auf Landesebene wird in Kapitel sieben „E-Government – Landesverwaltungen" untersucht. Für jedes Bundesland werden im ersten Schritt der Status Quo in den Bereichen Verwaltungsmodernisierung und E-Government aufgezeigt. Eine derartige Zweiteilung ist notwendig, da bei der Mehrzahl der Länder der Einsatz der Informations- und Kommunikationstechnologie ein feste Größe im Prozess der Verwaltungsmodernisierung ist und somit eine ganzheitliche Darstellung dem Gesamtverständnis dient. Die Basis der Untersuchung bilden, wie auch im Bereich der Bundesverwaltung, die veröffentlichten Dokumentationen der jeweiligen Konzepte und Strategien. Die Analyse der Materialien erfolgte dabei unter dem Gesichtspunkt der Geschäftsprozessorientierung der jeweiligen Vorhaben. Parallel zu den Behörden auf Bundesebene wurde darüber hinaus eine schriftliche Befragung aller Landes- *E-Government – Landesverwaltungen*

verwaltungen durchgeführt. Ausgewählte Ergebnisse der Erhebung werden im zweiten Teil des siebten Kapitels beschrieben.

E-Government – zukünftige Entwicklungen

Den Abschluss der Studie bildet Kapitel acht „E-Government – zukünftige Entwicklungen". Auf der Grundlage der in den vorhergehenden Abschnitten gewonnenen Erkenntnisse wird eine kurze Einschätzung zukünftiger Entwicklungen für die Prozessgestaltungen innerhalb des „magischen Dreiecks" Verwaltung-Bürger-Wirtschaft abgegeben. Den Ausgangspunkt bildet dabei die Betrachtung der Verwaltungsprozessarchitektur und des korrespondierenden Prozessmanagements. Ein Aufriss möglicher technologischer Konsequenzen und der konkreten Ausgestaltung der verschiedenen Beziehungsstrukturen ermöglicht dann die Entwicklung des Ausblicks.

Literaturverzeichnis

Die Darstellung der verschiedenen Sachverhalte erfolgt unter dem Fokus „Geschäftsprozessorientierung". Der interessierte Leser, der seine Kenntnisse um weitergehende Aspekte vertiefen möchte, sei auf das umfangreiche Literaturverzeichnis verwiesen. Neben den Quellen für die Betrachtung der Bundes- und Landesinitiativen sind hier auch umfangreiche Materialien zu den Themenbereichen „E-Government" und „Geschäftsprozessmanagement" aufgeführt, die für weitergehende Betrachtungen konsultiert werden können.

3 Relevanz des Themas

Öffentliche Verwaltungen sind heute mehrheitlich bürokratisch bzw. *Herausforderungen*
hierarchisch strukturiert[1] und immer weniger in der Lage, den durch Be- *der jüngeren Zeit*
völkerung und Wirtschaft gestellten Anforderungen gerecht zu werden.
Nicht zuletzt fördert eine in den vergangenen Jahren stetig ansteigende
Verschuldung der öffentlichen Hand das Verlangen der Politik, die Ver-
waltungstätigkeit nach effektiveren und effizienteren Steuerungsgrößen
auszurichten. Während die öffentliche Verwaltung in der Vergangenheit
den steigenden gesellschaftlichen Leistungsansprüchen mit wachsenden
Einnahmen aus öffentlichen Haushalten begegnen konnte, muss heute mit
weniger Ressourcen mehr Output erbracht werden. Langwierige Vorgän-
ge, wenig Ablauftransparenz, fehlende Basisdaten, unklare Zuständigkei-
ten, aufwendige Kommunikation sowie hohe und immer weiter steigende
Personalkosten werden dabei als grundsätzliche Herausforderungen genannt.[2] Des weiteren steigt gerade in wirtschaftlich unsicheren Zeiten die
Sensibilität der Steuerzahler in Bezug auf einen angemessenen Umgang
mit öffentlichen Mitteln.[3] Den notwendigen Effizienzsteigerungen kann
nur durch tiefgreifende Struktur- und Verhaltensänderungen in der Auf-
bau- und Ablauforganisation und im Verhältnis zu Bürgern, Unternehmen
und internen Leistungsnehmern Rechnung getragen werden.

Im Zuge dieses Paradigmenwechsels wird der Ruf nach Übernahme be- *Neuausrichtung der*
triebswirtschaftlicher Management- und Steuerungskonzepte immer lau- *Verwaltung*
ter. Die öffentliche Verwaltung sieht sich verstärkt Forderungen ausge-
setzt, in Zukunft als ökonomisch wirtschaftende Dienstleistungsinstitution
in einem marktwirtschaftlichen Umfeld Durchsetzungsvermögen zu be-
weisen. Hierbei liegt insbesondere ein starker Fokus auf der Verwendung
von neuen Möglichkeiten digitaler Informations- und Kommunikations-
verarbeitung.[4]

Die Informations- und Kommunikationstechnologie wurde in den letzten *IuK in der Verwaltung*
Jahren zu einer zentralen Ressource und einem unentbehrlichen Medium

---

[1] Vgl. Mayntz, Renate: Max Webers Idealtypus der Bürokratie und die Organisationssoziologie. In: Mayntz, Renate (Hrsg.): Bürokratische Organisation.
Köln: Kiepenheuer & Witsch, 1968, S. 27-35, S. 30-31.

[2] Vgl. Scheer, August-Wilhelm; Nüttgens, Markus; Zimmermann, Volker:
Business Process Reengineering in der Verwaltung. In: Scheer, August-
Wilhelm; Friederichs, Johann (Hrsg.): Innovative Verwaltung 2000. Wiesba-
den: Gabler, 1996, S. 11-29, S. 12.

[3] Vgl. Grünenfelder, Peter: Die Rolle der politischen Führung im Rahmen des
New Public Management in Christchurch. Bern: Paul Haupt, 1996, S. 12.

[4] Vgl. Grünenfelder, Peter: Die Rolle der politischen Führung im Rahmen des
New Public Management in Christchurch. Bern: Paul Haupt, 1996, S. 12-13.

für den Informationsaustausch und die schnelle Transaktionsabwicklung. Auch in der öffentlichen Verwaltung werden die Einsatz- und Optimierungspotenziale der neuen Technologien diskutiert. So wird die Nutzung des Internet als offensives Kommunikationsmedium in Deutschland von Verwaltungen aller Ebenen vorangetrieben. Die Rolle der IuK als „enabler of process innovation"[5] rückt dabei immer stärker in das Bewusstsein der Entscheidungsträger.

Produktivitäts-Paradoxon

Mit kaum einer anderen Ressource werden so viele Hoffnungen auf die Steigerung von Effektivität und Effizienz verbunden. Waren die Erwartungen an die IuK zu Beginn noch primär auf einen radikalen Wandel der Geschäftstätigkeit gerichtet, so wurden im weiteren Verlauf auch die kontinuierlichen Verbesserungen der Geschäftsprozesse fokussiert. Erfahrungen haben jedoch gezeigt, dass die Anschaffung neuer IuK nicht zwangsläufig zu einer Verbesserung der Abläufe führt. Gerade in der Verwaltungs- und der Dienstleistungsbranche sowie in den nicht-produzierenden Bereichen von Industriebetrieben konnte lange kein positiver Zusammenhang zwischen IuK-Ausgaben und Produktivität festgestellt werden. Im Gegenteil, paradoxerweise wurde sogar nachgewiesen, dass ein erhöhter IuK-Einsatz negative Auswirkungen auf die Geschäftsprozesse haben kann.[6]

Geschäftsprozessmanagement als zentrale Herausforderung

Die reine Verfügbarkeit der IuK ist dementsprechend immer weniger der entscheidende Faktor für die Realisierung innovativer Modelle. Wichtiger als die technologischen Komponenten ist das Wissen um die Potenziale und ablauforganisatorischen Auswirkungen des IuK-Einsatzes.[7] Dies bedeutet für die moderne Verwaltung, dass die elektronische Bereitstellung von Dienstleistungen und Informationen lediglich einen Teilbereich darstellt. So ist es beispielsweise nicht genug, dem Bürger ein Online-Formular via Internet zugänglich zu machen. Erst wenn auch die Bearbeitungsprozesse gemäß der neuen Anforderungen verändert und die ablauforganisatorischen Ressourcen im „Back Office" entsprechend reorganisiert werden, kann der IuK-Einsatz über reine Rationalisierungseffekte hinaus erfolgreich sein. Die Konzentration auf die Verwaltungsabläufe wird somit zu einem kritischen Erfolgsfaktor und das Management von

---

5   Davenport, Thomas H.: Process Innovation: Reengineering Work through Information Technology. Boston: Harvard Business School Press, 1993, S. 47.

6   Vgl. Brynjolfsson, Erik: The Productivity Paradox of Information Technology. In: Communications of the ACM, 36 (1993) 12, S. 66-77, S. 70-71; Olazabal, Nedda Gabriela: Banking: The IT papadox. In: The McKinsey Quarterly, (2002) 1, S. 47-51, S. 48-49.

7   Vgl. Scheer, August-Wilhelm; Erbach, Fabian; Thomas, Oliver: E-Business – Wer geht? Wer bleibt? Wer kommt?. In: Scheer, August-Wilhelm (Hrsg.): E-Business – Wer geht? Wer bleibt? Wer kommt?, 21. Saarbrücker Arbeitstagung 2000 für Industrie, Dienstleistung und Verwaltung. Berlin: Springer 2000, S. 3-45, S. 36.

Geschäftsprozessen zu einer zentralen Herausforderung. Es „[...] herrscht auch in Regierungskreisen mittlerweile die Einsicht vor, dass es nicht ausreicht, öffentliche Dienstleistungen online verfügbar zu machen. Um nachhaltige Effizienzsteigerungen und Kostenreduzierungen zu erzielen, müssen auch die internen Verwaltungsabläufe modernisiert werden."[8]

---

[8] Bill, Holger; Falk, Svenja: Visionen mit Pragmatismus: eGovernment in Deutschland 2002. München: Accenture Deutschland, 2002, S. 8.

4 E-Government – Grundlagen

4.1 Grundlegende Aspekte des E-Government

Die aus der Entwicklung der Informationsgesellschaft resultierenden An- *Dimensionen des E-*
forderungen an den Staat bestimmen den Themenbereich des „Electronic- *Government*
" oder „E-Government". Diesbezügliche Aktivitäten, die organisatorische,
rechtliche und technische Rahmenbedingungen des elektronischen Be-
hördenverkehrs determinieren, werden gemeinhin als *regulierendes* E-
Government bzw. E-Governance bezeichnet. Die Möglichkeiten und
Chancen des aktiven Einsatzes der IuK in der Leistungserstellung der öffentlichen Organe sind Gegenstand des *partizipierenden* E-Government.[9]
Die nachfolgenden Betrachtungen richten sich im wesentlichen auf die
letztere Form, kurz mit „E-Government" bezeichnet. Aufgrund des Facettenreichtums dieses Themenkomplexes sind sehr unterschiedliche De-
finitionsansätze möglich. Eine vielfach verwendeten Abgrenzung formuliert die Deutsche Hochschule für Verwaltungswissenschaft Speyer:

> „Unter Electronic Government verstehen wir die Abwicklung
> geschäftlicher Prozesse im Zusammenhang mit Regieren und
> Verwalten (Government) mit Hilfe von Informations- und Kom-
> munikationstechniken über elektronische Medien. Aufgrund der
> technischen Entwicklung nehmen wir an, dass diese Prozesse zu-
> künftig sogar vollständig elektronisch durchgeführt werden kön-
> nen."

Box 3: Definition Electronic Government[10]

Der Betrachtungsgegenstand schließt dabei die gesamte Prozesskette des
internen und externen Verwaltungshandelns ein. Zu unterscheiden ist einerseits die interne Kommunikation zwischen den Organisationseinheiten
der verschiedenen staatlichen Ebenen und andererseits deren externe
Kommunikation mit den jeweiligen Anspruchsgruppen. Den weiteren
Ausführungen soll diese Definition zugrunde gelegt werden.

---

[9] Vgl. Gisler, Michael: Einführung in die Begriffswelt des eGovernment. In:
Gisler, Michael; Spahni, Dieter (Hrsg.): eGovernment: Eine Standortbestimmung (2. Aufl.). Bern, Stuttgart: Paul Haupt, 2001, S. 13-30, S. 14.

[10] von Lucke, Jörn; Reinermann, Heinrich: Speyerer Definition von Electronic
Government. Speyer: Forschungsinstitut für öffentliche Verwaltung bei der
Deutschen Hochschule für Verwaltungswissenschaften Speyer, 2001, S. 1.

Beziehungen im E-Government

Eine Möglichkeit der strukturierten Beschreibung der komplexen Beziehungen im E-Government bietet, analog zu den Termini des E-Business, die Unterteilung in die involvierten Kommunikations- und Transaktionspartner. Die Gegenüberstellung von Verwaltung/Staat (Government), Bürger (Citizen) und Wirtschaft (Business) führt zu der in Abbildung 2 gezeigten Beziehungsmatrix des E-Government.

	Government	*Business*	*Citizen*
Government	**G2G**	**G2B**	**G2C**
Business	**B2G**	**B2B**	**B2C**
Citizen	**C2G**	**C2B**	**C2C**

Abbildung 2: Beziehungsmatrix des E-Government

Kommunikationsbeziehungen im E-Government

G2G -Government to Government- beinhaltet die horizontale Integration der 3 Staatsgewalten (Legislative, Judikative, Exekutive) und vertikale Integration aller Prozesse auf den relevanten Staatsebenen (Bund, Länder, Kommunen). G2B -Government to Business- meint die Integration von Staat und den privatwirtschaftlichen Partnern, die sowohl als Lieferanten als auch als Nachfrager öffentlicher Dienstleistungen auftreten. G2C -Government to Citizen- umfasst die Integration des Staats und seinen Einwohnern, die öffentliche Leistungen in Anspruch nehmen. Außerdem fällt in diesen Bereich auch die Ausübung ziviler Rechte und Pflichten des Bürgers bzgl. der verfassungsgebenden Gewalten einer Demokratie.

Interaktionsgrade im E-Government

Elektronische Dienstleistungen können auf Basis der verschiedenen Interaktionsdimensionen klassifiziert werden. Charakterisierungskriterium ist dabei der Grad der Ausgestaltung technisch unterstützter Prozesse zwischen den Benutzern:

❑ **Information:** Die unterste Stufe der Internetpräsenz stellt thematisch geordnete und klassifizierte Informationen bereit. Aktuell dominiert diese statische Form den Großteil der öffentlichen Internetseiten.

❑ **Kommunikation:** Auf dieser Ebene wird erstmals eine bilaterale Kommunikation ermöglicht. Die ausgetauschten Nachrichten stellen den eigentlichen Gegenstand dar und stoßen in der Regel keine weiteren Prozesse an.

❑ **Transaktion:** Die Ebene der Transaktion umfasst die eigentliche Online-Erbringung der Dienstleistungen. Darin eingeschlossen ist die Übermittlung aller relevanten Daten und Nachrichten.

❑ **Integration:** Diese anspruchsvollste Variante elektronischer Kommunikation geht mit einer Restrukturierung und Neudefinition von Prozessen einher. Technologisch erfolgt dabei die medienbruchfreie Zusammenführung der Systeme des externen und internen E-Government.

Box 4: Interaktionsstufen im E-Govenment

Die bisherige Entwicklung von Online-Angeboten wurzelt in der Informationsbereitstellung und erfährt momentan eine Orientierung hin zur Nutzung neuer Kommunikationsmöglichkeiten und Online-Transaktionen. Die dargestellten Stufen können somit als Entwicklungspfad für ein umfassendes E-Government interpretiert werden. In diesem Zusammenhang ist darauf hinzuweisen, dass die Definition der oberen Ebenen nicht eingängig verwendet wird. Oftmals, so auch etwa in den verschiedenen Darstellungen der Landesinitiativen, wird lediglich eine oberste Stufe der Transaktion definiert, die aber Elemente der Integration beinhaltet. Ungeachtet der terminologischen Abgrenzung erfordert gerade die Realisierung der höheren Ebenen auch ein grundlegendes Überdenken der bestehenden Verwaltungsstrukturen und Rahmenbedingungen. Es stellt sich daher insbesondere hier die Frage nach dem Verhältnis zwischen E-Government und der schon seit längerer Zeit diskutierten Verwaltungsreform.

Entwicklungspfad des E-Government

4.2 E-Government und Verwaltungsreform

Bereits seit Ende der 60er-Jahre löste die Kritik an öffentlichen Institutionen immer wieder Reformversuche aus, die zunächst allerdings keine umfassende Wirkung erzielen konnten.[11] Erst in den 80er-Jahren wurde mit dem New Public Management (NPM) der Grundstein für einen bis heute anhaltenden Reformprozess gelegt, der weltweit Einzug in öffentliche Verwaltungen hielt.

New Public Management Das NPM bezeichnet verwaltungspolitische Reformstrategien, die von einer betriebswirtschaftlichen Interpretation des Verwaltungshandelns geleitet werden.[12] Theoretische Grundlagen bilden die „Public-Choice-Theorie" (PCT) und der „Managerialismus." In der PCT stehen die Bürger im Sinne rationaler, nutzenmaximierender Individuen im Mittelpunkt, die ihr Verhalten an den eigenen Präferenzen und ihrem Nutzenkalkül ausrichten.[13] Der Managerialismus fokussiert die Anwendung privatwirtschaftlicher Managementsysteme im öffentlichen Sektor und fördert eine verstärkte Dezentralisation, Delegation und Deregulierung.[14]

Neues Steuerungsmodell Das deutsche Pendant zum internationalen NPM bildet seit den 90er-Jahren der durch die KGSt geprägte Begriff des „Neuen Steuerungsmodells" (NSM). Zwar entstammt das NSM ursprünglich der kommunalen Ebene, doch stimmen Inhalte und Annahmen mit denen des NPM überein. Box 5 zeigt die Kernelemente von NPM und NSM.

> ❑ Aufbau einer dezentralen Führungs- und Organisationsstruktur
>
> ❑ Ergebnisorientierte Steuerung (Outputsteuerung)
>
> ❑ Aktivierung der neuen Struktur durch Wettbewerb und Kundenorientierung

Box 5: Kernelemente von NPM und NSM[15]

---

[11] Vgl. Beyer, Lothar; Brinckmann, Hans: Kommunalverwaltung im Umbruch: Verwaltungsreform im Interesse von Bürgern und Beschäftigten. Köln: Bund-Verlag, 1990, S. 14-20.

[12] Vgl. Schröter, Eckhard; Wollmann, Hellmut. New Public Management. In: von Bandemer, Stephan; Blanke, Bernhard; Wewer, Göttrik (Hrsg.): Handbuch zur Verwaltungsreform. Opladen: Leske + Budrich, 1998, S. 59-70, S. 59.

[13] Vgl. Schröter, Eckhard; Wollmann, Hellmut. New Public Management. In: von Bandemer, Stephan; Blanke, Bernhard; Wewer, Göttrik (Hrsg.): Handbuch zur Verwaltungsreform. Opladen: Leske + Budrich, 1998, S. 59-70, S. 61.

[14] Vgl. Grünenfelder, Peter: Die Rolle der politischen Führung im Rahmen des New Public Management in Christchurch. Bern: Paul Haupt, 1996, S. 25-26.

[15] Vgl.Jann, Werner: Neues Steuerungsmodell. In: Bandemer, Stephan; Blanke, Bernhard; Wewer, Göttrik (Hrsg.): Handbuch zur Verwaltungsreform. Opladen: Leske + Budrich, 1998, S. 70-74.

Zur Realisierung des E-Government in Behörden ist eine vorherige Um- *E-Government vs.*
setzung des NPM-Konzepts nicht zwingend notwendig. Dennoch beste- *NPM und NSM*
hen zwischen beiden Ansätzen ergänzende Wechselwirkungen, die eine
eindeutige Abgrenzungen erschweren. Beide Konzepte stimmen in vielen
Zielsetzungen überein, es dominiert in einem vollzogenen Strategie- und
Paradigmenwechsel die Kundensicht.

4.3 Status Quo der Umsetzung

Großbritannien und die USA wollen ihren Bürgern und Unternehmen in *Dimensionen von On-*
wenigen Jahren alle Leistungen der öffentlichen Verwaltung über das *line Services*
Internet anbieten. In Finnland kann bereits via Mobiltelefon auf Verwaltungsleistungen im Internet zugegriffen werden. In der Schweiz soll
ein „Guichet virtuel" den Zugriff auf die Dienstleistungen von Bund,
Kantonen und Gemeinden ermöglichen. In Deutschland ist mittlerweile
jede größere Stadt oder Gemeinde im Internet vertreten. Es werden dabei
von den Verwaltungen eine Vielfalt an Leistungen elektronisch bereitgestellt. So können bspw. in München Standesamttermine online reserviert
und die Trauungen per Webcam übertragen werden. Mannheim bietet einen Mix aus Tourismus, Wirtschaft, Lokalnachrichten und einem Bürger-
forum. Hamburg offeriert Informationen in zehn verschiedenen Sprachen
und bietet gängige Formulare zum Download. Insgesamt ist zu konstatie-
ren, dass im Internet-Angebot der meisten öffentlichen Verwaltungen das
Angebot von Informationen sowie die Möglichkeiten zur Kommunikation
mittels e-Mail oder zum Download von Dateien dominieren. Tatsächliche
Transaktionen mit integrierten Prozessen und einem hinterlegten
Workflow stellen noch die große Ausnahme dar.[16] Dementsprechend
werden im internationalen Vergleich die Online Services auf Bundesebene bzgl. ihrer Service-Reife lediglich zu den „Herausforderern" gezählt.
Dennoch werden das Service-Angebot wie auch der Grad der Umsetzung
mit „überdurchschnittlich" bewertet. Insgesamt habe Deutschland das
Potenzial, „[...] sich weiterzuentwickeln und künftig einen Spitzenplatz
im internationalen Vergleich einzunehmen."[17]

Auf Bundesebene verpflichtet sich die Bundesregierung im Rahmen der *E-Government Initia-*
E-Government-Initiative „BundOnline 2005", alle internetfähigen *tive der Bundesregie-*
Dienstleistungen der Bundesverwaltung bis zum Jahr 2005 online zur *rung*

---

[16]   Vgl. Hessischer Landkreistag (Hrsg.): e-government. – URL
<http://www.hes-sischerlandkreistag.de/Links/e-government.htm>, online
05.08.2002.

[17]   Bill, Holger; Falk, Svenja: Visionen mit Pragmatismus: eGovernment in
Deutschland 2002. München: Accenture Deutschland, 2002, S. 12.

Verfügung zu stellen. Eine weiterführende und detaillierte Darstellung der Initiative gibt Kapitel sechs.

E-Government Initia-
tive der Landesver-
waltungen

Für die Bundesländer existieren bislang kaum vergleichende Analysen bereits vollzogener Reformprojekte, so dass Aussagen in Bezug auf einzelne Landesinitiativen nur schwer zu vergleichen sind. Insgesamt lässt sich allerdings festhalten, dass die große Bedeutung des Einsatzes der IuK in allen Bundesländern erkannt wurde und sich bereits in zahlreichen Projekten manifestiert hat. Details zum Status Quo der Aktivitäten und Initiativen wurden im Rahmen der vorliegenden Studie für alle Bundesländer evaluiert und in Kapitel sieben dargestellt.

4.4 Die Amtsstube als High-Tech-Workplace

Realistischer Prag-
matismus

E-Government ist heute aufgrund des hohen Entwicklungsstands moderner IuK kaum noch durch technische Restriktionen limitiert.[18] Ohne eine kontinuierliche Modernisierung und insbesondere eine uneingeschränkte Bereitschaft zur Veränderung lassen sich die angestrebten Ziele jedoch nicht erreichen. Die meisten Industriestaaten haben daher Initiativen und Maßnahmenpläne definiert, deren Umsetzung jeweils mit sehr unterschiedlichem Elan und Ehrgeiz vorangetrieben wird. Dabei sind mittlerweile nicht mehr die anfängliche Euphorie und die hohen Erwartungen zu verzeichnen, sondern vielmehr ein realistischer Pragmatismus. E-Government wird nicht mehr als alleingültiges „Wundermittel" gesehen, sondern vielmehr als eine Lösungsalternative für aktuelle Herausforderungen.[19]

Ganzheitliche,
kundenorientierte Re-
strukturierung

Dabei darf nicht nur die elektronische Unterstützung der vorhandenen Prozesse erfolgen, Dies impliziert, dass ein ganzheitlicher Ansatz zur evtl. Neudefinition der Verwaltungsstrategie, -prozesse und -organisationsformen geschaffen werden muss. Die IuK stellt dabei einen fördernden Faktor – einen „Enabler" – für die Umsetzung dar.[20] Die Darstellung eines Rahmenkonzepts, das eine integrierte Betrachtung der Strategie, Pro-

---

[18] Vgl. Schedler, Kuno: eGovernment und neue Servicequalität der Verwaltung?. In: Gisler, Michael; Spahni, Dieter (Hrsg.): eGovernment: Eine Standortbestimmung (2. Aufl.). Bern: Haupt, 2001, S. 33-51, S. 49-50.

[19] Vgl. Bill, Holger; Falk, Svenja: Visionen mit Pragmatismus: eGovernment in Deutschland 2002. München: Accenture Deutschland, 2002, S. 5-8.

[20] Vgl. Klumpp, Dieter; Lenk, Klaus: Electronic Government als Schlüssel zur Modernisierung von Staat und Verwaltung: Memorandum des Fachausschusses Verwaltungsinformatik der Gesellschaft für Informatik e.V. und des Fachbereichs 1 der Informationstechnischen Gesellschaft im VDE. Bonn, 2000, S. 23.

zesse und Technologie ermöglicht, ist Gegenstand der folgenden Ausführungen.

5 E-Government – Prozessorientierung in der Verwaltung

5.1 Integrierte E-Government-Architektur

Die integrierte E-Government-Architektur stellt ein Rahmenkonzept zur Realisierung eines umfassenden E-Government dar. Die Architektur umfasst die Ebenen der Strategie, der Prozesse und der Technologie sowie deren Wechselbeziehungen. Die Integration der Elemente bedingt, dass die einzelnen Ebenen umfassend aufeinander abgestimmt werden und nur als eine Einheit effizient funktionieren können. Bei der Entwicklung einer E-Government-Lösung wird das „top-down"-Prinzip angewendet, wobei jeweils Rückkopplungen zwischen den einzelnen Ebenen möglich sind. Ausgehend von der Strategie wird sukzessive über die Prozess- und Organisations- bis hin zur IuK-Ebene eine integrierte Lösung generiert.

Integrierte E-Government-Architektur

Die Lebensdauer der entwickelten Konzeptionen auf den einzelnen Ebenen ist sehr unterschiedlich. Die „Haltbarkeit" der Konzepte nimmt von der Strategie- bis zur IuK-Ebene ab.[21] Die geringste Stabilität hat dabei die Technologie-Ebene, da die kurzen Produktlebenszyklen der IuK die entwickelten Konzepte relativ schnell veralten lassen. Auf der Prozess-Ebene werden daher keine konkreten IuK-Produkte beschrieben, da bei jeder technologischen Weiterentwicklung diese Konzepte neuerstellt werden müssten. So kann etwa auf der zweiten Ebene die Steuerung der Verwaltungsprozesse durch ein Workflow-Management-System als Mittel zur Verbesserung des Ablaufs vorgeschlagen werden, auf ein konkretes Produkt wird allerdings nicht eingegangen.

Stabilität der Ebenen

Die IuK wird einzig zur Unterstützung der strategisch festgelegten Prozesse und Organisationsformen eingesetzt. Diese passen sich somit nicht den Anforderungen der Technologie an, sondern die IuK als „Mittel zum Zweck" hat die optimierten Verwaltungsprozesse und –organisationsstrukturen zu adaptieren. Darüber hinaus muss permanent geprüft werden, ob die optimierten Prozesse bzw. Organisationsstrukturen mit den verfügbaren Technologien überhaupt sinnvoll unterstützt werden können. So könnten etwa Prozessmodelle aufgestellt werden, die aufgrund technischer Restriktionen kurzfristig nicht umgesetzt werden können. In diesem

Prozesse als zentraler Aspekt

---

[21] Vgl. Heib, Ralf: Kein E-Government ohne Prozessveränderungen: Gestaltung organisationsübergreifender Geschäftsprozesse in der öffentlichen Verwaltung. In: Initiative D21 e. V. (Hrsg.): Mit Internet Staat machen. E-Government und die Zukunft der Demokratie. Berlin: Initiative D 21, 2002, S. 122-125, S. 122.

Fall müssten die Modelle entsprechend modifiziert werden. Der technologische Entwicklungsstand bildet eine wichtige Rahmenbedingung für die Optimierung der Prozesse und Organisationsstrukturen. Abbildung 3 verdeutlicht die beschriebene E-Government-Architektur.

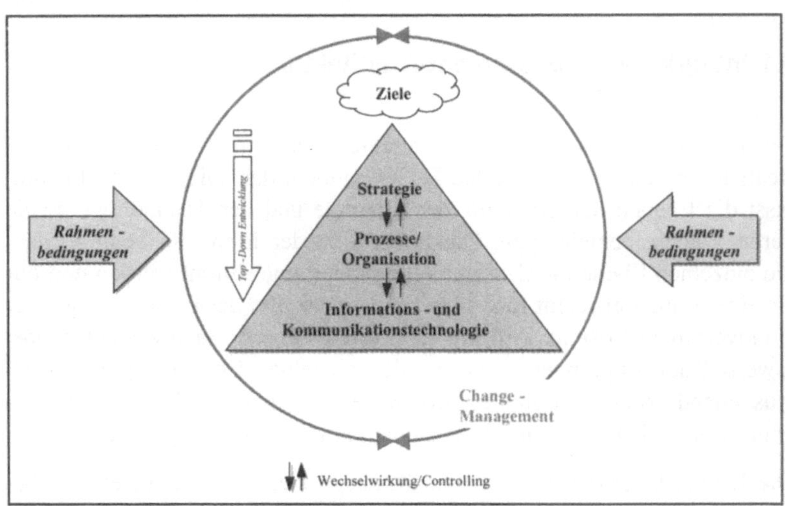

Abbildung 3: Architektur einer E-Goverment-Lösung

Das Rahmenkonzept strukturiert die Sachverhalte auf einer hohen Abstraktionsebene. Diese Methode ermöglicht es, zusammenhängende Sachverhalte deutlicher zu erkennen. Erst durch eine schrittweise Konkretisierung kann dann eine integrierte E-Government-Lösung abgeleitet werden.

Strategische Ziele Ausgangspunkt für die Forcierung der E-Government-Aktivitäten sind dedizierte Ziele, die durch die Entwicklung der E-Government-Lösungen realisiert werden sollen. Dabei kann es sich bspw. um Steigerung der Effizienz, Effektivität, Qualität, Flexibilität oder Kundenorientierung handeln.[22] Damit die Zielsetzungen erreicht werden können, muss eine adäquate Strategie entwickelt werden.

Strategiedefinition Auf der Strategie-Ebene werden die mittel- und langfristigen Strategien der öffentlichen Verwaltung festgelegt. Bei der Definition der Strategie wird die zweite Ebene nicht außer Acht gelassen. Die Realisierbarkeit der Strategie wird durch die Rückkopplungen mit der zweiten Ebene verifiziert. Es muss überprüft werden, ob ein Realisierung überhaupt möglich ist. Falls dies nicht der Fall sein sollte, muss eine Modifizierung der Strategie erfolgen. Dabei wird nach dem Prinzip „Process follows strategy"[23]

---

[22] Vgl. Mattheis, Peter: Prozessorientierte Informations- und Organisationsstrategie, Wiesbaden 1993, S. 70-71.

[23] Vgl. Chandler, Alfred Dupont: Strategy and Structure: Chapters in the History of industrial Enterprise. Cambridge: M.I.T. Press, 1962, S. 34-35.

verfahren. Strategien und Prozesse dürfen nicht getrennt voneinander betrachtet werden. Sie stehen in einer interdependenten Beziehung zueinander, wobei sich die Prozesse weitestgehend der Strategie anpassen müssen. Die Verwaltungsprozesse- und -organisationsstrukturen sind strategiekonform zu modifizieren. Das bedeutet, dass Ablauf- und Aufbauorganisation sich idealerweise aus der Strategie ableiten lassen.[24] Zwischen Verwaltungsstrategie, -prozessen und -struktur muss in langfristiger Sicht eine Harmonisierung – also eine „Fit-Situation" – entstehen, damit die definierten Ziele realisiert werden können.

Der Realisierungsgrad der Strategie und somit der festgelegten Ziele hängt vor allem von der Qualität der Strategie ab und wie effizient sie in der öffentlichen Verwaltung implementiert wird. Zunächst erfolgt dabei eine Strategiespezifikation. Die globale Strategie muss in konkrete operative Aktivitäten und Zielgrößen zerlegt werden, die dann letztendlich die Vorgabe für die Ausführung der Verwaltungsprozesse darstellen. Jeder Vorgang muss einen Beitrag zur Erreichung der festgelegten Ziele leisten. Die permanente Messung des Zielerreichungsgrades ist Bestandteil des Verwaltungsgeschäftsprozess-Managements in dessen Rahmen das Prozesscontrolling realisiert wird. Anhand von wohldefinierten Messgrößen wird die Performanz der Geschäftsprozesse gemessen. Bei negativen Abweichungen von den Zielgrößen werden entsprechende Schritte, wie z. B. eine Restrukturierung des entsprechenden Verwaltungsprozesses, eingeleitet.[25] Prozesse die keinen Beitrag zur Zielerreichung leisten, sollen, soweit möglich, zur Vermeidung von Ressourcenverschwendung eliminiert werden.

Realisierung der Strategie

Auf der zweiten Ebene der E-Government-Architektur werden die Prozesse und die Organisationsstruktur (Aufbau- und Ablauforganisation) so modifiziert, dass die strategischen Ziele umgesetzt werden können. Für die Reorganisation sind die Prozesse ausschlaggebend. Die Verwaltungsorganisation wird so umstrukturiert, dass die neue Organisationsform eine maximale Förderung der Prozessperformance und somit der Prozesseffizienz gewährleistet. Die öffentlichen Verwaltungen weisen jedoch, wie eingangs erwähnt, sehr stark funktional strukturierte Organisationsstrukturen auf. Aus diesem Grund ist es zwingend notwendig, dass öffentliche Verwaltungen ihre Organisation von funktionsorientierten zu prozessori-

Prozess- und Organisations-Ebene

---

[24] Vgl. Becker, Jörg; Meise, Volker: Prozessmanagement: Ein Leitfaden zur prozess-orientierten Organisationsgestaltung: Strategie und Ordnungsrahmen. Berlin: Springer, 2002, S. 101.

[25] Vgl. Heib, Ralf: Kein E-Government ohne Prozessveränderungen: Gestaltung organisationsübergreifender Geschäftsprozesse in der öffentlichen Verwaltung. In: Initiative D21 e. V. (Hrsg.): Mit Internet Staat machen. E-Government und die Zukunft der Demokratie. Berlin: Initiative D 21, 2002, S. 122-125, S. 123.

entierten Organisationsstrukturen überführen. Aufgrund zahlreicher Restriktionen, wie z. B. gesetzlicher Einschränkungen oder einem hohem Umstrukturierungsaufwand, ist ein Re-Engineering oftmals problematisch oder sogar nicht realisierbar. In diesen Fällen kann etwa eine hybride Organisationsform gewählt werden.

Prozessfokussierung als Basis für erfolgreiches E-Government

Die zweite Ebene stellt das Bindeglied zwischen der Strategie- und IuK-Ebene dar. Viele E-Government-Lösungen beschränken sich derzeit noch auf die Bereitstellung von Informationen. Auf dieser Entwicklungsstufe sind die Verwaltungen noch nicht gezwungen ihre Verwaltungsprozesse und Organisationsformen umzustrukturieren. Spätestens ab der Transaktionsebene ist ein Re-Engineering unumgänglich.[26] Mit Hilfe der modifizierten Verwaltungsprozesse und Organisationsstrukturen wird es möglich, die strategischen Zielgrößen unter Einbeziehen der IuK zu erreichen. In der Praxis wird das Re-Engineering der Verwaltungsprozesse und Organisationsstrukturen aufgrund diverser Restriktionen oft vernachlässigt. Dadurch entsteht eine Lücke zwischen der Strategie und deren eigentlicher technologischer Implikation. Die reine Unterstützung alttradierter Verwaltungsabläufe führt nicht zu den erhofften Erfolgspotenzialen des E-Government.[27] Medienbrüche und zahlreiche Schnittstellen kompensieren weitestgehend die Vorteile der Online-Transaktion.

Entwicklung und Auswahl von IuK auf der dritten Ebene

Ohne die Modifizierung der Verwaltungsprozesse ist eine medienbruchfreie Abwicklung der öffentlichen Online-Dienstleistungen in den meisten Fällen nicht möglich. Auf der dritten Ebene werden entsprechende Informations- und Kommunikationstechnologien entwickelt bzw. ausgewählt, die die neustrukturierten Prozesse effektiv unterstützen können. Dabei stehen die Prozesse im Mittelpunkt, nicht aber die Technologien. Ausschlaggebend ist nicht, was die Technologie leisten kann, sondern was sie leisten soll. „Over-Engineerte" Lösungen, die keinen Mehrwert im Vergleich zum traditionellen Angebot leisten, werden von den Kunden der öffentlichen Verwaltung oftmals nicht akzeptiert. Sie führen damit zu einer falschen Allokation der ohnehin knappen Ressourcen. Zwischen der zweiten und dritten Ebene bestehen ebenfalls Rückkopplungsbeziehungen, so können z. B. bestimmte Prozesse aufgrund von technischen Restriktionen nicht umgesetzt werden. Dies bedeutet einen Rücksprung von der dritten Ebene auf die zweite Ebene. Auf dieser Ebene werden dann die notwendigen Modifikationen durchgeführt. Andererseits können in-

---

[26]   Vgl. Heib, Ralf: Kein E-Government ohne Prozessveränderungen: Gestaltung organisationsübergreifender Geschäftsprozesse in der öffentlichen Verwaltung. In: Initiative D21 e. V. (Hrsg.): Mit Internet Staat machen. E-Government und die Zukunft der Demokratie. Berlin: Initiative D 21, 2002, S. 122-125, S. 124.

[27]   Vgl. Forschungsgesellschaft Informatik (Hrsg.): European Information Technology Observatory. Wien: FGI, 2002, S. 345 ff.

novative Technologieentwicklungen zu Prozessinnovationen führen. Die Verwaltungsprozesse müssen so lange umstrukturiert werden, bis eine „Fit-Situation" zwischen der dritten und zweiten Ebene entsteht.

Zwischen der dritten und ersten Ebene bestehen ebenfalls Wechselwirkungen. Informationstechnische Innovationen können einen Einfluss auf die Verwaltungsstrategien haben. Zum Beispiel können in der Zukunft die Entwicklungen im Bereich der IuK ein Einbeziehen von Mobile-Government Lösungen begünstigen. Umgekehrt stellt die Strategie auch gewisse Anforderungen an die IuK, wie etwa die sichere Datenübertragung oder die Verfügbarkeit der Infrastruktur.
Wechselwirkungen zwischen der ersten und dritten Ebene

Auf allen drei Ebenen können diverse Rahmenbedingungen sowohl einen fördernden als auch einen hemmenden Einfluss auf die E-Government-Aktivitäten ausüben. Fördernde Rahmenbedingungen werden bspw. durch internationale E-Government-Initiativen gebildet. So unterstützt die Europäische Union mit den Initiativen eEurope und eEurope+ unter anderem die Weiterentwicklung von E-Government, indem erfolgversprechende Projekte und die Entwicklung innovativer Lösungen finanziell gefördert werden.
Fördernde Rahmenbedingungen

Als restriktive Rahmenbedingungen können z. B. gesetzliche Reglementierungen die Umstrukturierung einiger Verwaltungsprozesse erschweren.[28] Nicht zu unterschätzende Barrieren sind auch Widerstände innerhalb der öffentlichen Verwaltung. Deren Beseitigung ist die Aufgabe des Change-Managements.
Restriktive Rahmenbedingungen

Dieses muss durch Maßnahmen, wie Workshops, Schulungen oder die Einbindung der Verwaltungsangestellten in die E-Government-Aktivitäten, den Mehrwert von E-Government verdeutlichen. Dabei ist den Mitarbeitern insbesondere zu zeigen, dass sie von operativen Tätigkeiten, die keinen wesentlichen Mehrwert für Verwaltung oder Kunden darstellen, entlastet werden sollen. Auch herrschen oftmals festgefahrene „traditionelle" Verwaltungskulturen, die teilweise innovationsfeindliche Strukturen aufweisen. Eine solche Verwaltungskultur, mit der sich die Mitarbeiter identifizieren, können E-Government-Lösungen schnell scheitern lassen.[29] Das Change-Management-Konzept sollte daher einen Lösungsvorschlag beinhalten, um diese festgefahrenen Verwaltungskulturen „aufzubrechen" bzw. im Laufe der Zeit aufzuheben. Bei der Entwicklung und Einführung von E-Government ist ein partizipatives Vorgehen, offe-
Change-Management-Konzept

---

[28]   Vgl.Scheer August-Wilhelm; Milius, Frank: Informationsgesellschaft: Trends und Szenarien der Televerwaltung. In: Scheer, August-Wilhelm; Friedrichs, Johann (Hrsg.): Innovative Verwaltung 2000. Wiesbaden: Gabler, 1996, S. 177-189, S. 123.

[29]   Vgl. Forschungsgesellschaft Informatik (Hrsg.): European Information Technology Observatory. Wien: FGI, 2002, S. 346.

ne Informationspolitik und Integration der Verwaltungsangestellten in die Veränderungsprozesse zwingend erforderlich.[30]

5.2 Effektives E-Government und Prozessorientierung

Erfolgspotenziale
E-Government-Lösungen, die sich auf der Informations- bzw. Kommunikationsstufe befinden, zwingen die Verwaltungen grundsätzlich zu keinem Re-Engineering ihrer Ablauf- und Aufbauorganisation, da auf diesen Entwicklungsstufen die Verwaltungsprozesse nicht tiefgehend bzw. überhaupt nicht tangiert werden. Diese Reifegrade ermöglichen im Vergleich zu Transaktion und Integration relativ geringe Erfolgspotenziale. Bereits die Realisierung der Transaktionsstufe setzt umfassende Umstrukturierungsmaßnahmen innerhalb der öffentlichen Verwaltung voraus. Dennoch sollten zukunftsorientierte E-Government-Lösungen die Transaktionsdienste in den Mittelpunkt ihrer E-Government-Aktivitäten stellen, da sie das größte Potenzial zur Vereinfachung und Beschleunigung der Verwaltungsprozesse, zur Rationalisierung und zur Fokussierung behördlichen Handelns bieten.[31]

Alttradierte Prozesse und Strukturen als hemmende Faktoren
Die medienbruchfreie Online-Abwicklung von Verwaltungsdienstleistungen ist mit den traditionellen Verwaltungsgeschäftsprozessen und Organisationsstrukturen grundsätzlich nicht oder nur mit erheblichem Aufwand möglich. Die öffentliche Verwaltung orientiert sich sehr stark an der tayloristischen Organisationsform. Dabei handelt es sich um eine funktionale Gliederung auf mehreren Hierarchie-Ebenen.[32] Zusammengehörende Aufgaben werden bei einer funktionsorientierten Organisationsstruktur in Teilaufgaben zerlegt[33] und von unterschiedlichen Abteilungen bzw. Behörden ausgeübt. Die funktionsorientierte Gliederung führt zu zahlreichen Schnittstellen, an denen Effizienz und Effektivität verloren gehen können. An diesen Schnittstellen findet grundsätzlich eine Verlangsamung der

---

[30] Vgl. Klumpp, Dieter; Lenk, Klaus: Electronic Government als Schlüssel zur Modernisierung von Staat und Verwaltung: Memorandum des Fachausschusses Verwaltungsinformatik der Gesellschaft für Informatik e.V. und des Fachbereichs 1 der Informationstechnischen Gesellschaft im VDE. Bonn, 2000, S. 30.

[31] Vgl. Gröhs, Bernhard: E-Government: Paradigmenwechsel und private Dienstleister: Die Rolle der Dienstleistungsunternehmen auf dem Weg zum digitalisierten Staat: Referat vor dem österreichischen College in Alpbach am 28.08.2001., S. 4.

[32] Vgl. Müller, Horst: Innenaufbau der Verwaltungsorganisation. In: König, Klaus; Siedentopf, Heinrich (Hrsg.): Öffentliche Verwaltung in Deutschland (2.Aufl.). Baden-Baden: Nomos, 1997, S. 190.

[33] Vgl. Zentes, Joachim: Grundbegriffe des Marketing (4. Aufl.). Stuttgart: Schaeffer- Poeschel, 1996, S. 363.

Prozessdurchlaufzeiten statt, die lange Einarbeitungs-, Transport- und Liegezeiten verursachen können. Zudem können bei funktionsorientierten Organisationsformen Bereichsegoismen auftreten. Dies kann dazu führen, dass innerhalb einer Organisationseinheit die zugewiesenen Funktionen zwar optimal ausgeführt werden, das Gesamtoptimum der öffentlichen Verwaltung aber verfehlt wird. Der Vorteil funktionsorientierter Organisationsformen liegt in der hohen Ressourceneffizienz.[34]

Zielerreichung durch Prozessorganisation

Die angestrebten Ziele der öffentlichen Verwaltung, welche bereits im vorherigen Kapitel genannt wurden, lassen sich mit einer prozessorientierten Organisationsform grundsätzlich besser umsetzen als mit einer funktionsorientierten Organisationsform, da die Prozesse auf die Ziele der Organisation abgestimmt werden. Gerade E-Government-Lösungen, die sich auf dem Reifegrad der Transaktions- und Integrationsstufe befinden und somit online Dienstleistungen bereitstellen, erfordern prozessorientierte Organisationsformen. Wesentliche Ziele bestehen hier darin, die Prozesseffizienz der Verwaltungsabläufe zu steigern und die Online-Dienstleistungen ganzheitlich, medienbruchfrei und serviceorientiert anzubieten. Mit der traditionellen Funktionsgliederung der Verwaltung, die die Verwaltungsprozesse nicht ganzheitlich, sondern zergliedert betrachtet, können die angestrebten Ziele nicht in der gewünschten Art und Weise realisiert werden. Die angestrebte Prozessorganisation erfordert die Strukturierung der Verwaltungseinheiten entlang der Prozesse.[35]

Merkmale einer Prozessorganisation

Hauptmerkmal einer prozessorientierten Organisationsform ist die Ausrichtung der Organisationsstruktur nach den betrieblichen Prozessen. Bei dieser Organisationsform findet eine Reintegration von Funktionen statt, so dass Synergieeffekte durch einen ganzheitlichen Ablauf der Prozesse realisiert werden können.[36] Prozessorganisationen führen im Gegensatz zu funktionsorientierten Organisationsformen zu Prozesseffizienz. Zunehmend bewegen sich Organisationen von einer funktionsorientierten Organisation zu einer prozessorientierten Organisation.[37]

Geschäftsprozessmanagement

Die Restrukturierung der Verwaltungsorganisation und -prozesse erfordern ein effektives Geschäftsprozessmanagement. Unter Geschäftsprozessmanagement werden „planerische, organisatorische und kontrollie-

---

[34] Vgl. Scheer, August-Wilhelm: ARIS - Modellierungsmethoden, Metamodelle, Anwendungen. Berlin: Springer, 2001, S. 9.

[35] Vgl. Scheer, August-Wilhelm: ARIS - Modellierungsmethoden, Metamodelle, Anwendungen. Berlin: Springer, 2001, S. 10.

[36] Vgl. Scheer, August-Wilhelm: ARIS - Modellierungsmethoden, Metamodelle, Anwendungen. Berlin: Springer, 2001, S. 71, S. 10-11.

[37] Vgl. Corsten, Hans: Geschäftsprozessmanagement: Grundlagen, Elemente und Konzepte. In: Corsten, Hans (Hrsg.): Management von Geschäftsprozessen: Theoretische Ansätze - Praktische Beispiele. Stuttgart: Kohlhammer, 1997, S. 11.

rende Maßnahmen zur zielorientierten Steuerung der Wertschöpfungskette eines Unternehmens hinsichtlich Qualität, Zeit, Kosten und Kundenzufriedenheit"[38] verstanden. Ein strukturiertes Geschäftsprozessmanagement soll unter anderem die Verwaltungsprozesseffizienz gewährleisten. Mit Hilfe von definierten Messgrößen wird im Rahmen des Prozesscontrolling die Prozessperformanz der Verwaltungsprozesse gemessen. Bei negativen Abweichungen können die identifizierten Ineffizienzen durch Restrukturierungs-Maßnahmen behoben werden. Zur Reorganisation der öffentlichen Verwaltung existieren verschiedene Managementansätze.

Managementansätze der Reorganisation Einer dieser Ansätze ist das Business Process Reengineering (BPR), der das fundamentale Überdenken und die radikale Neugestaltung von Geschäftsprozessen beinhaltet.[39] Das Unternehmen gestaltet seine Prozesse so, als ob es auf der „Grünen Wiese" neu beginnt.[40] Die Restrukturierung endet nach Realisierung der geplanten Geschäftsprozesse. Ein weiterer Reorganisationsansatz ist das Continuous Process Improvement (CPI). Dabei handelt es sich um die kontinuierliche, nie endende Verbesserung bestehender Geschäftsprozesse.[41] Beide Ansätze ermöglichen der öffentlichen Verwaltung eine Reorganisation, indem Prozesse und Organisationsstrukturen nach den Anforderungen des E-Government umgestaltet werden. In der Regel kann ein umfassendes BPR in der öffentlichen Verwaltung aufgrund gesetzlicher Restriktionen nicht umgesetzt werden. Auch die dynamischen Umweltzustände erfordern bspw. einen sequenziell kombinierten Einsatz der Methoden:

---

[38]   Gaitanides, Michael; Scholz, Rainer; Vrohlings, Alwin: Prozessmanagement: Grundlagen und Zielsetzung. In: Gaitanides, Michael (Hrsg.): Prozeßmanagement: Konzepte, Umsetzungen und Erfahrungen des Reengineering. München: Hanser, 1994, S. 3.

[39]   Vgl. Hammer, Michael; Champy, James: Business Reengineering – Die Radikalkur für das Unternehmen (6. Aufl.). Frankfurt (Main): Campus 199, S. 48.

[40]   Vgl. Scheer, August-Wilhelm: ARIS – Vom Geschäftsprozess zum Anwendungssystem (3. Aufl.). Berlin et al.: Springer, 1998, S. 84; Alpar, Paul: Kommerzielle Nutzung des Internets (2. Aufl.). Berlin: Springer, 2000, S. 151.

[41]   Vgl. Scholz, Christian: Strategische Organisation (2. Aufl.). Landsberg: moderne industrie, 1996, S. 157-166.

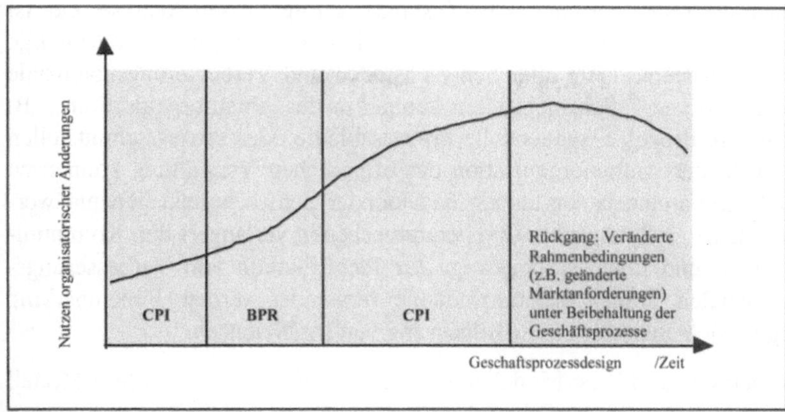

Abbildung 4: Kombinierter Einsatz von CPI und BPR[42]

Das Re-Engineering der Verwaltungsprozesse kann dabei nach dem in Abbildung 5 gezeigten Vorgehensmodell erfolgen:

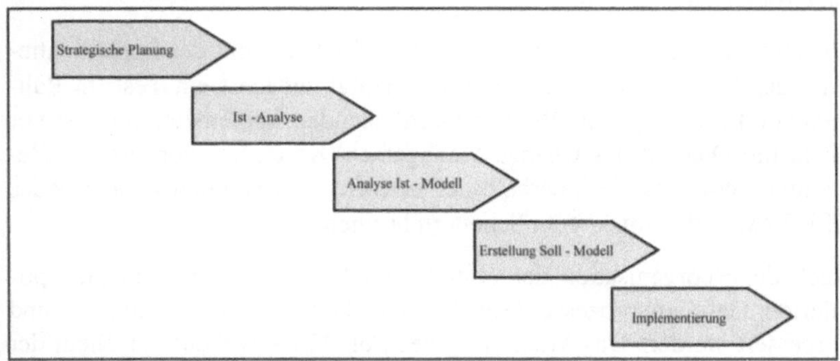

Abbildung 5: Vorgehensmodell bei der Restrukturierung

Vor jedem Re-Engineering sollte eine strategische Planung der Restruktu- *Ist-Modell* rierungsmaßnahmen erfolgen. Bei der Ist-Analyse wird der Ist-Zustand der Verwaltungsprozesse und Organisationsstrukturen dokumentiert. Dabei wird eine Verwendung entsprechender Prozessmodellierungssoftware empfohlen. Die Dokumentation der Ist-Prozesse ist für die Lokalisierung von Verbesserungspotenzialen und Schwachstellen zwingend erforderlich. Die Erstellung detaillierter Ist-Modelle kann mit erheblichem Zeit- und Kostenaufwand verbunden sein. Aus diesem Grund empfiehlt es sich, je nach Ressourcenlage zumindest die Kernprozesse der Verwaltung zu dokumentieren.[43]

---

[42] Vgl. Scheer, August-Wilhelm: ARIS – Vom Geschäftsprozess zum Anwendungssystem (3. Aufl.). Berlin et al.: Springer, 1998, S. 84-85.

[43] Vgl. Becker, Jörg; Meise, Volker: Prozessmanagement: Ein Leitfaden zur prozess-orientierten Organisationsgestaltung: Strategie und Ordnungsrahmen. Berlin: Springer, 2002, S.145-149.

Analyse Ist-Modell Nach der Modellierung des Ist-Zustandes erfolgt dessen Analyse. Ziel ist es, auf der Basis der erhobenen Ist-Modelle eine möglichst vollständige und konsistente Liste aller Schwachstellen und Verbesserungspotenziale zu generieren.[44] Schwachstellen können in der Ablauforganisation z. B. unnötige Prozesse, sequentielle Prozessabläufe oder Prozessschnittstellen sein. In der Aufbauorganisation der öffentlichen Verwaltung können zu viele Hierarchieebenen als ein bedeutender Schwachpunkt genannt werden. Eine große Anzahl von Hierarchieebenen verlängert den Kommunikations- und Entscheidungsweg. Zur Identifikation von Verbesserungspotenzialen können Referenzmodelle verwendet werden. Benchmarking eignet sich ebenfalls zur Lokalisierung von Ineffizienzen.

Soll-Modell Basierend auf den Ist-Modellen und der Ist-Analyse wird das Soll-Modell erstellt. Ziel ist es die Schwachstellen soweit wie möglich zu eliminieren und durch das Re-Engineering einen möglichst optimalen Zustand der Ablauf- und Aufbauorganisation zu schaffen. Schnelle Prozessdurchlaufzeiten, Erhöhung der Prozessqualität und -flexibilität stellen konkrete Zielgrößen dar.

Implementierung des Soll-Modells Die letzte Phase des Vorgehensmodells befasst sich mit der Implementierung des Soll-Konzepts. In der Regel erfolgt zunächst ein Test im Rahmen von Pilot-Projekten. Bei der anschließenden Implementierung ist vor allem die Qualität des Change-Management-Konzeptes von größter Bedeutung. Widerstände innerhalb der betroffenen Behörden können jedes BPR bzw. CPI- Projekt zum Scheitern bringen.

Prozesscontrolling Nach der Reorganisation der öffentlichen Verwaltung müssen die optimierten Geschäftsprozesse (Soll-Modell) kontinuierlich analysiert und verbessert werden. Das Monitoring des Soll-Modells dient vor allem der Sicherung der Prozessperformanz. Durch dieses Vorgehen werden Effizienz und Qualität der Geschäftsprozesse langfristig gesichert. Markt- und Umfeldveränderungen können dazu führen, dass das entwickelte und integrierte Soll-Konzept nicht mehr effizient ist. In solch einem Fall muss idealerweise das beschriebene Vorgehensmodell erneut durchlaufen werden, wobei das implementierte Soll-Konzept jetzt den Ist-Zustand darstellt.

Technologieorientierung Die erfolgreiche Realisierung von E-Government setzt eine strategie- und prozessgetriebene Entwicklung voraus. Technologiegetriebene E-Government-Lösungen werden langfristig gesehen scheitern, da ineffiziente Prozess- und Organisationsstrukturen innerhalb der öffentlichen Verwaltung nicht durch ein umfassendes Re-Engineering behoben werden. Gewöhnlich findet bei technologiegetriebenen Entwicklungen zum größten Teil

---

[44] Vgl. Becker, Jörg; Meise, Volker: Prozessmanagement: Ein Leitfaden zur prozess-orientierten Organisationsgestaltung: Strategie und Ordnungsrahmen. Berlin: Springer, 2002, S. 172.

nur eine Elektrifizierung der traditionellen Verwaltungsabläufe statt. Durch dieses Vorgehen werden die Potenziale des E-Government nicht ausgeschöpft.

Die nachfolgende Abbildung 6 fasst die Sachverhalte, die in 5.1 und 5.2 erläutert wurden, grafisch zusammen und zeigt eine Möglichkeit zum Management der Verwaltungsprozesse. Ausgehend von den Zielen werden die Strategien, Prozesse, Organisationsstrukturen und IuK zielkonform modifiziert. Das Verwaltungsprozessmanagement gewährleistet die kontinuierliche Effizienz der Prozesse. Diese wird sehr stark von diversen Rahmenbedingungen, Verwaltungskultur und der Qualität des Change-Managements beeinflusst. *Gesamtüberblick*

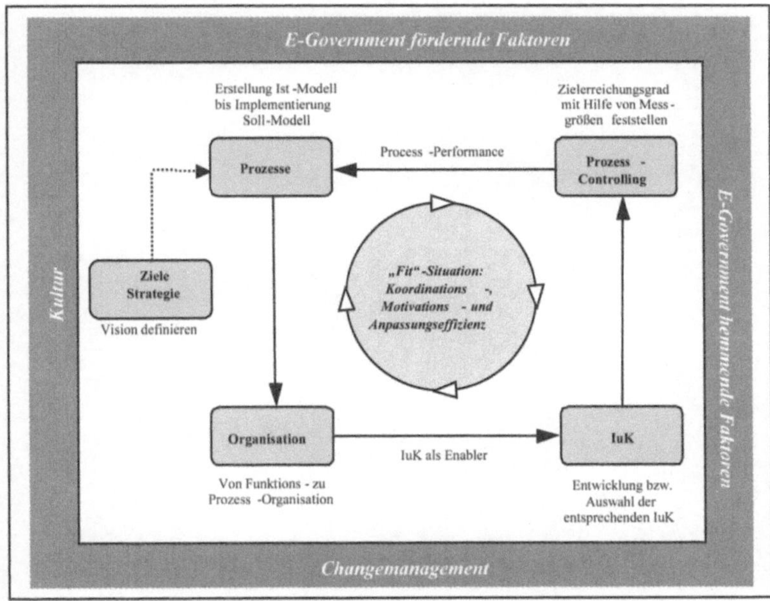

Abbildung 6: Geschäftsprozessmanagement

6 E-Government – Bundesverwaltung

6.1 BundOnline 2005 im Überblick

Die E-Government-Initiative BundOnline 2005 wurde im September *Zielsetzung* 2000 von Bundeskanzler Gerhard Schröder ins Leben gerufen.[45] Ziel der Initiative ist es, die öffentliche Verwaltung mit einem Stufenkonzept bis zum Jahr 2005 zu modernisieren und sie dadurch effizienter und bürgerorientierter zu gestalten.[46] Die Verwaltung wird weitestgehend einem privatwirtschaftlichen Dienstleistungsunternehmen gleichgestellt. Die traditionellen Leistungen werden im Rahmen von BundOnline 2005 auf Ihre Qualität und Effizienz überprüft, die dann durch den Einsatz von Informations- und Kommunikationstechnologien gesteigert werden sollen.

Zu diesem Zweck wurden 383 Dienstleistungen der öffentlichen Verwal- *Onlinefähige Dienst-* tung auf der Bundesebene erhoben und analysiert. Dabei wurde festge- *leistungen* stellt, dass 376 dieser Dienstleistungen online durchgeführt werden können. Davon werden bereits 21 ganz bzw. teilweise über das Internet den Bundesbehörden, Landesverwaltungen, Unternehmen, Kommunen und Bürger angeboten. Die übrigen Services sollen im Rahmen von „Bund-Online 2005" bis 2005 umgesetzt werden.[47]

---

[45] Vgl. Stabsstelle Moderner Staat – Moderne Verwaltung (Hrsg.): BundOnline 2005: Umsetzungsplan für die e-Government-Initiative. Berlin: Bundesministerium des Innern, 2001, S. 1.

[46] Vgl. Stabsstelle Moderner Staat-Moderne Verwaltung (Hrsg.): Bilanz 2002, Berlin: Bundesministerium des Innern, 2002,.

[47] Vgl. Stabsstelle Moderner Staat – Moderne Verwaltung (Hrsg.): BundOnline 2005: Umsetzungsplan für die e-Government-Initiative. Berlin: Bundesministerium des Innern, 2001, S. 41.

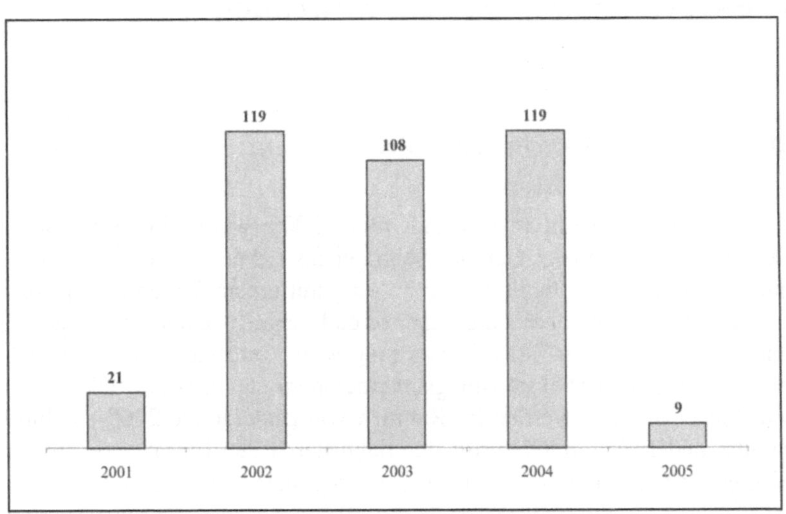

Abbildung 7: Umsetzungsplan der Dienstleistungen für BundOnline 2005

Modifikation von
Rahmenbedingungen
Die Umsetzung in den Bundesbehörden erfordert zielkonforme Modifikationen von einiger der derzeit bestehenden rechtlichen, technischen und organisatorischen Rahmenbedingungen. Die Realisierung der angestrebten Ziele macht darüber hinaus umfangreiche Umstrukturierungsmaßnahmen innerhalb der einzelnen Bundesbehörden notwendig. Der Zeitpunkt der Umsetzung der einzelnen Dienstleistungen hängt von den vorhandenen Ressourcen der öffentlichen Verwaltungen und von der Bedeutung der Dienstleistung für die einzelnen Zielgruppen ab.[48]

Umsetzungsplan für
BundOnline 2005
Für die Umstrukturierungsmaßnahmen und die IuK-Implementierung in den einzelnen Bundesbehörden wurde vom Bundesinnenministerium auf Wunsch des Bundeskabinetts ein spezifischer Umsetzungsplan für die gesamte Bundesverwaltung entworfen. Dieser Umsetzungsplan beinhaltet den Strategie- und Rahmenplan für die Realisierung der Initiative Bund-Online 2005. Die strategische Koordination innerhalb und zwischen den einzelnen Bundesbehörden soll gewährleistet werden, so dass die Erreichung der angestrebten Ziele von BundOnline 2005 effizient möglich ist. Bei der Umsetzung werden die einzelnen Aktivitäten der Bundesbehörden so aufeinander abgestimmt, dass Synergieeffekte zum größten Teil ausgeschöpft werden können. Jede Bundesbehörde verfügt über einen individuellen, ressortspezifischen Umsetzungsplan. Dieser muss zwingend mit dem übergeordneten, gemeinsamen Umsetzungsplan der Initiative Bund-

---

[48] Vgl. Stabsstelle Moderner Staat – Moderne Verwaltung (Hrsg.): BundOnline 2005: Umsetzungsplan für die e-Government-Initiative. Berlin: Bundesministerium des Innern, 2001, S. 17, S. 6.

Online 2005 harmonisieren, um Effizienzverluste und Ressourcenverschwendungen zu vermeiden.[49]

Koordination und Steuerung obliegen der Projektgruppe BundOnline 2005. Das Team besteht aus Mitarbeitern der Behörden wie auch aus externen Partnern, wie bspw. Consultants aus Unternehmensberatungen. Die Leitung und Koordination der Projektgruppe BundOnline 2005 wurde an das Bundesministerium des Inneren übertragen. Die zentrale Koordinierung und Steuerung soll eine enge Zusammenarbeit zwischen Bund und den Ländern gewähren.[50]

Projektgruppe Bund-Online 2005

E-Government-Lösungen bzw. -strategien, die bereits in den Bundesbehörden erfolgreich implementiert sind, werden durch den Umsetzungsplan nicht grundlegend verändert. Die BundOnline 2005 Projektgruppe gibt lediglich -entsprechend der Initiative BundOnline 2005- Handlungsempfehlungen, die eine zielkonforme Weiterentwicklung der bereits bestehenden E-Government-Lösungen in den Bundesbehörden gewährleisten sollen.[51] Einer Entwicklung von „informationstechnologischen Insellösungen" in den einzelnen Bundesbehörden soll entgegengewirkt werden, damit in der Zukunft bundesbehördenübergreifende Online-Dienstleistungen ohne Medienbruch den Bürgern, Unternehmen, Landesverwaltungen und Kommunen angeboten werden können. Die Projektgruppe hat grundsätzlich keine direkte Weisungskompetenz, sie spricht lediglich Empfehlungen aus, an denen sich die Bundesbehörden orientieren und ihre E-Government-Strategien entsprechend adaptieren können bzw. sollen. Durch dieses Vorgehen soll vermieden werden, dass in den einzelnen Bundesbehörden zwar ein Bereichsoptimum erreicht, jedoch aufgrund mangelnder Koordination und Steuerung der Teilpläne der Bundesbehörden ein Gesamtoptimum verfehlt wird.[52]

Vermeidung von „Insellösungen"

Der weitestgehend von den behördenspezifischen Bedürfnissen abstrahierte Umsetzungsplan hat den Vorteil, dass er als eine Ausgangsbasis für die Generierung von ressortindividuellen Umsetzungsplänen dienen kann. Dadurch können Teilpläne entwickelt werden, die mit dem übergeordneten Gesamtplan in einer zielkonformen Beziehung stehen. Dies hat den Vorteil, dass die Steuerungs- und Koordinationsaufwände der einzelnen deutlich reduziert werden.

Ableitung von Teilplänen

---

[49] Vgl. Stabsstelle Moderner Staat – Moderne Verwaltung (Hrsg.): BundOnline 2005: Umsetzungsplan für die e-Government-Initiative. Berlin: Bundesministerium des Innern, 2001, S. 10 ff.

[50] Vgl. Stabsstelle Moderner Staat-Moderne Verwaltung (Hrsg.): Bilanz 2002, Berlin: Bundesministerium des Innern, 2002, S.11.

[51] Projektgruppe BundOnline 2005, Interview vom 08.08.2002.

[52] Projektgruppe BundOnline 2005, Interview vom 08.08.2002

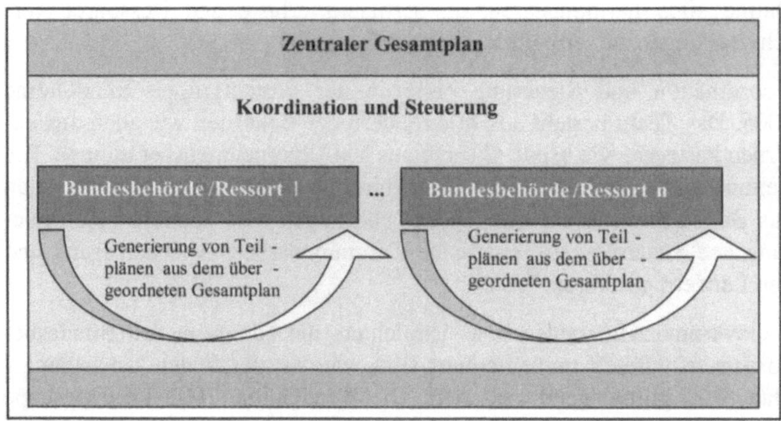

Abbildung 8: Hybride Vorgehensmethode innerhalb BundOnline2005

Identifikation des Mehrwerts Der Umsetzungsplan verfolgt auch das Ziel, den Mehrwert der aktuellen bzw. zukünftigen Online-Dienstleistungen im Vergleich zur traditionellen Form zu identifizieren und darüber hinaus eine Durchführbarkeitsanalyse der Online-Angebote durchzuführen. Die gewonnenen Erkenntnisse haben einen wesentlichen Einfluss auf die zeitliche Realisierungspriorität der jeweiligen Online-Bereitstellung.[53]

Technologische Umsetzung Bei der technologischen Umsetzung der Initiative BundOnline 2005 wird eine hybride technologische Strategie verfolgt. Zum einen werden in den einzelnen Ressorts individuelle Softwarelösungen für die behördenspezifischen Dienstleistungen implementiert. Dabei sollen proprietäre „Insel-Lösungen" so weit wie möglich vermieden werden.[54] Zum anderen sollen Basiskomponenten zentral entwickelt und implementiert werden, damit sie behördenübergreifend eingesetzt werden können.[55] Sie beinhalten Standardfunktionalitäten, die behördenunspezifisch sind. Ein Beispiel dafür wäre etwa die Bereitstellung von Online-Zahlungssystemen. Zudem werden zentrale Basiskomponenten bereitgestellt, die dezentral in den einzelnen Ressorts genutzt und innerhalb einer bestimmten Bandbreite an die spezifischen Rahmenbedingungen angepasst werden können.[56] Zu den zentral angebotenen Basiskomponenten zählen z. B. Formularserver oder Content-Management-Systeme.

---

[53] Vgl. Stabsstelle Moderner Staat – Moderne Verwaltung (Hrsg.): BundOnline 2005: Umsetzungsplan für die e-Government-Initiative. Berlin: Bundesministerium des Innern, 2001, S. 24.

[54] Projektgruppe BundOnline 2005, Interview vom 08.08.2002

[55] Vgl. Stabsstelle Moderner Staat – Moderne Verwaltung (Hrsg.): BundOnline 2005: Umsetzungsplan für die e-Government-Initiative. Berlin: Bundesministerium des Innern, 2001, S. 7.

[56] Projektgruppe BundOnline 2005, Interview vom 08.08.2002.

Die Bundesbehörden erhalten zusätzlich zu diesen technischen Basis- *Know-how-Support* komponenten Know-how-Support durch die speziell für BundOnline 2005 eingerichteten Kompetenzzentren. Die Teams der Kompetenzzentren, die sich sowohl aus internen als auch externen Mitarbeitern zusammensetzen, übernehmen dabei die Aufgabe eines „Inhouse-Consulting". Die Koordination und Steuerung obliegt der Projektgruppe BundOnline 2005. Diese Vorgehensweise ermöglicht das Festlegen von technologischen Standards, die eine medienbruchfreie Kommunikation der einzelnen Systeme der Behörden unterstützen. Dadurch wird nicht nur die Voraussetzung für die behördeninterne, sondern auch für die ganzheitliche behördenübergreifende IuK-unterstützte Abwicklung der online Dienstleistungen geschaffen.[57] Abbildung 9 verdeutlicht diese Zusammenhänge.

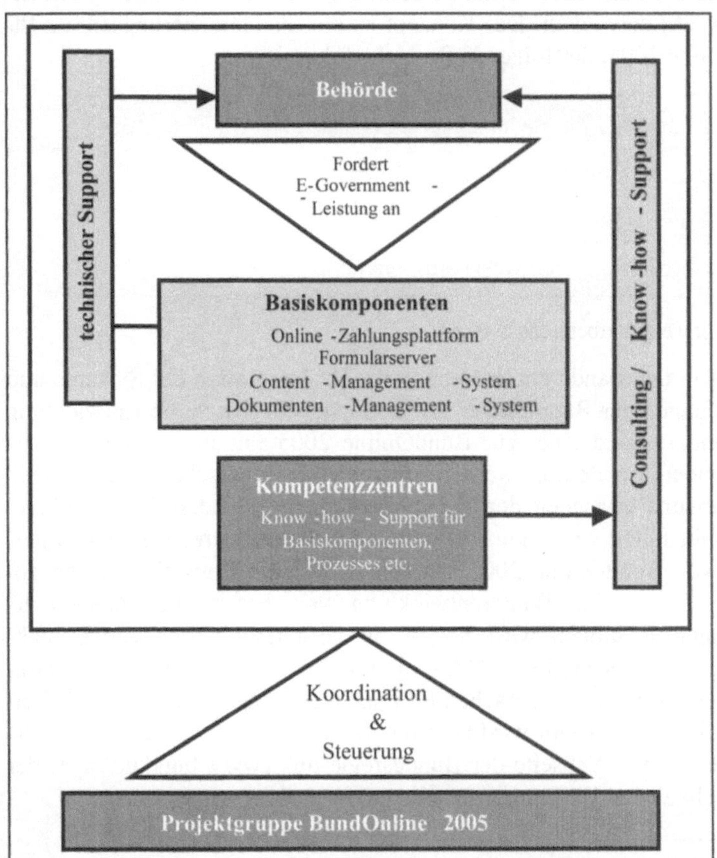

Abbildung 9: Rahmenplan der E-Government Initiative BundOnline 2005

---

[57] Projektgruppe BundOnline 2005, Interview vom 08.08.2002.

SAGA Den Bürgern, Unternehmen, Landesverwaltungen und Kommunen werden Dienstleistungen angeboten, die sich aus den Leistungen verschiedener Bundesbehörden zusammensetzen. Der zusammengehörende Gesamtprozess der Dienstleistung wird in Form von Arbeitsteilungen auf die einzelnen Behörden verteilt. Diese Zerlegung in Teilprozesse verursacht Schnittstellen, an denen Effizienzverluste entstehen können, weshalb eine Re-Integration und somit eine Schnittstellenreduktion notwendig ist. Die Integration der zusammengehörenden Teilprozesse zu einem Gesamtprozess erfordert einerseits organisatorische Umstrukturierungsmaßnahmen, andererseits kompatible IuK-Systeme seitens der beteiligten Behörden.[58] Im Rahmen der BundOnline 2005 Initiative wurde daher von der Bundesregierung die „Standards und Architektur für E-Government Anwendungen (SAGA) entwickelt. Das Konzept ist ein Standardisierungsansatz für BundOnline 2005, der folgende Bereiche fokussiert:

> ❑ Festlegung der technischen Standards und Architekturen
>
> ❑ Prozessmodellierung
>
> ❑ Datenmodellierung und
>
> ❑ Entwicklung von Basiskomponenten

Box 6: Schwerpunktbereiche SAGA[59]

Zielsetzungen von SAGA soll unter anderem die technische Re-Integration der Systeme und
SAGA Anwendungen der Bundesbehörden ermöglichen. Durch die Entwicklung von Standards und einer zur BundOnline 2005 Initiative konformen E-Government-Architektur werden informationstechnische Insellösungen innerhalb und zwischen den Bundesbehörden verhindert.[60] Die Anzahl der Schnittstellen wird reduziert und somit die angestrebte Effizienzsteigerung von BundOnline 2005 begünstigt. Bei der Entwicklung von zukünftigen bzw. der Weiterentwicklung von bereits bestehenden E-Government-Lösungen wird SAGA den Bundesbehörden zur Berücksichtigung vorgeschrieben. SAGA definiert dabei mit einen Satz minimaler Standards und Absprachen Rahmenbedingungen mit den o. g. Zielsetzungen. Das Konzept wird kontinuierlich weiterentwickelt und die Ergebnisse auf der Webseite der Bundesregierung (www.bund.de/saga) der Öffentlichkeit zur Verfügung gestellt.

---

[58] Projektgruppe BundOnline 2005, Interview vom 08.08.2002.

[59] Vgl. Referat IT (Hrsg.): SAGA - Standards und Architekturen für E-Government Anwendungen im Rahmen der Initiative BundOnline 2005. Berlin: Bundesministerium des Innern, 2002, S. 12.

[60] Vgl. Referat IT (Hrsg.): SAGA - Standards und Architekturen für E-Government Anwendungen im Rahmen der Initiative BundOnline 2005. Berlin: Bundesministerium des Innern, 2002, S. 18.

Die Umsetzung von BundOnline 2005 erfordert enorme finanzielle Ressourcen. Die Bundesregierung stellt insgesamt 1,65 Mrd. Euro bereit[61], wobei eine Toleranz von 0,2 Mrd. Euro eingeplant ist. Die Finanzmittel werden dabei zu 75% von vier Ressorts aufgebracht.

Budget für BundOnline 2005

Bei der Ermittlung des Finanzbedarfs für BundOnline 2005 wurde vor allem davon ausgegangen, dass der Umsetzungsplan zentral koordiniert, gesteuert und in den einzelnen Ressorts dezentral umgesetzt wird. Diese Vorgehensweise reduziert die Koordinations- und Steuerungsaufwendungen und somit auch die Umsetzungskosten. Die Finanzbedarfsplanung resultiert aus der Abschätzung der Kosten für die zentralen und dezentralen Aufwände, die bei der Umsetzung entstehen.[62]

Ermittlung des Finanzbedarfs BundOnline 2005

Der größte Anteil der finanziellen Mittel (ca. 73% des Budgets) wird für Systeme (Fachanwendungen), Reorganisationsmaßnahmen von Prozessen und Organisation sowie Geschäftsprozessmanagement ausgegeben. Die Finanzbedarfskalkulation für BundOnline 2005 wurde unter der Prämisse der Teilrestrukturierung der Prozess- und Organisationsstrukturen vorgenommen. In den einzelnen Behörden werden die Prozesse und die Organisationsstruktur nur soweit modifiziert, wie dies für das Funktionieren der technischen Systeme nötig ist. Eine vollständige Reorganisation wird im Rahmen der Initiative aufgrund der gegebenen Rahmenbedingungen nicht angestrebt.

Allokation der Finanzmittel

Die Finanzmittel werden wie folgt auf die Umsetzungsjahre der Initiative verteilt:

---

[61] Vgl. Stabsstelle Moderner Staat – Moderne Verwaltung (Hrsg.): BundOnline 2005: Umsetzungsplan für die e-Government-Initiative. Berlin: Bundesministerium des Innern, 2001, S. 46 ff.

[62] Vgl. Stabsstelle Moderner Staat – Moderne Verwaltung (Hrsg.): BundOnline 2005: Umsetzungsplan für die e-Government-Initiative. Berlin: Bundesministerium des Innern, 2001, S. 45 ff.

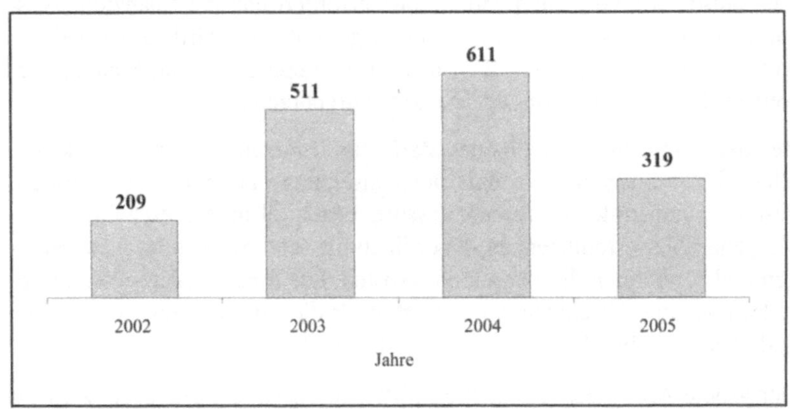

Abbildung 10: Zuteilung der Finanzmittel auf die Umsetzungsjahre[63]

Der wesentliche Anteil des Gesamtbudget wird für fünf Ressorts und den zentralen Finanzbedarf verwendet. Die restlichen Finanzmittel verteilen sich auf die übrigen 14 Ressorts.

Amortisation der Inve-
stitionen
Die Bundesregierung rechnet mit einer vollständigen Amortisation der Investition im Jahr 2006. Durch die Integration der IT in die öffentliche Verwaltung erhofft sich die Bundesregierung Kosteneinsparungspotenzial jährlich in Höhe von 400 Mio. €. Diesen Kosten stehen jährliche Betriebskosten der Systeme in Höhe von 303 Mio. € entgegen. Das Kosteneinsparungspotenzial wird durch die hohen Betriebskosten auf 97 Mio. € gesenkt. Bei der Ermittlung der Kosteneinsparungspotenziale und laufenden Betriebskosten ging man davon aus, dass zukünftig die Mehrzahl der Bürger das virtuelle Dienstleistungsangebot der öffentlichen Verwaltung nutzen werden.[64] Die tatsächliche Höhe der jährlichen Kostensenkung bzw. der laufenden Betriebskosten kann heute nur prognostiziert werden. Sie hängen vor allem davon ab, wie stark E-Government von den Zielgruppen genutzt wird.[65]

6.1.1 Ziele und Schwerpunkte

Erfolgversprechende
kommunale E-
Government-Lösungen
Während andere Länder eine landesweite Gesamtstrategie entwickelt haben, wurde in Deutschland vor der Initiative BundOnline 2005 das E-Government zunächst durch Eigenentwicklungen einzelner Städte voran-

---

[63] Vgl. Stabsstelle Moderner Staat – Moderne Verwaltung (Hrsg.): BundOnline 2005: Umsetzungsplan für die e-Government-Initiative. Berlin: Bundesministerium des Innern, 2001, S. 47.

[64] Vgl. Gongolsky, Mario: Wie der Bund E-Government schön redet. – URL <http://www.spiegel.de/netzwelt/politik/o,1518,druck-206676,00.html>, online 30.07.2002.

[65] Vgl. Projektgruppe BundOnline 2005, Interview vom 08.08.2002.

getrieben. Aus diesem Grund sind vor allem auf kommunaler Ebene partiell sehr gute Lösungen vorhanden, mit denen einzelne Städte ihre innovative Einstellung zeigen und eine Spitzenposition innerhalb Deutschlands erarbeiten konnten. Die kommunalen E-Government-Lösungen entstanden überwiegend in Eigenregie, Inkompatibilität der Ansätze ist eines der Resultate. Eine zentrale Koordination und Steuerung der E-Government-Aktivitäten ist nötig, um die mangelnde Kooperation zwischen Bund, Ländern und Kommunen aufzuheben, um inkompatible Lösungen zu vermeiden. Ohne eine zentrale, bundesweite Initiative, die einzelne E-Government Aktivitäten in eine Gesamtarchitektur einbettet, ist die erfolgreiche Umsetzung von E-Government und damit die nahtlose virtuelle Verwaltung für Bürger und Unternehmen nicht möglich.[66]

Mit der Initiative BundOnline 2005 will die Bundesregierung diesen Mangel beheben, indem sie alle E-Government-Aktivitäten der Bundesbehörden in eine übergeordnete bundesweite Gesamtarchitektur integriert und zentral steuert und koordiniert, um Effizienz- und Ressourcenverschwendungen weitestgehend zu vermeiden.[67] Die Erreichung dieses Ziels bedingt, E-Government in den einzelnen Bundesbehörden aus der „Chefetage" heraus voranzutreiben.[68] Das Endergebnis der BundOnline 2005 Initiative soll darin bestehen, die Dienstleistungen der Bundesbehörden vollständig, nahtlos und virtuell ihren Kunden dienstleistungs- und kundenorientiert anzubieten.[69] Die Online-Dienstleistungen sollen dabei eine verbesserte Benutzerfreundlichkeit, Verfügbarkeit und Servicequalität aufweisen.[70] Dieses Ziel ist nur zu erreichen, wenn die Erfolgspotenziale der IuK effizient genutzt werden. Die Bedeutung des Einsatzes der Technologie wird in der öffentlichen Verwaltung in der Zukunft kontinuierlich zunehmen, da die Gesellschaft sich im Laufe der Zeit immer mehr

E-Government Gesamtarchitektur

---

[66] Vgl. Bill, Holger; Schneider, Stefan: Anspruch und Wirklichkeit: eGovernment in Deutschland. München: Accenture Deutschland, 2001, S. 45.

[67] Vgl. Stabsstelle Moderner Staat – Moderne Verwaltung (Hrsg.): BundOnline 2005: Umsetzungsplan für die e-Government-Initiative. Berlin: Bundesministerium des Innern, 2001, S. 32.

[68] Vgl. Stabsstelle Moderner Staat – Moderne Verwaltung (Hrsg.): BundOnline 2005: Umsetzungsplan für die e-Government-Initiative. Berlin: Bundesministerium des Innern, 2001, S. 9.

[69] Vgl. Stabsstelle Moderner Staat – Moderne Verwaltung (Hrsg.): BundOnline 2005: Umsetzungsplan für die e-Government-Initiative. Berlin: Bundesministerium des Innern, 2001, S. 24.

[70] Vgl. Hauschild, Timo; Isselhorst, Hartmut: E-Government-Handbuch. Bonn: Bundesamt für Sicherheit in der Informationstechnik (BSI), 2002, S. 7.

von einer Industrie- zu einer Informationsgesellschaft wandelt.[71] E-Government und somit BundOnline 2005 tragen wesentlich dazu bei, Deutschland als Informationsgesellschaft weiterzuentwickeln.[72]

Zielstruktur BundOnline 2005 Mit der Initiative BundOnline 2005 versucht die Bundesregierung, die neuen Herausforderungen zu bewältigen. Die Behörden sollen mit Hilfe der Initiative zu einer kunden- und dienstleistungsorientierten Verwaltung transformiert werden. Dabei wird eine Annährung des öffentlichen Sektors an privatwirtschaftliche Unternehmen forciert und somit die Basis für den Einsatz von betriebswirtschaftlichen Managementtools geschaffen. Das Ziel der Bundesregierung ist es die Bundesbehörden entsprechend einem Konzern zu leiten, um dadurch Synergieeffekte zu realisieren. Dieser Ansatz entspricht den im NPM proklamierten Ansätzen zur Verwaltungsmodernisierung. Mit BundOnline 2005 möchte die Bundesregierung den Anforderungen an eine moderne Verwaltung und den sich kontinuierlich ändernden Rahmenbedingungen bis in das Jahr 2005 gerecht werden.[73] Abbildung 11 zeigt einen Ausschnitt der anvisierten Ziele der Initiative BundOnline 2005. Die Vision der Bundesregierung, die Bundesbehörden durch E-Government bis ins Jahr 2005 zu einer modernen, kunden- und dienstleistungsorientierten Verwaltung zu transformieren, stellt dabei das Oberziel der Initiative dar. Dessen Realisierung setzt die Realisierung der dargestellten Unterziele voraus.

---

[71] Vgl. Scheer August-Wilhelm; Milius, Frank: Informationsgesellschaft: Trends und Szenarien der Televerwaltung. In: Scheer, August-Wilhelm; Friedrichs, Johann (Hrsg.): Innovative Verwaltung 2000. Wiesbaden: Gabler, 1996, S. 177-189, S.181.

[72] Vgl. Stabsstelle Moderner Staat – Moderne Verwaltung (Hrsg.): BundOnline 2005: Umsetzungsplan für die e-Government-Initiative. Berlin: Bundesministerium des Innern, 2001, S. 9.

[73] Vgl. Stabsstelle Moderner Staat – Moderne Verwaltung (Hrsg.): BundOnline 2005: Umsetzungsplan für die e-Government-Initiative. Berlin: Bundesministerium des Innern, 2001, S. 6-17.

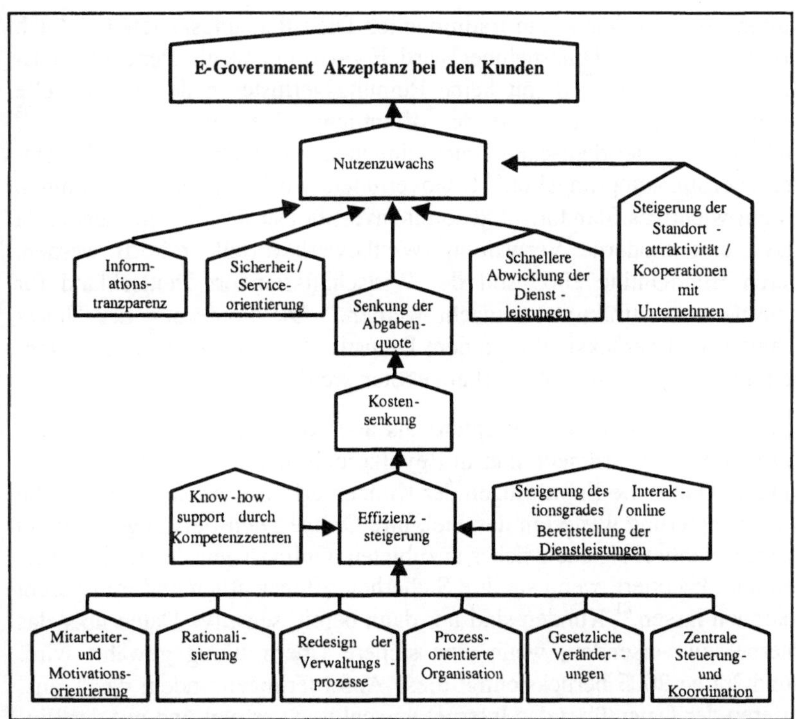

Abbildung 11: Vereinfachte Darstellung der Zielstruktur von BundOnline 2005

E-Government bietet den Bundesbehörden enorme Vorteile, die nur dann *E-Government* ausgenutzt werden können, wenn ein bestimmtes Maß an Akzeptanz bei *Akzeptanz* den Kunden der öffentlichen Verwaltung vorhanden ist.[74] Dies setzt voraus, dass Online-Dienstleistungsangebote im Vergleich zu den traditionellen Dienstleistungsangeboten einen Mehrwert stiftet.[75] E-Government verschafft den Behörden keinen Nutzen, wenn nur eine marginale Anzahl der Kunden das virtuelle Angebot der Bundesbehörden annimmt und der Rest die traditionellen Wege vorzieht. Die laufenden Betriebskosten würden in solch einem Fall den Vorteil von E-Government kompensieren. Laut einer Emnid-Umfrage erwarten 69% der befragten Bürger einen deutlichen Mehrwert der online Dienstleistungen der öffentlichen Ver-

---

[74] Vgl. Hauschild, Timo; Isselhorst, Hartmut: E-Government-Handbuch. Bonn: Bundesamt für Sicherheit in der Informationstechnik (BSI), 2002 S. 9.

[75] Vgl. Stabsstelle Moderner Staat – Moderne Verwaltung (Hrsg.): BundOnline 2005: Umsetzungsplan für die e-Government-Initiative. Berlin: Bundesministerium des Innern, 2001, S. 13; Hauschild, Timo; Isselhorst, Hartmut: E-Government-Handbuch. Bonn: Bundesamt für Sicherheit in der Informationstechnik (BSI), 2002, S. 10.

waltung im Vergleich zum traditionellen Dienstleistungsangebot.[76] Auch aus der Sicht der Unternehmer wird E-Government als Pendant zu E-Business gefordert,[77] damit keine Reibungsverluste an der Schnittstelle zwischen Unternehmen und der öffentlichen Verwaltung entstehen.[78] Mehr als 60% der deutschen Unternehmen erwarten ein kommunales Online-Dienstleistungsangebot.[79] E-Government wird von den Unternehmen als ein wichtiges Standort- und somit Investitionskriterium angesehen, da durch eine moderne Verwaltung Wettbewerbsvorteile erhofft werden. Durch BundOnline 2005 soll der Wirtschaftsstandort Deutschland für Unternehmen attraktiver gemacht werden.[80] Die Forderung der Unternehmen wird berücksichtigt, indem Dienstleistungen unternehmensorientiert und schnittstellenoptimiert angeboten werden.

Sicherheit Sowohl die notwendige Akzeptanz als auch die Realisierung des Mehrwerts von E-Government sind in Bevölkerung und Wirtschaft somit vorhanden. Damit die Erwartungen der Kunden erfüllt werden, setzt sich die Bundesregierung weiterhin das Ziel, ihre Online-Dienstleistungen sowohl serviceorientiert als auch sicher anzubieten. Online-Dienstleistungen werden nur akzeptiert, wenn sie ihre Sicherheit offensichtlich und transparent erkennen lassen.[81] Kunden sind nur dann bereit, sensitive Daten über das Internet zu versenden, wenn eine sichere Übermittlung gewährt wird. BundOnline 2005 berücksichtigt diese Anforderungen, indem das Transferieren der Daten über das Internet verschlüsselt erfolgt und mit der Ein-

---

[76] Vgl. Müller, Werner: E-Business braucht E-Government. In: Gemini AG (Hrsg.): eGovernment-Jahrbuch 2002/3, Regensburg: AW-Mediengesellschaft, 2002, S. 12-13; Stabsstelle Moderner Staat-Moderne Verwaltung (Hrsg.): Bilanz 2002, Berlin: Bundesministerium des Innern, 2002, S. 22.

[77] Vgl. Roßnagel, Alexander: Elektronische Signatur in der öffentlichen Verwaltung – Notwendige Anpassungen im öffentlichen Recht. In: Picot, Arnold; Quadt, Hans-Peter (Hrsg.): Verwaltung ans Netz!: Neue Medien halten Einzug in die öffentlichen Verwaltungen, Berlin: Springer 2001, S. 15-20, S. 17.

[78] Vgl. Roßnagel, Alexander: Elektronische Signatur in der öffentlichen Verwaltung – Notwendige Anpassungen im öffentlichen Recht. In: Picot, Arnold; Quadt, Hans-Peter (Hrsg.): Verwaltung ans Netz!: Neue Medien halten Einzug in die öffentlichen Verwaltungen, Berlin: Springer 2001, S. 153-167, S. 153.

[79] Vgl. Jansen, Stephan A.; Priddat, Birger P.: Electronic Government: neue Potentiale für einen modernen Staat, Stuttgart: Klett-Cotta, 2001, S. 147.

[80] Vgl. Stabsstelle Moderner Staat – Moderne Verwaltung (Hrsg.): BundOnline 2005: Umsetzungsplan für die e-Government-Initiative. Berlin: Bundesministerium des Innern, 2001, S. 3.

[81] Vgl. Hauschild, Timo; Isselhorst, Hartmut: E-Government-Handbuch. Bonn: Bundesamt für Sicherheit in der Informationstechnik (BSI), 2002, S. 6.

führung der digitalen Signatur die Authentizität der übermittelten Daten gesichert wird.[82]

Eines der wichtigsten Ziele, die die Bundesregierung mit der Initiative BundOnline 2005 fokussiert, ist die Steigerung der Effizienz der öffentlichen Verwaltung in ihrem Handeln. Die Bundesverwaltung ist aufgrund der Finanzknappheit gezwungen ihre Aktivitäten zu optimieren somit kostenorientiert zu agieren. Der Kostendruck wird aufgrund der zunehmend alternden Gesellschaftsstruktur und der damit verbundenen Sozialausgaben verstärkt. Zudem werden die öffentlichen Kassen durch die fortschreitende Arbeitslosigkeit und die damit gekoppelten sinkenden Steuereinnahmen zusätzlich intensiv belastet. Durch den Einsatz von Informations- und Kommunikationssystemen soll die Effizienz in den Bundesbehörden gesteigert werden, indem die Verwaltungsprozesse beschleunigt, Aufwände reduziert und somit Kosten eingespart werden.[83] In einem Referenzprojekt konnte in den USA die öffentliche Verwaltung durch den Einsatz von Informationstechnologien 75% Kosteneinsparung erzielt werden.[84] Eine Studie der Universität Würzburg bestätigte diese Kosteneinsparungspotenziale durch den Einsatz von Informations- und Kommunikationstechnologien. So verursacht bspw. eine durchschnittliche Transaktion in einem Bürgeramt Kosten in Höhe von ca. 1,--€. Im Vergleich dazu fallen bei der Ausführung über das Internet nur 0,01€ an.[85] Ähnlich Einsparungspotenziale wurden durch das Fraunhofer Institut festgestellt.[86]

Knappe Ressourcen

Die Ausschöpfung der Erfolgspotenziale, die die Informationstechnologie der öffentlichen Verwaltung bietet, wird aber durch die Initiative BundOnline 2005 nicht in zufriedenstellendem Masse ausgeschöpft. Die Bundesregierung möchte zwar zunehmend die IuK in die Bundesverwaltungen integrieren und alle onlinefähigen Dienstleistungen via Internet anbieten und damit den Interaktionsgrad der E-Government-Lösungen der Bundesbehörden steigern. Das zwingend nötige Re-Engineering der Ver-

Reorganisation der öffentlichen Verwaltung

---

[82] Vgl. Stabsstelle Moderner Staat – Moderne Verwaltung (Hrsg.): BundOnline 2005: Umsetzungsplan für die e-Government-Initiative. Berlin: Bundesministerium des Innern, 2001, S. 34.

[83] Vgl. PwC Deutsche Revision (Hrsg.): Die Zukunft heißt E-Government. Deutschlands Städte auf dem Weg zur virtuellen Verwaltung. Ergebnisse einer Umfrage von PwC Deutsche Revision mit dem Deutschen Städte- und Gemeindebund. Frankfurt: Fachverlag Moderne Wirtschaft, 2000, S. 10.

[84] Vgl. PwC Deutsche Revision (Hrsg.): Die Zukunft heißt E-Government. Deutschlands Städte auf dem Weg zur virtuellen Verwaltung. Ergebnisse einer Umfrage von PwC Deutsche Revision mit dem Deutschen Städte- und Gemeindebund. Frankfurt: Fachverlag Moderne Wirtschaft, 2000, S. 15.

[85] Vgl. Beyer, Lothar; Wirth, Roland: Die Schalterhalle im globalen Dorf. Eschborn: RKW, 1998, S. 92.

[86] Vgl. Stabsstelle Moderner Staat-Moderne Verwaltung (Hrsg.): Bilanz 2002, Berlin: Bundesministerium des Innern, 2002, S. 48.

waltungsprozesse jedoch, das prozessorientierte Anwendungskonzepte wie E-Government erfordert,[87] ist aufgrund der Rahmenbedingungen nur bedingt vorgesehen. Verwaltungsprozesse und -strukturen werden nur so weit modifiziert, als dies für das Funktionieren der technologischen Lösungen unerlässlich ist. Langfristig setzt der erfolgreiche Einsatz von innovativer IuK aber prozessorientierte Anwendungskonzepte voraus, um die Schnelligkeit und die Effizienz von Verwaltungstätigkeiten zu erhöhen.[88]

Rechtliche Anpassungen Das vorgesehene Re-Engineering der Verwaltungsstrukturen und Verwaltungsprozesse erfordert zum Teil gesetzliche Änderungen, die eine Online-Bereitstellung traditioneller Dienstleistungsangebote ermöglichen. Gesetzesanpassungen sind im Privat- und öffentlichen Recht erforderlich, wie es z. B. bei der rechtsgültigen Einführung der digitalen Signatur am 21.05.2001 der Fall war.[89] Zusätzlich zum nationalen Recht werden bei der Initiative BundOnline 2005 die Anforderungen des EU-Recht und internationale Bestimmungen berücksichtigt.[90]

Einrichtung von Kompetenzzentren Bei der Umsetzung der BundOnline 2005 Initiative wurden speziell für die Bundesbehörden Kompetenzzentren eingerichtet, die die Bundesbehörden mit technischem und betriebswirtschaftlichem Know-how unterstützen und ihnen zudem Basiskomponenten bereitstellen.[91] Die Kompetenzzentren haben die Aufgabe, die Behörden bei der Umsetzung ihrer E-Government-Aktivitäten zu unterstützen, damit zum einen die Umsetzung erfolgreich verläuft und zum anderen bei der Umsetzung die Einhaltung der Anforderungen des bundesweit integrierten E-Government Architektur-Konzeptes eingehalten werden. Die Kompetenzzentren tragen zur

---

[87] Vgl. Zypries, Brigitte: Der Anspruch an eine moderne, bürgernahe Verwaltung. In: Picot, Arnold; Quadt, Hans-Peter (Hrsg.): Verwaltung ans Netz! Neue Medien halten Einzug in die öffentlichen Verwaltungen. Berlin: Springer, 2001, S. 5-12, S. 5.

[88] Vgl. Vgl.Scheer August-Wilhelm; Milius, Frank: Informationsgesellschaft: Trends und Szenarien der Televerwaltung. In: Scheer, August-Wilhelm; Friedrichs, Johann (Hrsg.): Innovative Verwaltung 2000. Wiesbaden: Gabler, 1996, S. 177-190, S. 187.

[89] Vgl. Stabsstelle Moderner Staat – Moderne Verwaltung (Hrsg.): BundOnline 2005: Umsetzungsplan für die e-Government-Initiative. Berlin: Bundesministerium des Innern, 2001, S. 27-28.

[90] Vgl. Stabsstelle Moderner Staat – Moderne Verwaltung (Hrsg.): BundOnline 2005: Umsetzungsplan für die e-Government-Initiative. Berlin: Bundesministerium des Innern, 2001, S. 29.

[91] Vgl. Projektgruppe BundOnline 2005, Interview vom 08.08.2002. Stabsstelle Moderner Staat – Moderne Verwaltung (Hrsg.): BundOnline 2005: Umsetzungsplan für die e-Government-Initiative. Berlin: Bundesministerium des Innern, 2001, S. 37.

zentralen Steuerung und Koordination der einzelnen E-Government-Aktivitäten in den einzelnen Bundesbehörden bei.

6.1.2 Umsetzungsplan

Für die Umsetzung der Bundesinitiative BundOnline 2005 sind grund- *Umsetzungsplan*
sätzlich zwei Arten von Umsetzungsplänen relevant. Zum einen handelt
es sich dabei um einen bundesweiten Gesamtplan, welcher von der Projektgruppe BundOnline 2005 konzipiert wurde. Zum anderen existieren in
den Bundesbehörden individuelle Planungen, die die spezifischen Gegebenheiten berücksichtigen. Der Gesamtplan wird zu bestimmten Zeit-
punkten in Abstimmung mit den Einzelplänen der Bundesbehörden in einer „top-down – bottom-up" Logik aktualisiert. Zunächst wird der Gesamtplan erstellt, wobei die einzelnen Umsetzungsschritte mit den einzelnen Ressorts abgestimmt werden.[92] Insbesondere müssen die ressortspezifischen E-Government-Strategien bei der Erstellung des Gesamtplans berücksichtigt werden. Nach Erstellung des Gesamtplans werden die Einzelpläne der Ressorts (Bundesbehörden) auf Konformität mit dem übergeordneten Gesamtplan verglichen. Bei nicht akzeptablen Abweichungen
werden die Einzelpläne dem übergeordneten Gesamtplan angepasst, wobei eine Machbar- bzw. Sinnhaltigkeit der Anpassung für jedes Ressort zu
überprüfen ist.

Die konkrete Umsetzung muss letztendlich in den einzelnen Ressorts *Koordinierung und*
stattfinden.[93] Die Gesamtkoordination und -steuerung erfolgt mit Hilfe *Steuerung durch Um-*
des Gesamtplans durch die Projektgruppe BundOnline 2005. Durch dieses *setzungsplan*
Vorgehen soll die effiziente ressortübergreifende Umsetzung der E-
Government-Initiative BundOnline 2005 gewährt werden. Neben der
Vermeidung von Insellösungen wird durch diese Vorgehensweise unter
anderem versucht, die Entwicklung von redundanten Lösungen in den
einzelnen Ressorts zu vermeiden, um einer Ressourcenverschwendung
entgegenzuwirken (siehe Kapitel 6.1).

Bevor die anvisierten Dienstleistungen online angeboten werden können, *Machbarkeitsanalyse*
wird im Rahmen der Initiative BundOnline 2005 eine Machbarkeitsanaly-
se vorgenommen.[94] Dabei wird zunächst identifiziert, welche Dienstleistungen für ein Online-Angebot geeignet sind und welche nicht. Um die

---

[92] Vgl. Stabsstelle Moderner Staat – Moderne Verwaltung (Hrsg.): BundOnline
2005: Umsetzungsplan für die e-Government-Initiative. Berlin: Bundesministerium des Innern, 2001, S. 51.

[93] Vgl. Stabsstelle Moderner Staat – Moderne Verwaltung (Hrsg.): BundOnline
2005: Umsetzungsplan für die e-Government-Initiative. Berlin: Bundesministerium des Innern, 2001, S. 51.

[94] Vgl. Hauschild, Timo; Isselhorst, Hartmut: E-Government-Handbuch. Bonn:
Bundesamt für Sicherheit in der Informationstechnik (BSI), 2002, S. 4.

Überprüfung der Online-Durchführbarkeit der Dienstleistungen einschätzen zu können, werden die Dienstleistungen in einzelne Teilschritte zerlegt. Jeder der Teilschritte stellt eine Wertschöpfungsstufe dar. Die logische Kombination dieser Wertschöpfungsstufen ergibt die Wertschöpfungskette der Dienstleistung. Die Wertschöpfungsstufen werden dabei nicht isoliert betrachtet, sondern integriert. Es soll somit eine ganzheitliche Fokussierung erfolgen, damit suboptimale Lösungen vermieden werden. Das Ziel ist es, jede Wertschöpfungsstufe mit Hilfe der IuK zu unterstützen und somit transaktionsorientiert und integriert ablaufen zu lassen.[95] Durch diese Vorgehensweise werden Schnittstellen zwischen den Teilschritten optimiert und Medienbrüche reduziert. Jede dieser Wertschöpfungsstufen muss einen Beitrag zur Kunden- und Dienstleistungsorientierung leisten, damit die Online-Bereitstellung der Leistung den Kunden einen maximalen Mehrwert im Vergleich zum traditionellen Angebot leistet. Der Sachverhalt kann Abbildung 12 entnommen werden.

Online-Fähigkeit Nach der Zerlegung wird überprüft, inwieweit die einzelnen Teilschritte mit IuK unterstützt werden können. Mit Hilfe dieser gewonnenen Erkenntnisse kann dann ermittelt werden, ob diese Teilschritte online ausgeführt werden können oder nicht.[96] Dabei kann es vorkommen, dass innerhalb einer Dienstleistung Teilschritte online abwicklungsfähig sind und andere wiederum nicht.[97] Somit kann eine Aussage darüber getroffen werden, ob die Dienstleistungen einer Bundesbehörde vollständig online ausgeführt werden können.

---

[95] Vgl. Stabsstelle Moderner Staat – Moderne Verwaltung (Hrsg.): BundOnline 2005: Umsetzungsplan für die e-Government-Initiative. Berlin: Bundesministerium des Innern, 2001, S. 16.

[96] Vgl. Hauschild, Timo; Isselhorst, Hartmut: E-Government-Handbuch. Bonn: Bundesamt für Sicherheit in der Informationstechnik (BSI), 2002, S.12.

[97] Vgl. Stabsstelle Moderner Staat – Moderne Verwaltung (Hrsg.): BundOnline 2005: Umsetzungsplan für die e-Government-Initiative. Berlin: Bundesministerium des Innern, 2001, S. 22.

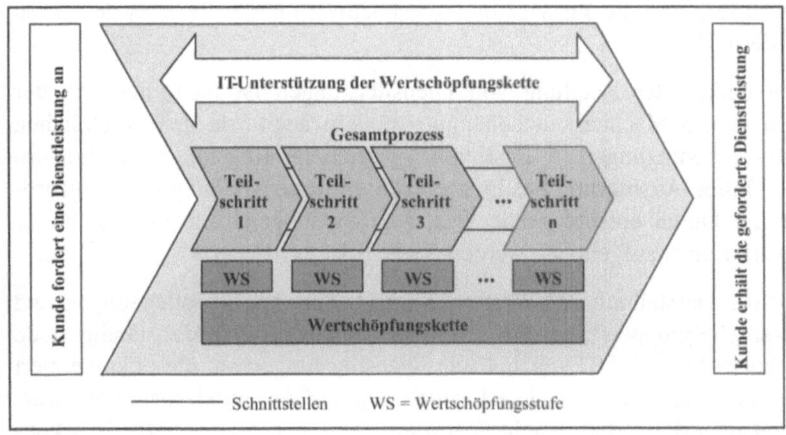

Abbildung 12: Analyse der Online-Abwicklungsfähigkeit[98]

Die Zerlegung der Dienstleistungen in Teilschritte hat darüber hinaus noch einen weiteren wesentlichen Vorteil. Durch diese Methodik kann festgestellt werden, ob Homogenitäten zwischen den Teilschritten der Dienstleistungen verschiedener Bundesbehörden bestehen. Teilschritte, die analog in verschiedenen Bundesbehörden ablaufen, ermöglichen den Einsatz von zentral geplanten und entwickelten Basiskomponenten. Diese Basiskomponenten können ressortübergreifend eingesetzt werden. Dadurch werden redundante, evtl. inkompatible Eigenentwicklungen in den Ressorts vermieden. Beispiele für zentral geplante und zentral bereitgestellte Basiskomponenten sind z. B. Content-Management-Systeme, Zahlungsverkehrsplattformen oder, Formularserver. Für die anderen Teilschritte werden im Rahmen von BundOnline 2005 zentral geplante und dezentral bereitgestellte Basiskomponenten eingesetzt. Die Ressorts können auf diese zentral geplanten und entwickelten Basiskomponenten zurückgreifen und diese dann entsprechend ihren Bedürfnissen individualisiert in den Ressorts einsetzen. Dabei handelt es sich um Basiskomponenten mit Grundfunktionalitäten, die innerhalb einer bestimmten Bandbreite angepasst werden können. Beispiel dafür sind unter anderem Dokument-Management-Systeme, Systeme für Datensicherheit etc. Für Teilschritte, die ressortspezifische Funktionen beinhalten, werden grundsätzlich keine zentral entwickelten Basiskomponenten bereit gestellt. Die benötigten Fachanwendungen werden unter Berücksichtigung des Gesamtplans individuell entwickelt. Zur zielkonformen Koordinierung der Individualentwicklungen soll eine behördenübergreifende zentrale Koordinierung eingerichtet werden. Deren Aufgabe ist es, Parallelentwicklungen zu

Basiskomponenten

---

[98] Vgl. Stabsstelle Moderner Staat – Moderne Verwaltung (Hrsg.): BundOnline 2005: Umsetzungsplan für die e-Government-Initiative. Berlin: Bundesministerium des Innern, 2001, S. 16.

vermeiden und die Entwicklung von hochwertigen Softwaresystemen zu fördern.[99]

Gesetzliche Rahmen- Die Online-Bereitstellung von Dienstleistungen ist nicht nur von der
bedingungen technischen Machbarkeit abhängig, sondern auch von den gesetzlichen Rahmenbedingungen.[100] Bestimmte gesetzliche Regelungen verhindern die Online-Ausführung bestimmter Teilschritte eines Dienstleistungsprozesses. Durch entsprechende Gesetzesanpassungen sollen einige dieser Restriktionen aufgehoben werden (siehe 6.1.1).

Kategorisierung der Für die Darstellung der Wertschöpfungsketten der Dienstleistungen und
Dienstleistungen deren Zielgruppen sind die jeweiligen Bundesbehörden zuständig. Jede Behörde bietet i.d.R. vier bis acht Dienstleistungen an, die dokumentiert und bewertet vorliegen. Die Dienstleistungen der Bundesbehörden wurden kategorisiert und in acht Dienstleistungstypen segmentiert.[101] Es können alle Dienstleistungen der Bundesbehörden zugeordnet werden, wobei diese auf Wertschöpfungsketten-Ebene betrachtet werden. Die Wertschöpfungsstufen sind dabei die Stufen Information, Kommunikation und Transaktion.

Kategorisierung der Mit Hilfe der Dienstleistungskategorisierung wurde gezeigt, dass mehr als
Dienstleistungen zwei Drittel (73%) der Dienstleistungen drei Dienstleistungstypen zuordenbar sind. Zur Zeit sind nur 8% der Dienstleistungen der Bundesbehörden online verfügbar. 55% der Dienstleistungen werden den Kunden nur z. T. über das Internet bereitgestellt. Die restlichen 37% werden auf die traditionelle Weise Bürger, Unternehmen und anderen Verwaltungen angeboten.

Re-Engineering der Die Realisierung der online Dienstleistungen setzt nicht nur die Integrati-
Geschäftsprozesse on von technologischen Systemen in den Bundesbehörden voraus, sondern auch ein Re-Engineering der Verwaltungsprozesse und Organisationsformen, damit ein hohes Maß an Erfolgspotenzialen ausgeschöpft werden kann. Informationstechnologien, die im Rahmen einer E-Government-Lösung in den Bundesbehörden verwendet werden, können grundsätzlich auch mit nur relativ geringen Umstrukturierungsmaßnahmen in den Bundesbehörden erfolgreich betrieben werden. Dadurch wird aber der Mehrwert der E-Government-Lösung im Vergleich zu den tradi-

---

[99] Vgl. Stabsstelle Moderner Staat – Moderne Verwaltung (Hrsg.): BundOnline 2005: Umsetzungsplan für die e-Government-Initiative. Berlin: Bundesministerium des Innern, 2001, S. 33-38.

[100] Vgl. Stabsstelle Moderner Staat – Moderne Verwaltung (Hrsg.): BundOnline 2005: Umsetzungsplan für die e-Government-Initiative. Berlin: Bundesministerium des Innern, 2001, S. 31.

[101] Vgl. Stabsstelle Moderner Staat – Moderne Verwaltung (Hrsg.): BundOnline 2005: Umsetzungsplan für die e-Government-Initiative. Berlin: Bundesministerium des Innern, 2001, S. 17-18.

tionellen Lösungen nicht vollständig ausgeschöpft. Im Rahmen von BundOnline 2005 wird zwar die Notwendigkeit zur umfassenden Restrukturierung der Prozesse und Organisationsformen erkannt, aber aufgrund des erheblichen Aufwands und anderen Restriktionen unterlassen. Eine umfangreiche Prozessanalyse und -optimierung ist für das Ausschöpfen von Effizienzpotentialen unumgänglich.[102] Eine Restrukturierung erfolgt aber nur, soweit es für das Funktionieren der Systeme notwendig ist. Da somit ein umfassendes Re-Engineering der Prozesse und Organisationsformen unterlassen wird, lassen sich als Folge nicht alle Erfolgspotenziale ausschöpfen.

Die Höhe des Zielerreichungsgrades der Initiative BundOnline 2005 wird vor allem von der Qualität der integrierten bundesweiten E-Government-Architektur und von der zentral koordinierten und gesteuerten Umsetzung der Strategie abhängen. Es wird eine integrierte Gesamtarchitektur anvisiert, in die alle Aktivitäten münden müssen.[103] In der Publikation „BundOnline 2005 – Umsetzungsplan für die e-Government-Initiative" wird aber keine genaue Aussage über eine integrierte E-Government-Gesamtarchitektur getroffen. Es wird lediglich eine technologische Gesamtarchitektur vorgestellt: *E-Government-Architektur*

Die Koordination und Steuerung von BundOnline 2005 wird vor allem von der Projektgruppe BundOnline 2005 realisiert. Darüber hinaus gibt es weitere Einrichtungen, die bei der Koordinierung, Steuerung und Beratung beteiligt sind. Dabei handelt es sich unter anderem um die IT-Abteilungen der Ministerien, die darauf achten, dass die Rahmenvorgaben des Gesamtplans in den nachgelagerten Bundesbehörden eingehalten werden. Abgesehen davon übernimmt die Koordinierungs- und Beratungsstelle der Bundesregierung für Informationstechnik in der Bundesverwaltung (KBST) die Aufgabe, die einzelnen Ressorts so zu beraten, dass keine inkompatiblen und von dem Gesamtplan stark abweichenden Infrastrukturen entwickelt werden. Die Umsetzung dieses Zieles erfolgt institutionell durch den innenministeriellen Koordinationsaustausch IT (IMKA).[104] Das IMKA beschließt die getroffenen Entscheidungen der KBST formell und gibt die entsprechenden Handlungsanweisungen als Empfehlungen an die Ressorts weiter. Die KBST ist zudem verantwort- *Koordinierung und Steuerung*

---

[102] Vgl. Hauschild, Timo; Isselhorst, Hartmut: E-Government-Handbuch. Bonn: Bundesamt für Sicherheit in der Informationstechnik (BSI), 2002, S. 5.

[103] Vgl. Stabsstelle Moderner Staat – Moderne Verwaltung (Hrsg.): BundOnline 2005: Umsetzungsplan für die e-Government-Initiative. Berlin: Bundesministerium des Innern, 2001, S. 32; Hauschild, Timo; Isselhorst, Hartmut: E-Government-Handbuch. Bonn: Bundesamt für Sicherheit in der Informationstechnik (BSI), 2002, S. 7 ff.

[104] Vgl. Stabsstelle Moderner Staat – Moderne Verwaltung (Hrsg.): BundOnline 2005: Umsetzungsplan für die e-Government-Initiative. Berlin: Bundesministerium des Innern, 2001, S. 38.

lich für den Informationsverbund Berlin Bonn (IVBB) und den sich in der Entwicklung befindenden Informationsverbund der Bundesverwaltung (IVBV). Abgesehen von diesen Einrichtungen verfügt die Bundesverwaltung zusätzlich über das Bundesamt für Sicherheit in der Informationstechnik (BSI). Das BSI berät die Ressorts zentral über Sicherheitsangelegenheiten bei der Anwendung von Informationstechnologien.[105] Die Bundesverwaltung verfügt somit insgesamt über eine ausreichende Infrastruktur, mit der sich eine zentrale und effiziente Koordinierung und Steuerung der BundOnline 2005 Initiative realisieren.

6.1.3 Modellprojekte

18 Leitprojekte Im Rahmen von BundOnline 2005 wurden 18 Leitprojekte in verschiedenen Modellbehörden ins Leben gerufen, die Best-Practices mit Vorbildcharakter gelten sollen und bei der Realisierung der von BundOnline 2005 gesteckten Ziele eine Vorreiterrolle spielen.[106]

Leitprojekte - ELSTER Ziel von BundOnline 2005 ist es hierbei, bei allen online angebotenen Dienstleistungen möglichst die Transaktionsstufe zu erreichen. Dies würde bedeuten, dass im Vergleich zum traditionellen Angebot ein tatsächlicher Mehrwert für Bürger, Ämter und Unternehmen entstehen würde. Doch dieses Ziel ist bei weitem noch nicht erfüllt, denn selbst einige der Leitprojekte haben den endgültigen Reifegrad noch nicht erreicht: So wird etwa bei dem Leitprojekt ELSTER, das die Abwicklung der Einkommenssteuer, der Umsatzsteuerjahreserklärung und der Gewerbesteueranmeldung online anbieten soll, ein frappierender Medienbruch deutlich. Zwar kann man mit Hilfe eines der gängigen Steuerprogramme seine Steuererklärung erstellen und an das jeweils zuständige Finanzamt versenden, jedoch ist es zusätzlich nötig ein Exemplar der Steuererklärung, die so genannte „komprimierte Steuererklärung",[107] unterschrieben zusammen mit Belegen an die jeweils zuständige Finanzbehörde zu übermitteln. Die Defizite liegen zum einen in den bestehenden rechtlichen Rahmenbedingungen, die im Zuge der Einführung der digitalen Signatur aber zum Teil behoben werden können, zum anderen aber in dem Umstand, dass die Übermittlung der einzelnen Belege noch nicht elektronisch durchführbar ist und sich auch in nächster Zeit nur auf postalischem Wege gelöst werden kann.

---

[105] Vgl. Stabsstelle Moderner Staat – Moderne Verwaltung (Hrsg.): BundOnline 2005: Umsetzungsplan für die e-Government-Initiative. Berlin: Bundesministerium des Innern, 2001, S. 38.

[106] Vgl. Bundesamt für Sicherheit in der Informationstechnik: E-Government-Modellprojekte des Bundes. – URL <http://www.e-government-handbuch.de>, online 02.09.2002., S. 4.

[107] Vgl. https://www.elsterformular.de/ssl/index.htm, online: 02.09.2002

Dieses Beispiel steht stellvertretend für die momentane Situation, in der sich E-Government in Deutschland befindet. Der Wille zur Bereitstellung von Dienstleistungen, die durch das Anwenden von IuK-Technologien effizienter und serviceorientierter gestaltet werden sollen, ist da, jedoch mangelt es an tatsächlich durchdachten integrierten Strategien, die auf Neugestaltung von Prozessabläufen und Organisationsformen eingehen und an einer schnellen Anpassung der rechtlichen Gegebenheiten. Dennoch sind die einzelnen Leitprojekte ein wichtiger Schritt in der Entwicklung bzgl. der erfolgreichen Einführung des E-Government in Deutschland. Betrachtet man die einzelnen Leitprojekte genauer so kann z. B. die in Abbildung 13 gezeigte Kategorisierung vorgenommen werden. [108]

Kategorisierung der Leitprojekte

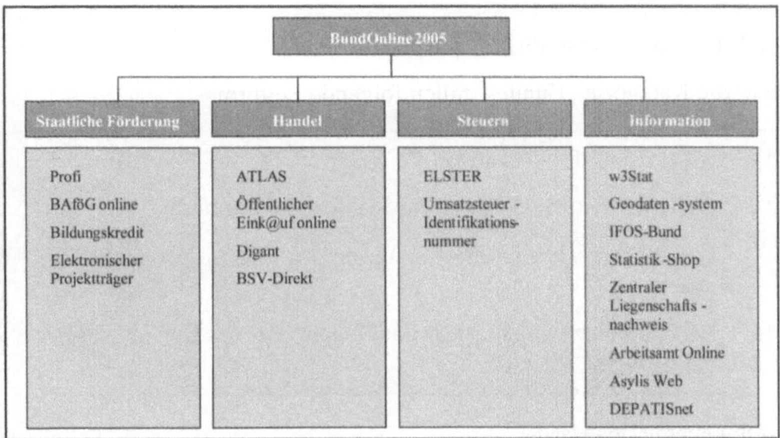

Abbildung 13: Kategorisierung der 18 Leitprojekte von BundOnline 2005

---

[108] Vgl. Stabsstelle Moderner Staat – Moderne Verwaltung (Hrsg.): BundOnline 2005: Umsetzungsplan für die e-Government-Initiative. Berlin: Bundesministerium des Innern, 2001, S. 52-55

Die staatliche Förderung bietet Dienste rund um die Bereitstellung von öffentlichen Geldern für Private und Unternehmen:

> ❑ **BaföG-online:** Bearbeitung und Online-Beratung bei der Rückzahlung von Ausbildungsdarlehen
>
> ❑ **PROFI:** Initiative zur Projektförderung mit elektronischer Unterstützung
>
> ❑ **Bildungskredit:** Abwicklung des Bildungskredits mittels Online-Verfahren
>
> ❑ **Elektronischer Projektträger:** Online-Informationen über Förderprogramme des Wirtschaftsministeriums

Box 7: Leitprojekte - Staatliche Förderung

Unter die Kategorie „Handel" fallen folgende Leitprojekte:

> ❑ **ATLAS:** Online-Plattform für elektronische Zollbescheide
>
> ❑ **Öffentlicher Eink@uf online:** Online-Beschaffung
>
> ❑ **DIGANT:** elektronische Antragsabwicklung mit der Bundesdruckerei
>
> ❑ **BSV-Direkt:** Online-Zugriff auf Depots bei der Bundesschuldenverwaltung

Box 8: Leitprojekte - Handel

Des nächste Kategorie umfasst den Bereich Steuern. In diese Kategorie können zwei Leitprojekte eingestuft werden:

> ❑ **ELSTER:** Übermittlung der elektronischen Steuererklärung
>
> ❑ **Umsatzsteuer-Identifikationsnummer:** Gültigkeitsabfrage für Umsatzsteuer- Identifikationsnummern

Box 9: Leitprojekte - Steuer

Der Bereich „Information" beinhaltet schließlich die in Box 10 gezeigten Projekte.

> ❏ **w3Stat:** Online-Erhebung der Daten zur Intrahandelsstatistik sowie Bereitstellung der Ergebnisse und Informationen zu diesen Daten
>
> ❏ **Geodatensystem:** Onlinedienst für amtliche Geobasisdaten
>
> ❏ **IFOS-Bund:** Interaktives Fortbildungssystem der Bundesverwaltungen
>
> ❏ **Statistik-Shop:** Vertrieb von Publikationen des Statistischen Bundesamts
>
> ❏ **Zentraler Liegenschaftsnachweis:** Internet-Plattform zur Do-kumentation der aktuellen Nutzung von Liegenschaften
>
> ❏ **Arbeitsamt Online:** Stellen- und Beratungsangebot des Arbeitsamts
>
> ❏ **Asylis Web:** Datenbanken zum Themenbereich Asyl
>
> ❏ **DEPATISnet:** Online-Zugriff auf Dokumente des Patent- und Markenamts

Box 10: Modellprojekte - Information[109]

Die Modellprojekte befinden sich zwar noch nicht auf der letzten Entwicklungsstufe, sind aber im Vergleich zu den anderen Online Dienstleistungen des Bundes weit vorangeschritten. Der Entwicklungsstand der Modellprojekte wird von der Stabsstelle Moderner Staat – Moderne Verwaltung im Bundesinnenministerium dokumentiert und unter der URL www.staat-modern.de zur Verfügung gestellt.[110]

6.1.4 Das Portal www.bund.de

BundOnline 2005 sieht auch vor, dass insgesamt sechs Basiskomponenten *bund.de* bis 2005 umgesetzt werden sollen. Als Beispiele für die oben genannten Basiskomponenten lassen sich hier die Schaffung eines in sich geschlossenen Dienstleistungsportals, eines Content-Management-Systems oder aber auch einer Zahlungsplattform aufführen. Teilweise sind diese Vorhaben auch schon in die Tat umgesetzt worden, wie sich am Beispiel des

---

[109] Vgl. Stabsstelle Moderner Staat – Moderne Verwaltung (Hrsg.): BundOnline 2005: Umsetzungsplan für die e-Government-Initiative. Berlin: Bundesministerium des Innern, 2001, S. 52-55.

[110] Vgl. Hauschild, Timo; Isselhorst, Hartmut: E-Government-Handbuch. Bonn: Bundesamt für Sicherheit in der Informationstechnik (BSI), 2002, S. 4.

Regierungsportals www.bund.de ersehen lässt.[111] Die Besonderheit von www.bund.de besteht dabei im Angebot eines gebündelten Zugangs zu allen behördeninternen Informationen und Service-Angeboten der Bundesverwaltungen. Das deutsche Regierungsportal zeichnet sich dabei im Vergleich zu der amerikanischen oder der kanadischen Variante vor allem durch die Vielfalt des Informationsangebotes bzgl. Staat und Regierung aus. Bei dem derzeitigen Portal handelt es sich um die erste von drei Ausbaustufen, die bis zum Jahre 2005 realisiert werden sollen. Es dient als eine Orientierungshilfe für den vereinfachten Zugriff auf das Informations- und Serviceangebot der Bundesverwaltung, sowie für die verschiedenen Web-Auftritte der einzelnen Bundesbehörden.[112]

6.2 Status Quo der Prozessorientierung in der Bundesverwaltung

6.2.1 Untersuchungsmethodik

Untersuchungs-methodik Als Pilot-Befragung wurde im Rahmen der vorliegenden Studie eine überregionale Expertenbefragung durchgeführt. Die Primärerhebung beinhaltet eine qualitative Befragung, die zum Ziel hat, das Voranschreiten der E-Government- Aktivitäten zu dokumentieren und eine Best-Practice-Lösung für die Implementierung von E-Government- Lösungen zu generieren.

Zielgruppen Sowohl die Landesverwaltungen der einzelnen Bundesländer als auch Bundesoberbehörden und Oberste Bundesbehörden gehörten zur Zielgruppe. Die Auswahl der befragten Personen geschah nach dem Quota-Verfahren, d. h., dass die Interviewten nicht zufällig, sondern anhand einer umfassenden Recherche und auf Grund ihrer Rolle innerhalb der jeweiligen E-Government-Initiativen ausgewählt wurden.

Rücklaufquote Insgesamt wurden 65 Fragebögen an die Bundesbehörden versendet. Die Teilnahme an der Umfrage ist als sehr positiv einzustufen. Insgesamt wurden 31 Fragebögen beantwortet. Die Rücklaufquote beläuft sich somit auf 47%.

---

[111] Vgl. KBSt (Hrsg.): Das Bundesportal bund.de. – URL <http://www.bund.de/BundOn-line-2005/SAGA-.6341.htm>, online 12.09.2002.

[112] Vgl. Stabsstelle Moderner Staat – Moderne Verwaltung (Hrsg.): BundOnline 2005: Umsetzungsplan für die e-Government-Initiative. Berlin: Bundesministerium des Innern, 2001, S.16.

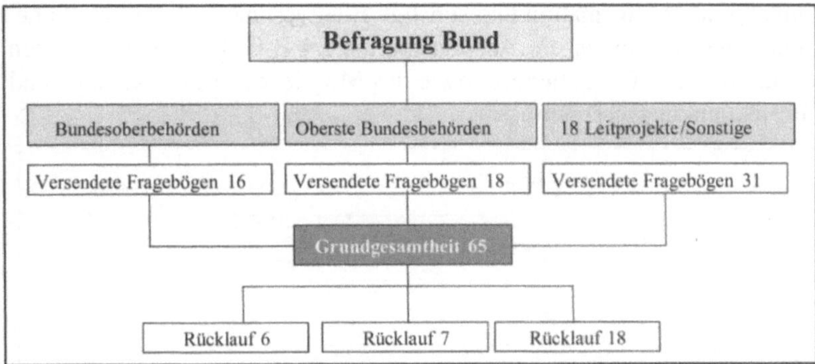

Abbildung 14: Befragungsstatistik

Die Untersuchung arbeitete mit Hilfe von zwei unterschiedlichen Frage- *Aufbau des* bögen die je nach Adressat auf Länder- oder Bundes-Initiativen ausgelegt *Fragebogens* war. Diese Zweiteilung war nötig um die jeweiligen Zuständigkeitsbereiche und „Ursprungs-Behörden" zuordnen zu können. Des weiteren wurde darauf geachtet möglichst differenziert Aufgabenbereiche aufzulisten um auch hier bestmöglich die angegebene Informationen und deren Bandbreite erfassen zu können. Darüber hinaus wurde der Fragebogen in unterschiedliche Sektionen unterteilt, die jeweils ein relevantes Themengebiet umfassen.

❑ **Sektion A:** Allgemeine Angaben zur Verwaltung bzw. zu dem jeweiligen Verwaltungsbereich der befragten Person

❑ **Sektion B:** Basisinformationen

❑ **Sektion C:** Umsetzung der E-Government-Strategien

❑ **Sektion D:** Verwaltungsprozessmanagement

❑ **Sektion E:** Technologie

❑ **Sektion F:** Zusätzliche Aspekte

Box 11: Themengebiete des Fragebogens

6.2.2 Ergebnisse der Erhebung

Im Folgenden wird das Ergebnis der Umfrage mit Hilfe von Auswertungscharts und mit Tabellen dargestellt. Zu den einzelnen Ergebnissen erfolgt eine kurze Stellungnahme.

Zu dem Befragtenkreis gehörten die in BundOnline 2005 involvierten *Ziele* Behörden. Neben den 18 Modellbehörden wurden oberste Bundes- wie auch Bundesoberbehörden befragt. Bei den interviewten Personen handelte es sich um Referatsleiter für E-Government, Koordinatoren der IT- und E-Government-Aktivitäten, Referenten für E-Government, Leiter der

Hauptabteilung Information und sonstige E-Government Verantwortliche. In der Regel bekleiden die Ansprechpartner in E-Government-Projekten die Funktion des Projektleiters sowie des Mitgliedes in Projektteams und in Projektlenkungsgremien.

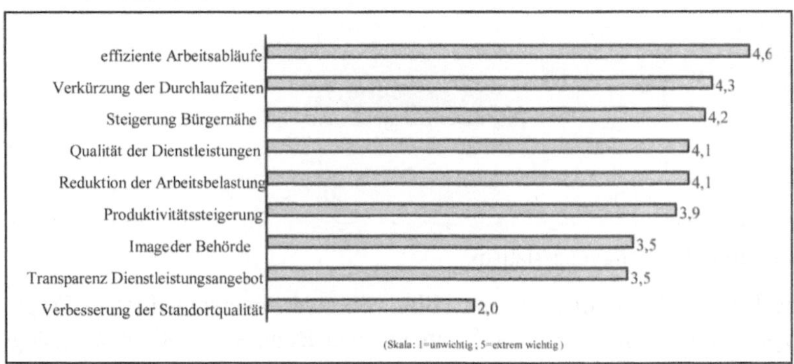

Abbildung 15: Anforderungen an eine E-Government-Lösung

Die wichtigste Erwartung, die an eine E-Government-Lösung gestellt wird, ist der effizientere Ablauf von Geschäftsprozessen. Die Bundesverwaltungen erhoffen sich dadurch verkürzte Prozessdurchlaufzeiten und Kosteneinsparungen. Effizientere Arbeitsabläufe entlasten zudem die Verwaltungsangestellte von den operativen Tätigkeiten, die weder für die Verwaltung noch für ihre Kunden einen Zusatznutzen stiften leisten. Dadurch können Ressourcen eingespart werden. Genauere Angaben können der nachfolgenden Tabelle entnommen werden.

Tabelle 1: Ziele bei der Einführung von E-Government

Zielsetzung	Relevanz				
	extrem wichtig	*sehr wichtig*	*wichtig*	*weniger wichtig*	*unwichtig*
Verbesserung der Standortqualität	0%	0%	37%	25%	38%
Transparenz Dienstleistungsangebot	12%	47%	24%	12%	5%
Image der Behörde	18%	29%	41%	11%	0%
Produktivitätssteigerung	47%	12%	29%	12%	0%
Reduktion der Arbeitsbelastung	47%	24%	18%	11%	0%
Qualität der Dienstleistungen	41%	29%	24%	6%	0%
Steigerung Bürgernähe	50%	28%	17%	5%	0%
Verkürzung der Durchlaufzeiten	53%	29%	12%	6%	0%
Schaffung effiziente Arbeitsabläufe	82%	6%	6%	6%	0%

Online-Angebot Zur Zeit werden E-Government-Lösungen auf der Bundesebene vorwiegend zur Bereitstellung von Informationen genutzt. Nur wenige online Dienstleistungsangebote sind medienbruchfrei über das Internet durchführbar. Bisher gibt es keine Bundesbehörde die ihren Kunden alle Dienstleistungen online anbietet:

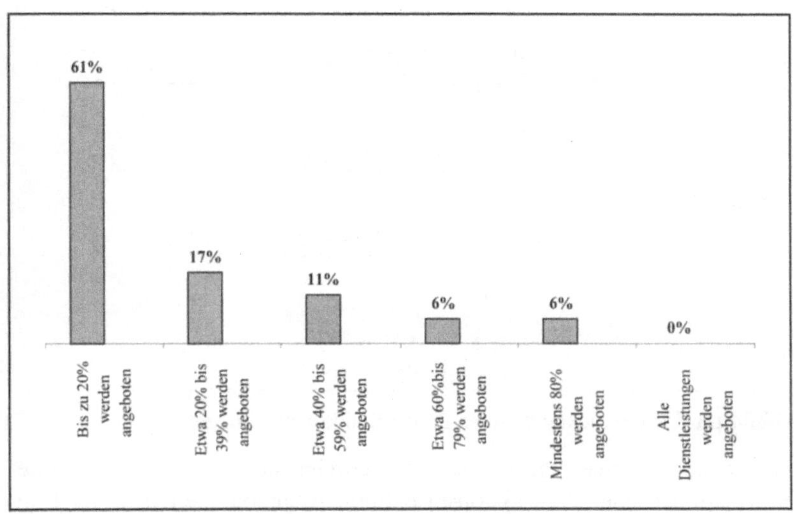

Abbildung 16: Online-Angebot von Dienstleistungen

Box 12 zeigt exemplarisch einige der Dienstleistungen, mit höchster Priorität online angeboten werden sollen. Die Reihenfolge der Auflistung spiegelt dabei keine Prioritäten wider. *Dienstleistungen mit hoher Priorität*

❑   Steuererklärungsverfahren

❑   Justizverfahren

❑   Förderverfahren

❑   Meldewesenangelegenheiten

❑   Antragsverfahren

❑   Abwicklung des Zahlungsverkehrs

❑   Zulassungsverfahren

❑   elektronische Vergabe von Aufträgen (öffentliche Ausschrei-
       bungen)

Box 12: Dienstleistungen mit höchster Priorität

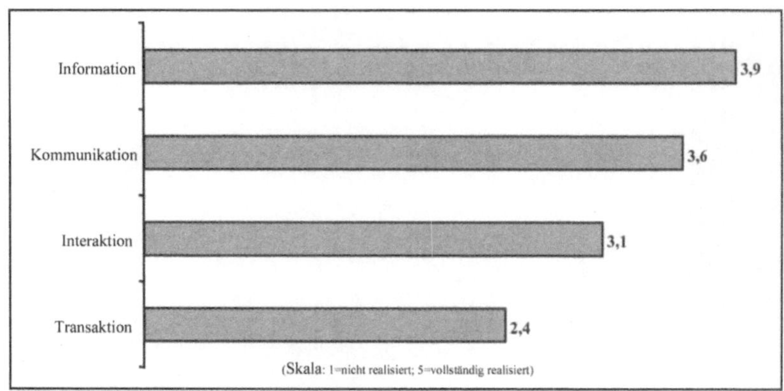

Abbildung 17: Entwicklungsstufen in den Bundesverwaltungen

Transaktionsebenen Die meisten E-Government-Lösungen befinden sich zur Zeit noch auf der Informationsebene. Transaktionsorientierte Angebote stellen in der Bundesverwaltung noch die Ausnahme dar, in der Regel handelt es sich dabei um Pilotprojekte. Betrachtet man zusätzlich das Ergebnis der Frage 5, so wird deutlich, dass nur ein geringer Teil der Dienstleistungen online angeboten werden. Tabelle 2 zeigt nochmals die Einschätzungen der Befragten im Detail.

Tabelle 2: Realisierungsgrad von E-Government-Lösungen

Stufe	Realisierungsgrad				
	vollständig realisiert	*größtenteils realisiert*	*teilweise realisiert*	*ansatzweise realisiert*	*nicht realisiert*
Transaktion	6%	12%	35%	12%	35%
Interaktion	12%	18%	40%	24%	6%
Kommunikation	24%	41%	12%	18%	5%
Information	17%	67%	11%	5%	0%

Barrieren Die größte Barriere bei der Umsetzung von geplanten E-Government-Strategien stellen die knappen Ressourcen der Bundesverwaltungen dar.

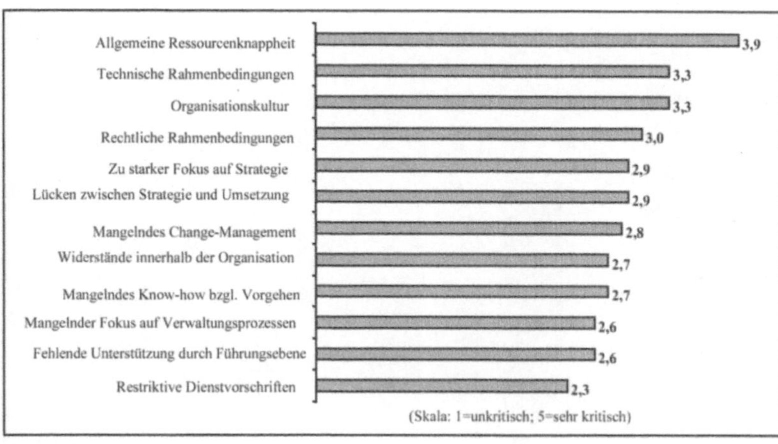

Abbildung 18: Hemmende Faktoren

Fehlende finanzielle Mittel zwingen die Bundesverwaltungen unter Umständen, veraltete Technologien einzusetzen. Dadurch wird die Umsetzung innovativer E-Government-Lösungen deutlich erschwert. Des weiteren ist eine Anpassung der gesetzlichen Rahmenbedingungen schneller als von BundOnline 2005 vorgesehen erforderlich, damit bestimmte Dienstleistungen über das Internet überhaupt angeboten werden können. Ein weiterer wesentlicher Hemmfaktor sind die zum Teil festgefahrenen Verwaltungskulturen, die innovative Fortschritte hemmen können. Um diese Barrieren aufzuheben, ist ein strategisches Change-Management-Konzept erforderlich. Die nachfolgende Tabelle zeigt die genauen Bewertungen.

Tabelle 3: Barrieren für die Umsetzung der E-Government-Strategie

Barriere	Relevanz				
	extrem wichtig	sehr wichtig	wichtig	weniger wichtig	unwichtig
Restriktive Dienstvorschriften	0%	25%	6%	44%	25%
Fehlende Unterstützung durch Führungsebene	6%	19%	31%	13%	31%
Mangelnder Fokus auf Verwaltungsprozessen	19%	0%	31%	19%	31%
Mangelndes Know-how bzgl. Vorgehen	13%	6%	38%	25%	18%
Widerstände innerhalb der Organisation	19%	13%	19%	19%	30%
Mangelndes Change-Management	19%	13%	19%	30%	19%
Lücken zwischen Strategie und Umsetzung	13%	19%	30%	19%	19%
Zu starker Fokus auf Strategie	13%	25%	25%	12%	25%
Rechtliche Rahmenbedingungen	24%	0%	35%	35%	6%
Organisationskultur	31%	13%	25%	13%	18%
Technische Rahmenbedingungen	13%	44%	6%	31%	6%
Allgemeine Ressourcenknappheit	41%	24%	18%	17%	0%

Die Befragten sahen ein begleitendes Change-Management als sehr *Change Management* wichtig an. Nur 6% betrachten Change-Management als nicht notwendig.

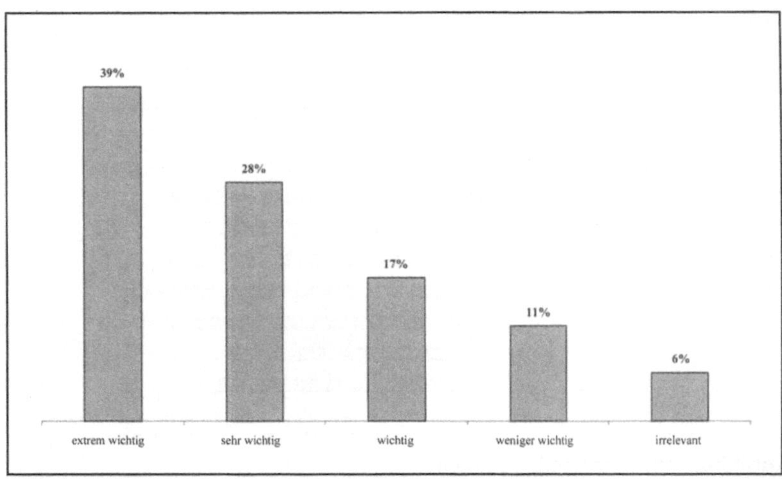

Abbildung 19: Bedeutung des Change-Management

Prozess- Die Dokumentation der Ist-Prozesse der Bundesbehörden sind nur zum
dokumentation Teil vorhanden. Das Re-Engineering von Geschäftsprozessen setzt aber
grundsätzlich die Verfügbarkeit von Geschäftsprozessmodellen voraus,
damit Stärken und Schwächen besser identifiziert werden können. Die
Dokumentation der Ist-Prozesse erleichtert die Konzeption eines Soll-
Zustandes.

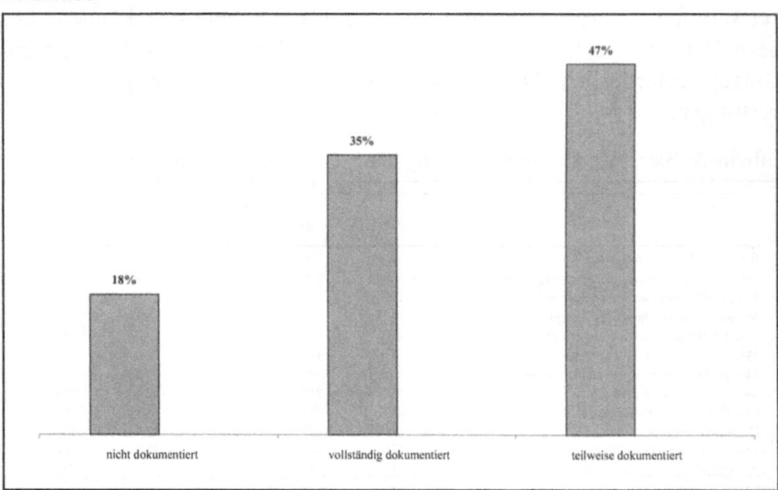

Abbildung 20: Dokumentation von Geschäftsprozessen

Nur ein kleiner Teil der Bundesverwaltung setzt für die Dokumentation
ihrer Geschäftsprozesse spezifische Software ein. Der Einsatz professio-
neller Werkzeuge würde der Verwaltung neue Erkenntnisse gewähren.
Zum Beispiel könnten damit Simulationen oder Prozesskostenberechnun-
gen durchgeführt werden. Somit wären genauere Aussagen über die Pro-
zess-Performance möglich, die dann eine gute Entscheidungsbasis für die

Selektion von Verbesserungsmaßnahmen darstellen. Dies ist mit Standardprodukten, wie z. B. Visio oder PowerPoint nicht möglich.

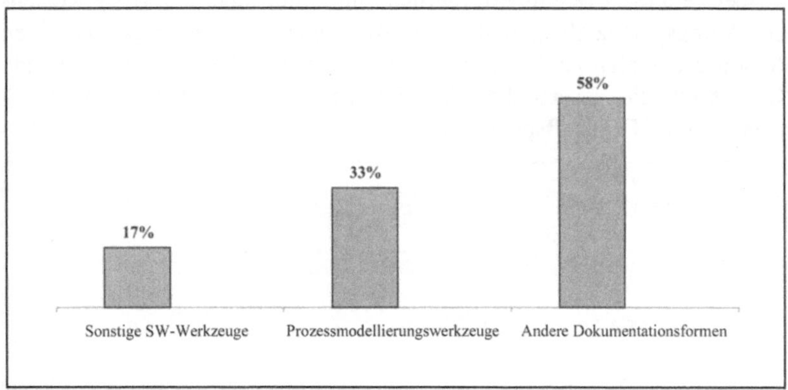

Abbildung 21: Dokumentationsformen

Die Restrukturierung der Organisationsform, wie etwa von einer Funktionsorientierung zu einer Prozessorientierung, wird auf der Bundesebene nur zu 38% als extrem wichtig angesehen. Die Hälfte der Befragten messen den erforderlichen Umstrukturierungen nur eine Bedeutung von wichtig bis weniger wichtig zu. Die Modernisierung der Verwaltung bedeutet aber nicht die Unterstützung bereits bestehender Verwaltungsprozesse mit IuK, sondern die Unterstützung optimierter Geschäftsprozesse mit IuK, wobei der Grundsatz „structure follows process" verfolgt werden muss. Erst dieser Ansatz ermöglicht die Ausschöpfung der Erfolgspotenziale von E-Government.

Bedeutung der Restrukturierung

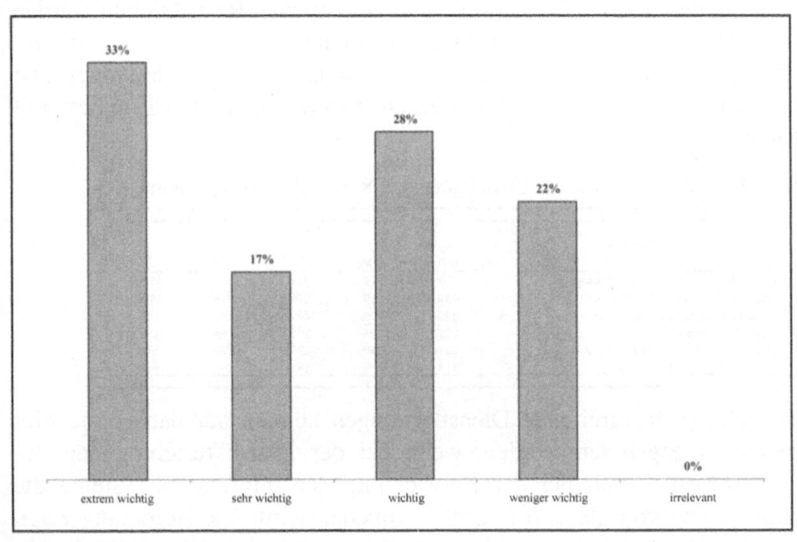

Abbildung 22: Bedeutung der Restrukturierung

Die Restrukturierungsmaßnahmen werden vor allem aufgrund knapper finanzieller Ressourcen vernachlässigt. Eine Investition in E-Government ist aber gerade zu Beginn erforderlich, um mittel- und langfristig Kosteneinsparungspotenziale zu realisieren. Abgesehen von den eingeschränkten Ressourcen zählen zu den drei weiteren zentralen Barrieren das fehlende Know-how, die gesetzlichen Restriktionen und die mangelnde Dokumentation der Geschäftsprozesse.

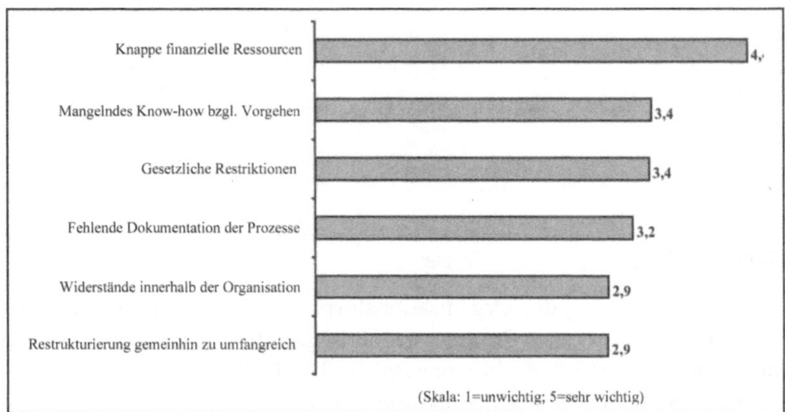

Abbildung 23: Hemmende Faktoren für die Restrukturierung

Es wurde bereits deutlich, dass eine professionelle Dokumentation der Geschäftsprozesse in den Bundesverwaltungen zum größten Teil fehlt. Die hier abgegebenen Einschätzungen untermauern zusätzlich, dass gerade das Fehlen von Geschäftsprozessmodellen die Realisierung von E-Government erheblich erschwert. Die gesetzlichen Restriktionen werden dagegen zumindest zum Teil durch die Initiative BundOnline 2005 sukzessive aufgehoben. Fehlendes Know-how kann durch Schulungen und externen Beratern kompensiert werden. Einen detaillierten Einblick gibt Tabelle 4.

Tabelle 4: Barrieren für die Umsetzung von Restrukturierungsmaßnahmen

Barriere	Relevanz				
	extrem wichtig	sehr wichtig	wichtig	weniger wichtig	unwichtig
Restrukturierung gemeinhin zu umfangreich	7%	27%	33%	20%	13%
Widerstände innerhalb der Organisation	13%	25%	25%	19%	19%
Fehlende Dokumentation der Prozesse	13%	19%	44%	25%	0%
Gesetzliche Restriktionen	29%	12%	29%	24%	6%
Mangelndes Know-how bzgl. Vorgehen	25%	25%	19%	25%	6%
Knappe finanzielle Ressourcen	53%	29%	18%	0%	0%

Verwaltungsübergreifende Dienstleistungen können nur dann ohne Medienbruch angeboten werden, wenn bei der Restrukturierung der Geschäftsprozesse und bei der Entwicklung der Informationssysteme die Entwicklung von „Insellösungen" vermieden wird. Die Befragung zeigt, dass nur 28% der befragten Personen die organisationsübergreifende Abwicklung von Geschäftsprozessen als extrem wichtig einstuften. Dadurch besteht die Gefahr, dass bei der Umstrukturierung der Bundesverwaltungen suboptimale Lösungen generiert werden können, die das Anbieten von behördenübergreifenden Online-Dienstleistungen erschweren bzw. eine Neustrukturierung erforderlich machen. Dies würde zu unnötigen Ressourcenverschwendungen führen.

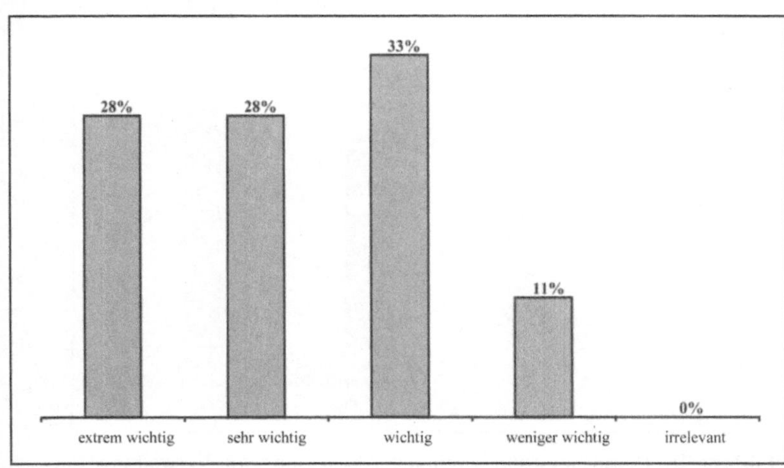

Abbildung 24: Bedeutung organisationsübergreifender Geschäftsprozesse

Obwohl die organisationsübergreifende Abwicklung von Verwaltungsabläufen bei den einzelnen E-Government-Strategien zum größten Teil berücksichtigt werden, bewerten die Befragten eine behördenübergreifende Abwicklung von Geschäftsprozessen nur zu einem geringen Anteil als extrem wichtig. Daraus lässt sich schließen, dass zwar eine organisationsübergreifende Abwicklung von Verwaltungsabläufen bei den einzelnen E-Government-Strategien berücksichtigt, diese aber nicht als extrem wichtig erachtet wird.

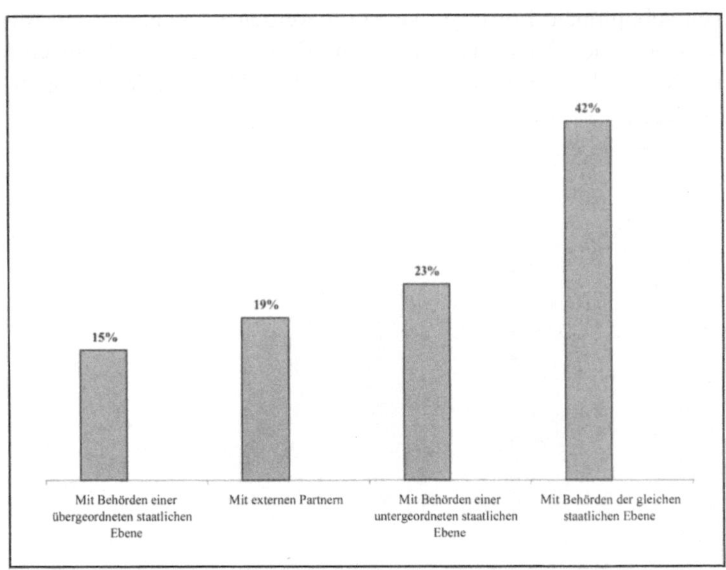

Abbildung 25: Organisationsübergreifende Abwicklung von Verwaltungsprozessen

Geschäftsprozessma- Aufgrund der dynamischen Veränderungen der Umfeldbedingungen, ins-
nagement besondere der IuK-Technologien, können sich die zunächst optimierten
Geschäftsprozesse zu suboptimalen Lösungen verwandeln. Aus diesem
Grund ist ein ständiges Monitoring und die entsprechende Restrukturierung der Geschäftsprozesse unerlässlich. In den Bundesverwaltungen
wird von 67% der Ansprechpartner die Notwendigkeit des kontinuierlichen Geschäftsprozessmanagements erkannt. Dieses Ergebnis kann als
sehr zufriedenstellend eingestuft werden.

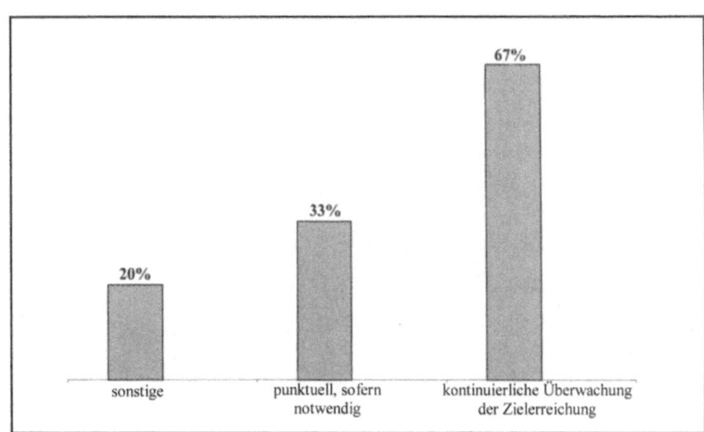

Abbildung 26: Sicherung der Effektivität und der Effizienz von Verwaltungsabläufen

Als wichtigste Einflussgröße auf die Effektivität und Effizienz der Verwaltungsabläufe wird die Bestimmung von Prozessverantwortlichen angegeben.

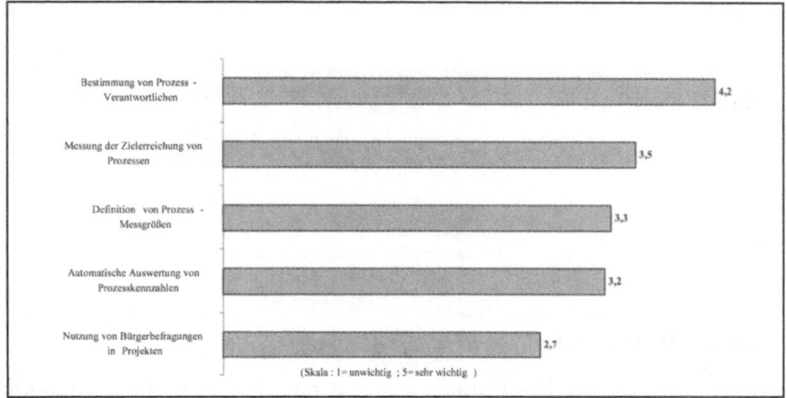

Abbildung 27: Einflussfaktoren für die Sicherung von Effektivität und Effizienz

Eine eindeutige Zuordnung von Entscheidungskompetenzen und Verantwortungsbereichen unterstützen die Effektivität und Effizienz von Verwaltungsabläufen. Die folgende Tabelle visualisiert die exakten Angaben der Befragten.

Tabelle 5: Aspekte zur Sicherung von Effektivität und Effizienz der Verwaltungsabläufe

Maßnahme	Relevanz				
	extrem wichtig	*sehr wichtig*	*wichtig*	*weniger wichtig*	*unwichtig*
Nutzung von Bürgerbefragungen in Projekten	19%	6%	25%	25%	25%
Automatische Auswertung von Prozesskennzahlen	24%	18%	29%	17%	12%
Definition von Prozess-Messgrößen	12%	35%	35%	6%	12%
Messung der Zielerreichung von Prozessen	19%	25%	44%	12%	0%
Bestimmung von Prozess-Verantwortlichen	47%	24%	29%	0%	0%

Bei der Entwicklung der E-Government-Lösung in den Bundesbehörden wurde die nachfolgend dargestellte zeitliche Abfolge festgestellt:

Ablauf der Technologieentwicklung

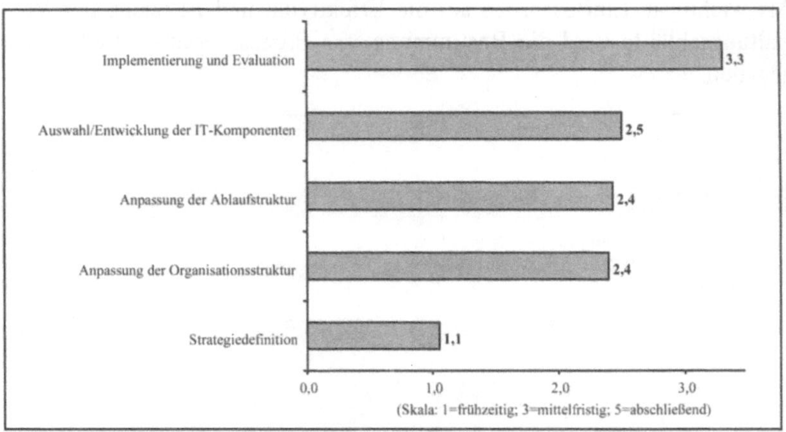

Abbildung 28: Phasen der Technologieentwicklung

Generell wird in den Verwaltungen zuerst eine E-Government-Strategie definiert, anschließend werden die Prozesse und die Verwaltungsorganisation entsprechend der Strategie modifiziert. Wobei die Möglichkeiten, die die IuK-Technologien bieten, stets berücksichtigt werden, die Technologieentwicklung bzw. –bereitstellung erfolgt nahezu parallel. Durch dieses Vorgehensweise wird die technologiegetriebene Entwicklung von E-Government-Lösungen weitestgehend vermieden. Dieser Sachverhalt wird in der nachfolgenden Tabelle verdeutlicht.

Tabelle 6: Zeitliche Abfolge der Phasen für die Entwicklung einer E-Government-Lösung

Phase	Zeitpunkt				
	früh-zeitig		*mittel-fristig*		*ab-schließend*
Strategiedefinition	94%	6%	0%	0%	0%
Anpassung der Organisationsstruktur	13%	40%	40%	7%	0%
Anpassung der Ablaufstruktur	13%	50%	25%	6%	6%
Auswahl/Entwicklung der IT-Komponenten	19%	38%	19%	24%	0%
Implementierung und Evaluation	13%	18%	13%	38%	18%

Bedeutung der Technologieorientierung Fast die Hälfte der Befragten gaben eine technologieorientierte Entwicklung einer E-Government-Lösung als wichtig an, obwohl Tabelle 6 eine eher strategie- und prozessgetriebene Entwicklung von E-Government vermuten lässt. Eine technologiegetriebene Konzeption von E-Government birgt unter anderem die Gefahr der Vernachlässigung der Kundenorientierung. Dies kann zu einer geringen Akzeptanz der E-Government-Lösung bei den Kunden führen und ein E-Government-Konzept zum Scheitern bringen. Technische Restriktionen müssen natürlich auch bei einer kundenorientierten Entwicklung von E-Government beachtet werden.

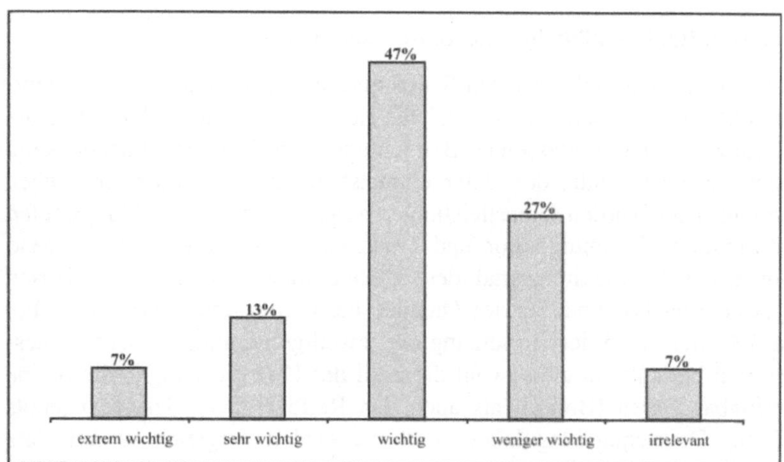

Abbildung 29: Bedeutung einer technologiegetriebenen Entwicklung

Zusammenfassend verdeutlicht Abbildung 30 die enorme Bedeutung des *Vorhandene Systeme* Internets für die Realisierung von E-Government. Die Umfrage ergab zudem das 50% der Befragten Bundesbehörden Intranet-Lösungen und Dokumenten-Management-Systeme einsetzen. Der Einsatz von Workflow-Management-Systemen stellt noch eine Ausnahme dar, obwohl ihr Einsatz eine deutliche Prozess-Performance-Steigerung leisten kann.

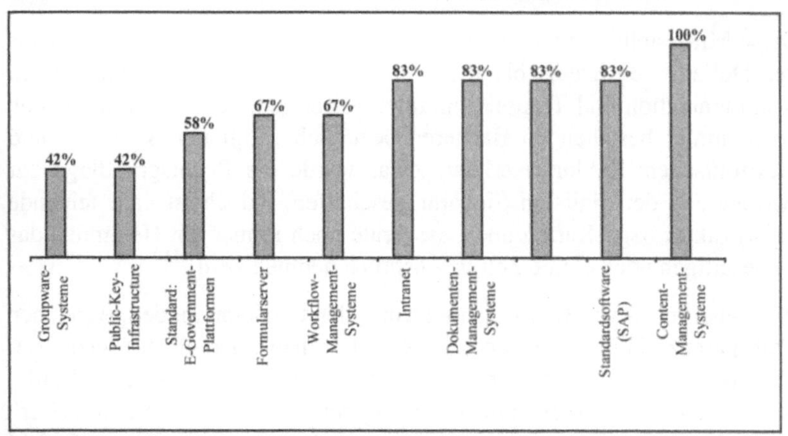

Abbildung 30: IuK Planung und Einsatz in den Bundesverwaltungen

6.3 BundOnline 2005 im internationalen Kontext

Deutschland im inter-
nationalen Vergleich
Ein kurzer Überblick über den Status quo des deutschen E-Government-Angebots im internationalen Vergleich ist Gegenstand der folgenden Ausführungen. Eine umfassende Betrachtung verschiedener Länder kann bspw. in einer Studie der Unternehmensberatung Accenture eingesehen werden. Hier wurden Dienstleistungen zunächst den Entwicklungsstufen Information, Kommunikation und Transaktion zugeordnet. Anschließend wurde der Entwicklungsgrad des E-Government mittels der Kriterien Service-Angebot und Service-Qualität bestimmt. Das Service-Angebot hat hier den Grad der Umsetzung der jeweiligen Online-Präsenz gemessen und berücksichtigte sowohl die Zahl der Dienstleistungen die online verfügbar waren (Breite), als auch den Reifegrad des Serviceangebots (Tiefe). Deutschland lag dabei im internationalen Vergleich nur auf Platz 15 und nimmt damit einen Mittelfeldplatz ein. Spitzenreiter sind die USA, Singapur und Kanada:[113]

Vorreiterstaaten bzgl.
E-Government
Deutschland nimmt hier noch eine deutliche „Nachzüglerrolle" ein. Hinsichtlich des Reifegrads des Service-Angebots liegt Kanada an der Spitze, gefolgt von Singapur und den USA. Transaktionen können in Deutschland so gut wie gar nicht durchgeführt werden. Sie stellen zur Zeit noch die Ausnahme dar. Vergleicht man dies mit Singapur, so konnten dort im Jahr 2000 bereits 132 Dienste online abgewickelt werden.

Position Deutschlands
Diese Mittelstellung im internationalen Vergleich resultiert zum einen aus den Defiziten die Deutschland in den Bereichen Benutzerfreundlichkeit, Kommunikation und Transaktion aufzuweisen hat, zum anderen aus den noch immer bestehenden Barrieren bezüglich „Digitaler Signatur" und elektronischem Zahlungsverkehr. Zwar wurde die Rechtsgrundlage zur Anwendung der digitalen Signatur geschaffen, jedoch ist eine fehlende Infrastruktur bzgl. Karten und Lesegeräte noch immer ein Hemmnis, das zu beseitigen noch einige Zeit in Anspruch nehmen wird.[114]

Positive Tendenzen
Eine eher positive Bilanz kann Deutschland jedoch in den Bereichen Transparenz, Information und Sicherheit ziehen. Gerade der letzte Bereich ist dabei einer der wichtigsten Aspekte bei der erfolgreichen Implementierung einer E-Government-Lösung den nur indem man dem „User" sei es Bürger, die Wirtschaft oder die Verwaltung ein unbedingtes Gefühl der Sicherheit und des Vertrauens vermittelt, wird ein Paradigmenwechsel

---

[113] Vgl. Bill, Holger; Falk, Svenja: Visionen mit Pragmatismus: eGovernment in Deutschland 2002. München: Accenture Deutschland, 2002, S. 9.

[114] Vgl. Stabsstelle Moderner Staat – Moderne Verwaltung (Hrsg.): BundOnline 2005: Umsetzungsplan für die e-Government-Initiative. Berlin: Bundesministerium des Innern, 2001, S. 39.

von bürokratischer Verwaltung zur service- und qualitätsorientierten Verwaltung überhaupt erst möglich sein.[115]

Doch gerade in den Bereichen, in denen Deutschland gegenüber anderen Nationen Defizite aufweist, sollten durchaus Länder wie Großbritannien, Singapur, Australien und die USA als Benchmark gelten, da sie bzgl. ihrer Erfolge und Erfahrungen im Bereich E-Government beispielhaft sind und eine Reihe von Ansatzpunkte zur Bewältigung der deutschen Internet-Herausforderung bieten.[116] So sind als relevante Vergleichsmaßstäbe oder Best-Practice-Lösungen z. B. die E-Government-Lösungen bzw. Länderportale der USA (www.firstgov.gov), Kanada (www.canada.gc.ca), Australien (www.fed.gov.au) und Singapur (www.gov.sg) zu nennen. Diese Lösungen bieten eine Online-Präsenz, die auf die Bedürfnisse der Bürger und Unternehmen ausgerichtet ist und nicht die interne Organisationsstruktur der Ämter in den Vordergrund stellt, wie dies teilweise in Deutschland der Fall ist.

Ausland als Benchmarking-Partner

USA, Singapur und Kanada haben bereits frühzeitig in der Vergangenheit erhebliche staatliche Anstrengungen unternommen, um zukunftsweisende Rahmenbedingungen zu schaffen. Das gilt sowohl für „harte" Faktoren, wie etwa die Infrastruktur für die Telekommunikation, als auch für „weiche" Faktoren, wie Ausbildung, Existenzgründungsumfeld, E-Gesetzgebung oder finanzielle Anreizsysteme. Hier wird deutlich, dass durch das Einrichten einer „zentralen Task Force"[117] und der im besonderen Masse vorangetriebener Förderung behördenübergreifender Maßnahmen die Entwicklung des E-Government anhand eines E-Business-Modells analog zur privaten Wirtschaft zu einer erfolgreichen Implementierung maßgeblich beigetragen haben.[118] Das oberste Ziel, eine kundenfreundliche, serviceorientierte und effiziente Verwaltung zu schaffen, ist nur durch eine business-orientierte Vorgehensweise mit dem unbedingten Willen einen Mehrwert für den „Kunden", sei es Bürger, die Wirtschaft oder die Verwaltung selbst möglich. Länder, die frühzeitig mit hohen staatlichen Förderaufwendungen in Infrastrukturmaßnahmen investiert haben, konnten so den Grundstein sowohl für die rasche Entwicklung als

E-Government Aktivitäten im Ausland

---

[115] Vgl. Bäumer, Hartmut; Kauther, Helmut: Zukunft des öffentlichen Dienstes – Öffentlicher Dienst der Zukunft eGovernment, eDemocracy und die Verwaltung der Zukunft. Hannover: Regierungskommission NRW, 2002, S. 10.

[116] Vgl. Perillieux, René: Digitale Spaltung in Deutschland-Initi@tive D21 2000. Berlin: Booz Allen Hamilton, 2000, S. 5.

[117] Bertelsmann Stiftung (Hrsg.): Balanced E-Government: Elektronisch Regieren zwischen administrativen Effizienz und bürgernaher Demokratie. Gütersloh: Bertelsmann Stiftung, 2002, S. 20.

[118] Bertelsmann Stiftung (Hrsg.): Balanced E-Government: Elektronisch Regieren zwischen administrativen Effizienz und bürgernaher Demokratie. Gütersloh: Bertelsmann Stiftung, 2002, S. 20

auch für flächendeckende Einzelinitiativen legen. Die USA halten zur Zeit die Führungsposition in der Online-Wirtschaft, gemessen an der absoluten und prozentualen Anzahl von Internet-Nutzern. Sie verweilen am längsten im Internet und generieren mit ca. 75% des internationalen E-Commerce-Volumens den weltweit höchsten Umsatz über das Internet.[119]

Regierungsportale im Ausland Kanada wiederum ist ein exzellentes Beispiel für ein kundenorientiertes Regierungsportal. Ausschlaggebend für das Re-Design im Januar 2001 waren einzig und allein die Wünsche und Bedürfnisse der Kunden.[120] Die kontinuierliche Durchführung eines Online-Panels gewährleistet außerdem, dass das Portal ständig den wandelnden Bedürfnissen und Wünschen der Nutzer angepasst wird.[121]

E-Government Aktivitäten in Singapur In Singapur wurde E-Government bereits frühzeitig als aktive Dienstleistung begriffen und musste folglich auch einem Vergleich mit privatwirtschaftlichen Angeboten standhalten. Konsequente Kundenorientierung wurde zum kommunikativen Schlüsselfaktor öffentlicher Institutionen und konnte die digitalen Initiativen des Stadtstaates als beispielhaft positionieren. Die durch den „Strategic Economic Plan" des Jahres 1991 initiierte „IT 2000"-Studie hatte die Errichtung eines inselweiten „Information-Highways" eingeleitet und nahezu jegliche öffentliche Instanz mit einer „Schnittstelle" zum Internet versehen. Charakteristisch für die E-Government-Entwicklung in Singapur ist die schlüssige Ganzheitlichkeit, welche den Auftritt des Staats und seiner Instanzen im Web kennzeichnet. Auch wenn die einzelnen Behörden die Freiräume haben, eigene digitale Innovationen voranzutreiben, so müssen sie diese in den Rahmen einer „one-stop, round-the-clock" - Portallösung integrieren, welche den Suchaufwand beim User minimiert und als Anlaufstelle alle Institutionen von einer Seite aus erschließt (http://www.gov.sg).[122]

Deutschland liegt bzgl. E-Government weit zurück Abschließend lässt sich sagen, dass Deutschland auf seinem Weg in Richtung service- und qualitätsorientierter Verwaltung noch lange nicht das angestrebte Ziel erreicht hat. Die untere Tabelle zeigt, dass Deutschland zwar alle internetfähigen Dienstleistungen der Bundesverwaltung bis zum Jahre 2005 vollkommen online bereitstellen möchte, jedoch im Vergleich zum Ausland, deutlich zurück liegt.

---

[119] Hermanns, Arnold; Sauter, Michael (Hrsg.): Management-Handbuch: Electronic Commerce. München: Vahlen, 1999, S. 16-17.

[120] Vgl.Office of the e-Envoy (Hrsg.): e-Government – Benchmarking Electronic Service Delivery. London: Office of the e-Envoy, 2002, S. 106.

[121] Vgl.Central IT Unit (Hrsg.): Information Age Government – Benchmarking Electronic Service Delivery. London, 2001, S. 61.

[122] Vgl.Ministry of Information, Communications and the Arts (Hrsg.): Singapore Government Web Site. – URL <http://www.gov.sg/>, online 12.09.2002.

Tabelle 7: Vergleich der ESD-Ziele und des Zielerreichungsgrades[123]

Land	Electronic Service Delivery-Ziele	Zielerreichungsgrad
Australien	Bereitstellung aller internetfähigen Dienste des Commonwealth bis zum Jahr 2001 via Internet	Das National Office for the Information Economy (NOIE) misst alle 6 Monate den Zielerreichungsgrad – 90% der Behörden hatten Ende 2001 dieses Ziel erreicht
Kanada	Vollkommene online Bereitstellung der öffentlichen Dienstleistungen bis zum Jahr 2004.	-
Deutschland	Online Bereitstellung aller internetfähigen Dienstleistungen der Bundesverwaltung bis zum Jahr 2005	-
England	Online Bereitstellung aller öffentlichen Dienstleistungen bis zum Jahr 2005	Das Office of the e-Envoy misst alle 6 Monate den Zielerreichungsgrad – 42% der Dienstleistungen waren im Herbst 2000 online, 73% sollen bis Ende 2002 online bereitgestellt werden

Zusammenfassen kann konstatiert werden, das Deutschland sein Defizit bzgl. E-Government erkannt hat und versucht, dieses durch diverse Initiativen auf Bundes- Landes- und Kommunal-Ebene bis spätestens 2005 zu kompensieren.

---

[123] Vgl. Office of the e-Envoy (Hrsg.): e-Government – Benchmarking Electronic Service Delivery. London: Office of the e-Envoy, 2002, S. 6f.

7 E-Government – Landesverwaltungen

7.1 Landesinitiativen und -aktivitäten im Überblick

7.1.1 Vorbemerkung

Gegenstand der folgenden Ausführungen ist ein komprimierter Überblick über die E-Government-Aktivitäten der einzelnen Bundesländer. Die Grundlage für die Darstellung bilden dabei relevante Publikationen der einzelnen Landesverwaltungen zu den Bereichen „Verwaltungsmodernisierung" und „E-Government". Auf eine detaillierte und umfassende Darstellung der Aktivitäten wird aufgrund des Umfangs und Facettenreichtums der einzelnen Initiativen verzichtet, vielmehr wird vornehmlich Hinweisen auf Aspekte der Prozessoptimierung nachgegangen. Für weiterführende Detailinformationen sei der interessierte Leser auf die Online-Quellen im Anhang verwiesen. Hier können die jeweiligen Dokumentationen im Detail eingesehen und je nach Interessensschwerpunkt selektiert werden.

7.1.2 Baden-Württemberg

In Baden Württemberg wurden für die aktuelle Legislaturperiode in der Koalitionsvereinbarung die Einführung Neuer Steuerungsinstrumente in der gesamten Landesverwaltung und die elektronischen Bürgerdienste, Portal Baden-Württemberg, als wichtigste ressortübergreifenden Großprojekte in den Jahren 2001 bis 2006 definiert. Darüber hinaus sind insbesondere die Themenbereiche „Deregulierung" und „Abbau von Rechts- und Verwaltungsvorschriften", aber auch zahlreiche Einzelprojekte in den verschiedenen Ressorts weiterhin im Fokus der Reformbestrebungen. Das Modernisierungs-Programm ist dabei vorrangig auf das Ziel einer Rückführung der Neuverschuldung auf Null ausgerichtet.[124] *Rückführung der Neuverschuldung auf Null als Zielsetzung*

Das von der Stabstelle für Verwaltungsreform (StaV) entwickelte aktuelle Verwaltungsreformprogramm, welches sich an den in der Koalitionsvereinbarung definierten Aspekten orientiert, umfasst die in Box 13 gezeig- *Schwerpunkte der Verwaltungsreform*

---

[124] Vgl. Stabsstelle für Verwaltungsreform im Innenministerium Baden-Württemberg (Hrsg.): Verwaltungsreform 2001 bis 2006 in Baden-Württemberg. – URL <http://www.verwaltungsreform-bw.de>, online 23.07.2002.

ten Schwerpunkte.[125] Diese spiegeln sich im „Arbeitsprogramm der Verwaltungsreform" wider, das zur Umsetzung der definierten Bereiche ein umfangreiches Projektportfolio für die gesamte Legislaturperiode definiert.

> ❑ Verwaltung in der Informationsgesellschaft: Standort Baden-Württemberg
>
> ❑ Deregulierung und innere Verwaltungsreform: Qualitätsmanagement zum Nutzen des Gemeinwohls
>
> ❑ Personal: qualifizierte, leistungsbereite und kreative Mitarbeiter

Box 13: Schwerpunkte der Verwaltungsreform in Baden-Württemberg

Landessystemkonzept Aufgrund der zentralen Bedeutung der IuK für die Reformbestrebungen wurde mit dem Landessystemkonzept (LSK) ein Rahmen für den IuK-Einsatz geschaffen. Seit 1998 determiniert die aktualisierte Version, das „neue IuK-Modell", die technologische Infrastruktur des Landes. Das LSK beschreibt grundsätzlich die technischen, organisatorischen und teilweise auch die rechtlichen Rahmenbedingungen für den Einsatz der IuK in der Landesverwaltung. Die wesentlichen Elemente sind:

> ❑ IuK Grundverfahren
>
> ❑ LSK-Institutionen und Abstimmungsprozeduren
>
> ❑ Informationstechnisches Gesamtbudget
>
> ❑ Zentrale IuK-Einrichtungen, die als Landesbetriebe geführt werden
>
> ❑ Technologische Standards

Box 14: Elemente des LSK Baden-Württemberg[126]

Die Dokumentation der Regelungen bzgl. Organisation, Planung, Zusammenarbeit, Budgetierung und Koordinierung des Einsatzes der IuK erfolgt im Rahmen der „Richtlinien der Landesregierung für den Einsatz der Informations- und Kommunikationstechnik (IuK) in der Landesverwaltung (IuK-Richtlinien)". Die IuK-Richtlinien werden ergänzt durch

---

[125] Vgl. Stabsstelle für Verwaltungsreform im Innenministerium Baden-Württemberg (Hrsg.): Verwaltungsreform 2001 bis 2006 in Baden-Württemberg. – URL <http://www.verwaltungsreform-bw.de>, online 23.07.2002.

[126] Vgl. Stabsstelle für Verwaltungsreform im Innenministerium Baden-Württemberg (Hrsg.): Standards des Landessystemkonzepts Baden-Württemberg. Stuttgart: Innenministerium Baden-Württemberg, 2002, S. 4.

waltung (IuK-Richtlinien)". Die IuK-Richtlinien werden ergänzt durch den „Leitfaden für IuK-Projektmanagement, IuK-Ressortplanung und -steuerung in der Landesverwaltung Baden-Württemberg (PM-Leitfaden)".[127]

Im Rahmen des IuK-Leitfadens werden neben der IuK Organisation und den Rechten und Pflichten der beteiligten Parteien genaue Maßgaben zur finanziellen Planung der IuK-bezogenen Aktivitäten gegeben. Diese obliegt den Ressorts und bezieht sich auf einzelne Vorhaben. „Der IuK-Einsatz für Aufgabenbereiche oder Teile davon wird als Vorhaben beschrieben. Die Summe aller Vorhaben umfasst den gesamten IuK-Einsatz im Geschäftsbereichs eines Ressorts."[128] Neben der Beschaffung von Hardware, dem Einsatz neuer Systemsoftware oder der Vergabe von Aufträgen wird die Einführung neuer und die Änderung laufender Verfahren explizit zu den Vorhaben gezählt. Damit fallen prozessbezogene Aktivitäten eindeutig unter die in den IuK-Richtlinien definierten Vorgaben. Erwähnenswert sind in diesem Kontext auch die im Rahmen der einheitlichen IuK-Infrastruktur festgelegten Grundverfahren. Es handelt sich dabei um die Bereiche der Bürokommunikation, der ressortübergreifenden Kommunikation, der Dokumenten- und Schriftgutverwaltung, des Finanzwesens, der Personalverwaltung sowie weiterer ressortübergreifender Verfahren, wie z. B. Projekt- oder Systemmanagement. Neben der Festlegung technischer Standards sind in Kernbereichen explizit betriebswirtschaftliche und organisatorische Vorgaben für den wirtschaftlichen und einheitlichen Einsatz dieser Systeme beinhaltet.[129]

IuK-Leitfaden

Innerhalb der einzelnen Vorhaben sind die jeweiligen Maßnahmen in Projekten umzusetzen. Der PM-Leitfaden liefert umfassende Empfehlungen und Hinweise für die Projektphasen vom Vorschlag bis hin zum Abschluss. Die fachliche Konzeption, die insbesondere den Einfluss der Vorhaben auf Arbeitsabläufe, die Änderung der Fachaufgabe sowie Kommunikationsbeziehungen beinhaltet, wird in Abstimmung mit den

Prozessoptimierung im Rahmen der Projektarbeit

---

[127] Vgl. Stabsstelle für Verwaltungsreform im Innenministerium Baden-Württemberg (Hrsg.): Richtlinien der Landesregierung für den Einsatz der Informations- und Kommunikationstechnik (IuK) in der Landesverwaltung (IuK Richtlinien), Stuttgart: Innenministerium Baden-Württemberg, 1997, S. 6-9.

[128] Stabsstelle für Verwaltungsreform im Innenministerium Baden-Württemberg (Hrsg.): Leitfaden für IuK-Projektmanagement, IuK Ressortplanung und -steuerung (PM-Leitfaden). Stuttgart: Innenministerium Baden-Württemberg, 1998, S. 7.

[129] Vgl. Stabsstelle für Verwaltungsreform im Innenministerium Baden-Württemberg (Hrsg.): Richtlinien der Landesregierung für den Einsatz der Informations- und Kommunikationstechnik (IuK) in der Landesverwaltung (IuK Richtlinien), Stuttgart: Innenministerium Baden-Württemberg, 1997, S. 6-9.

betroffenen Fachverwaltungen in Vorhabenskonzepten beschrieben. In der konkreten Projektdefinition ist der Projektträger dann zur Darstellung von Strategie, Inhalt und Umfang des Projekts verpflichtet. Es ist dabei darzulegen, was sich an der Art der Erledigung der Fachaufgabe ändert, wie die Arbeitsabläufe beeinflusst werden und wie die Kommunikation mit anderen Dienststellen gestaltet wird. Im Anschluss an diese Prozessbetrachtung erfolgt die Darstellung der technologischen und der organisatorischen Umsetzung. In einer abschließenden Erfolgskontrolle ist zum einen zu überprüfen, ob die im Rahmen der Projektdefinition definierten Projektziele tatsächlich erreicht wurden. Zum anderen soll verifiziert werden, inwieweit im laufenden Betrieb noch weitere Optimierungen realisierbar sind. Es wird dabei explizit darauf hingewiesen, dass auch eine Untersuchung der Abläufe auf Verbesserungspotenziale vorzunehmen ist. Werden Suboptimalitäten festgestellt, so muss das Vorhabenskonzept überprüft werden, um Rationalisierungspotenziale zu erkennen. Dies führt, neben anderen Anstößen, zur Weiterentwicklung des Vorhabenskonzepts, zu neuen Projektideen oder evtl. zur Neudefinition laufender Projekte. Die Vorgehensweise führt zu einem kontinuierlichen Verbesserungsprozess für die verschiedenen Verfahren.[130]

Die dargestellten Vorgaben determinieren auch die im Rahmen der Initiative „e-Bürgerdienste" geplanten Aktivitäten. Zielsetzung der Initiative ist es, der Verwaltungsreform durch Intensivierung der Internetnutzung neue Impulse zu geben. Es soll dabei zum einen der rechtliche Rahmen geschaffen werden, um Verwaltungsabläufe von der Antragstellung bis zum Bescheid elektronisch abwickeln zu können. Zum anderen soll die Abwicklung der Verfahren unter Einsatz der elektronischen Signatur erprobt werden. In insgesamt 15 Pilotprojekten erfolgt dabei zunächst die genaue Selektion der elektronisch abzuwickelnden Verwaltungsvorgänge, die Definition der Projektträgerschaft, die Erarbeitung von Fachkonzepten und Finanzierungsplänen sowie die Planung des weiteren Vorgehens. Die Erstellung des jeweiligen technischen Konzepts und des genauen Finanzierungsplans sowie die Umsetzung des Vorhabens erfolgen im Anschluss. Das Portal „e-Bürgerdienste Baden-Württemberg" wird landesweit und behördenübergreifend gestaltet. Die verschiedenen e-Bürgerdienste werden zu einem Lebenslagenkonzept entwickelt. Das Portal bietet einen Einstieg und ermöglicht eine Verknüpfung zu den jeweiligen Anbietern der Verwaltungsdienstleistungen, die dann überwiegend auf den jeweiligen Behördensystemen abgewickelt werden. Eingegebene Daten sollen

---

[130] Vgl. Stabsstelle für Verwaltungsreform im Innenministerium Baden-Württemberg (Hrsg.): Leitfaden für IuK-Projektmanagement, IuK Ressortplanung und -steuerung (PM-Leitfaden). Stuttgart: Innenministerium Baden-Württemberg, 1998, S. 17.

automatisch an die zuständige Behörde oder den Sachbearbeiter übermittelt werden, wo die Weiterverarbeitung im Workflow erfolgt.[131]

7.1.3 Bayern

Die Verwaltungsreform stellt für die Bayerische Staatsregierung keineswegs eine Kritik an der bisher geleisteten Arbeit, sondern vielmehr eine notwendige Reaktion auf die sich wandelnden Anforderungen an staatliche Organisationen dar. Verfestigte Strukturen und Organisationsmodelle sollen permanent auf ihre Anforderungskonformität geprüft und eingefahrene Abläufe und Handlungsweisen kritisch hinterfragt werden. Die Verwaltungsreform richtet sich dabei nicht an einen eingeschränkten Betrachtungsbereich, sondern an alle Behörden und Aufgaben.[132]

Verwaltungsmodernisierung als Antwort auf neue Anforderungen

Zentrale Fragen zielen auf Bürgerfreundlichkeit und Serviceorientierung, Privatisierungspotenziale für einzelne Aufgaben, Optimierung von Verfahren und Abläufen, organisatorische Restrukturierung sowie Vereinfachung von Regelungen:

Reformbereiche

> ❑ **Aufgabenüberprüfung** zum Abbau von Staatsaufgaben
>
> ❑ **Organisationsreform** zur Effektivitäts- und Effizienzsteigerung
>
> ❑ **Deregulierung** zur Vereinfachung und Beschleunigung von Verfahren
>
> ❑ **Dienstrechtsreform** zur Stärkung von Leistungsprinzip und Flexibilität
>
> ❑ **„Innere Reform"** zur Motivations- und Innovationssteigerung

Box 15: Schwerpunkte der Verwaltungsreform in Bayern[133]

In Einklang mit der Grundphilosophie, dass eine effiziente Verwaltung einen gewichtigen Standortfaktor darstellt, verfolgen die Reformaktivitä-

---

[131] Vgl. Stabsstelle für Verwaltungsreform im Innenministerium Baden-Württemberg (Hrsg.): Elektronische Bürgerdienste Baden-Württemberg (e-Bürgerdienste), Stuttgart: Innenministerium Baden-Württemberg, 2002, S. 3-5, S. 17-20.

[132] Vgl. Bayerische Staatskanzlei (Hrsg.): Initiativen für Bayern – Reform von Staat und Verwaltung. – URL <http://www.bayern.de/Politik/Initiativen/Verwaltung/einfuehr.htm>, online 24.07.2002.

[133] Vgl. Bayerische Staatskanzlei (Hrsg.): Initiativen für Bayern – Was heißt „Verwaltungsreform Bayern"?. – URL <http://www.bayern.de/Politik/Initiativen/Verwaltung/ wasistvr.htm>, online 24.07.2002.

ten das Ziel, „[...]den Bürgerinnen und Bürgern, den in- und ausländischen Unternehmen mit weniger Personal straffere Verfahren und mehr Service in allen Verwaltungen und bei den Gerichten anzubieten."[134]

Einsparungen als Zielsetzung Dies impliziert zunächst, dass als ein Teilziel der Reform eine sozialverträgliche Einsparung von Personal bei den ca. 1.500 Bayerischen Behörden verfolgt wird. Insgesamt sollen in den Jahren 1993 bis 2007 ca. 12.000 Stellen abgebaut werden um eine politische Gestaltung und das Setzen neuer Schwerpunkte zu ermöglichen. Von besonderer Bedeutung ist dabei die Vereinfachung von Verwaltungsverfahren und -prozessen sowie der Aufgabenabbau bei den Ministerien.

Kunden- und Serviceorientierung als Zielsetzung Das zweite Teilziel besteht in der Realisierung einer Service- und kundenorientierten Verwaltung, wobei als Zielgruppe sowohl Bürger als auch Unternehmen berücksichtigt werden. Ein umfassendes Maßnahmenportfolio reicht dabei von der Verbesserung des Service-Charakters der Behörden mit Publikumsverkehr über die Bereitstellung von Online-Dienstleistungen für Bürger und Unternehmen bis hin zu mitarbeiterbezogenen Maßnahmen. Besonders zu erwähnen ist hier auch der aktive Einbezug der Bürger in die Reformarbeit. So erfolgen aktive Kundenbefragungen in den verschiedenen Behörden, Verbesserungsvorschläge können im Rahmen von „Bürger-Engagement für Moderne Verwaltung" eingebracht werden. Eine umfassende Befragung, die von Mai bis zum Juli 2002 mit Beteiligung von 4.300 Privatpersonen und 4.100 Mitarbeitern des öffentlichen Dienstes durchgeführt wurde, zeigt die Anforderungen an die Gestaltung der Verwaltung der Zukunft. [135]

IuK als Bestandteil der Verwaltungsreform Der Einsatz der IuK wird als ein wesentlicher Bestandteil der Verwaltungsreform in Bayern gesehen. Die verschiedenen Konzepte berücksichtigen dabei neben strategischen, technischen und organisatorischen Aspekten bspw. auch Qualifizierungsmaßnahmen, die für die effiziente Nutzung der neuen Infrastruktur oder die Adaption der restrukturierten Arbeitsweisen und -abläufe notwendig sind. Für die bayerische Landesregierung gilt das Motto: „Von der Karteikarte zum elektronischen Dokumentenmanagement – eine moderne effiziente und schlanke öffentliche

---

[134] Bayerische Staatskanzlei (Hrsg.): Initiativen für Bayern – Aus dem Regierungsprogramm der Bayerischen Staatsregierung für die Legislaturperiode 1998-2003. – URL <http://www.bayern.de/Politik/Initiativen/Verwaltung/schlank.htm>, online 24.07.2002.

[135] Vgl. Bayerische Staatskanzlei (Hrsg.): Initiativen für Bayern – Bürgerorientierung – Die Verwaltung als Dienstleister. – URL <http://www.bayern.de/Politik/Initiativen/Verwaltung/buergeror.htm>, online 24.07.2002.

Verwaltung nutzt moderne Informations- und Kommunikationstechnik"[136]

Dementsprechend versteht die Bayerische Staatsregierung E-Government als „[...] einen ganzheitlichen Reformansatz, der alle Bereiche der öffentlichen Verwaltung und der Gerichte umfasst."[137] In Einklang mit den dargestellten Grundparadigmen der Verwaltungsreform sollen die Möglichkeiten der IuK dazu genutzt werden, Verwaltungsabläufe schneller und effizienter zu gestalten. Die E-Government-Aktivitäten beinhalten daher -sofern als notwendig und sinnvoll bewertet- auch die Reform von Verwaltungsabläufen und -organisation.

E-Government als ganzheitlicher Reformansatz

Grundsätzlich werden eine externe und eine interne Perspektive unterschieden. Der externe Blickwinkel verfolgt das Ziel, den Bürgern und der Wirtschaft die dazu geeigneten Verwaltungsdienstleistungen online zur Verfügung zu stellen. Dabei erfolgt nicht nur eine Fokussierung der vielfach schon realisierten Bereitstellung von Informationsleistungen oder Kontaktmöglichkeiten, den Schwerpunkt bilden vielmehr die auf rechtsverbindliches Handeln gerichteten Leistungen mit transaktionsorientiertem Charakter. In einem ersten Schritt werden die Leistungen aller Verwaltungszweige systematisch auf ihre Online-Tauglichkeit geprüft. Dies beinhaltet insbesondere auch die Verifizierung der korrespondierenden Verwaltungsabläufe sowie der rechtlichen und organisatorischen Rahmenbedingungen. Eine zusätzliche Kosten-Nutzen Analyse, die für den konkreten Fall neben den notwendigen Investitionen die resultierenden Rationalisierungsmöglichkeiten betrachtet, unterstützt den Entscheidungsprozess. Die selektierten Verwaltungsleistungen sollen dann als Online-Versionen bereitgestellt und der zugehörige Verwaltungsablauf möglichst durchgängig elektronisch gestaltet werden.[138]

Externe Perspektive des E-Government in Bayern

Hand in Hand mit der elektronischen Bereitstellung und Abwicklung der bayerischen Dienstleistungen geht die Schaffung der internen Voraussetzungen. Hier wird eine Vereinheitlichung der elektronischen Infrastruktur angestrebt, die eine medienbruchfreie Übernahme der Daten sowie einen reibungslosen Datenaustausch ermöglicht. Ein Ansatz resultiert dabei wiederum aus einer prozessorientierten Betrachtungsweise. Ausgenutzt wird die Tatsache, dass in den unterschiedlichsten Verwaltungsprozessen

Interne Perspektive des E-Government in Bayern

---

[136] Bayerische Staatskanzlei (Hrsg.): Initiativen für Bayern – Moderne Informations- und Kommunikationstechnik als zentraler Bestandteil der Verwaltungsreform. – URL <http://www.bayern.de/Politik/Initiativen/Verwaltung/iuktechnik.htm>, online 24.07.2002.

[137] Bayerische Staatskanzlei (Hrsg.): eGovernment in Bayern. München: Bayerische Staatskanzlei, 2002, S. 3.

[138] Vgl. Bayerische Staatskanzlei (Hrsg.): eGovernment in Bayern. München: Bayerische Staatskanzlei, 2002, S. 7.

– sowohl extern als auch intern gerichtet – bestimmte Schritte gleichermaßen enthalten sind und immer wieder gleichförmig ablaufen. Beispiele dafür sind etwa die Bereitstellung von Formularen, die Zustellung von Bescheiden oder der Einzug von Verwaltungsgebühren. Durch die Vereinheitlichung dieser gleichbleibenden Prozessbausteine und Bereitstellung standardisierter Basiskomponenten für ihre Unterstützung lassen sich Synergiepotenziale wie auch die Interoperabilität der Lösungen realisieren. Die nicht fachspezifischen Basiskomponenten sollen daher als anpassbare und integrierte Standardsoftware zentral vorgehalten und von der gesamten Staatsverwaltung genutzt werden.

Rechtliche Rahmenbedingungen Die Interoperabilität der Systeme als wesentliche Voraussetzung für ein effektives E-Government ist explizit auch im Gesetz über den Einsatz der Informations- und Kommunikationstechnik in der öffentlichen Verwaltung (IuKG) verankert, das am 01.01.2002 in Kraft getreten ist. Gemäß Art. 3, Abs. II IuKG ist bei der Gestaltung von IuK-Verfahren der erforderliche Informationsaustausch zu gewährleisten[139]. Die umfassende Realisierung der Online-Bereitstellung von Dienstleistungen und der damit verbundenen Neugestaltung von Verwaltungsabläufen wird außerdem durch die konsequente Schaffung weiterer rechtlicher Voraussetzungen unterstützt. Betroffen sind dabei insbesondere die Verfahrensvorschriften, die noch stringent den alttradierten Formen folgen und dementsprechend eine elektronische Abwicklung nicht berücksichtigen.[140]

7.1.4 Berlin

Flächendeckende und einheitliche Verwaltungsreform Die Verwaltungsmodernisierung in Berlin wird vor dem Hintergrund der Haushaltskrise des öffentlichen Sektors sowie des Veränderungsdrucks diskutiert. Im Mai 1994 wurde mit der Einführung eines Neuen Führungs- und Steuerungsmodells und der betriebswirtschaftlichen Kosten- und Leistungsrechnung begonnen. In die Aktivitäten wurden in einem ersten Schritt alle 23 Bezirksverwaltungen und 4 Senatsverwaltungen involviert. 1996 erfolgte dann die Ausdehnung als flächendeckender und einheitlicher Reformansatz auf die gesamte Landesverwaltung.[141]

Die Dienstleistungsverwaltung als Zielsetzung Generell verfolgen die Bestrebungen das Ziel, die öffentlichen Verwaltung Berlins zu einem modernen Dienstleistungsbetrieb zu entwickeln.

---

[139] Vgl. Bayerischer Landtag (Hrsg.): Gesetz über den Einsatz der Informations- und Kommunikationstechnik in der öffentlichen Verwaltung. – Bayerisches Gesetz- und Verordnungsblatt Nr. 28/2001.

[140] Vgl. Bayerische Staatskanzlei (Hrsg.): eGovernment in Bayern. München: Bayerische Staatskanzlei, 2002, S. 5.

[141] Vgl. Graßmann, Markus: Die Berliner Verwaltungsreform im achten Jahr: Standortbestimmung mit Schlussfolgerungen. Berlin: Senatsverwaltung für Inneres, 2002, S. 4.

Dabei ist zu überprüfen, welche Kernleistungen von öffent-lichen Verwaltungen erbracht werden, wie die entsprechenden Verwaltungsprozesse zu gestalten sind und wie im Sinne einer „lernenden Verwaltung" von Best Practices etwa aus dem privatwirtschaftlichen Bereich profitiert werden kann. Das resultierende Zielsystem besteht aus vier Teilbereichen, die das „magische Viereck der Verwaltungsreform" bilden. [142]

> ❑ Bürger- und Serviceorientierung
>
> ❑ Beitrag zur Haushaltskonsolidierung
>
> ❑ Verbesserte politische Steuerung im Sinne von Planung und Organisation
>
> ❑ Motivation der Beschäftigten

Box 16: Ziele der Verwaltungsreform in Berlin

Neben organisatorischen Änderungen ist im April 2002 auch eine inhaltliche Neuausrichtung der Verwaltungsmodernisierung erfolgt. Unter Fortführung der bisherigen Modernisierungsmaßnahmen wurden sieben Leitprojekte definiert, die mit besonderer Priorität voranzutreiben sind. [143]

> ❑ Bürgerdienste
>
> ❑ One Stop Agency
>
> ❑ Vermittlung von Sozialhilfeempfängern auf Arbeitsplätze
>
> ❑ Hilfen zur Erziehung
>
> ❑ Ausweitung des E-Government
>
> ❑ Erweiterung der Eigenverantwortung der Schulen
>
> ❑ Personalüberhangmanagement

Box 17: Leitprojekte der Verwaltungsmodernisierung

Im Rahmen der Leitprojekte erfolgt generell die Erprobung von Reforminstrumenten. Die explizite Bestimmung der Forcierung von E-Government als eigenes Leitprojekt wie auch der Geschäftsprozessopti-

E-Government und Geschäftsprozessoptimierung als Leitprojekte

---

[142] Vgl. Senatsverwaltung für Inneres (Hrsg.): Verwaltungsmodernisierung im Land Berlin: Ziele. – URL <http://www.berlin.de/verwaltungsmodernisierung/ziele.html>, online 30.07.2002.

[143] Vgl. Senatsverwaltung für Inneres (Hrsg.): Verwaltungsmodernisierung im Land Berlin: Schwerpunkte. – URL <http://www.berlin.de/verwaltungsmoderni-sierung/schwerpunkte.html>, online 30.07.2002.

mierung als Teilbereich des Leitprojekts „One Stop Agency" zeigt die Relevanz dieser Themenbereiche für den Berliner Senat. Schon in früheren Beiträgen zur Verwaltungsreform wurde dabei eindeutig betont, dass der Einsatz elektronischer Medien untrennbar mit der Restrukturierung der Verwaltungsprozesse einhergeht: „E-Government bedeutet jedoch nicht nur die medienbruchfreie Abwicklung von Verwaltungsleistungen im Rahmen einer interaktiven Verwaltung, sondern auch die Chance und die Notwendigkeit, Verwaltungsabläufe und -strukturen zu optimieren."[144]

Geschäftsprozessop-timierung Die Optimierung von Verwaltungsprozessen wird im Rahmen der Verwaltungsmodernisierung als grundlegend für die Steigerung der Effizienz und Qualität gesehen. Insbesondere nachdem bisher eine Analyse der Abläufe nicht in erforderlichem Maße durchgeführt wurde, soll durch das Projekt „Geschäftprozessoptimierung" als integraler Bestandteil des Leitprojekts „One Stop Agency" die Prozessorientierung und -verbesserung forciert werden. Die Fachhochschule für Verwaltung und Rechtspflege Berlin ist damit betraut worden, ein entsprechendes Kommunikations- und Wissensangebot aufzubauen, das im Intranet der Berliner Verwaltung zugänglich gemacht wird. Neben dem eigentlichen Know-how zur Geschäftsprozessoptimierung erfolgt dabei die Darstellung von Beispielen und Projekten aus unterschiedlichen Verwaltungsbereichen sowie eine Unterstützung bei konkreten Reorganisations-Projekten in Form von Moderation und Beratung.[145]

Masterplan und 8-Punkte-Programm für E-Government Dem Leitprojekt „Ausweitung des E-Government" liegt ein durch die Senatsressorts und Bezirke sowie internen und externen Bereichen entwickelter Masterplan zugrunde. Zur erfolgreichen Realisierung der definierten Ziele wurden im Rahmen eines 8-Punkte-Programms Handlungsfelder festgelegt. Enthalten ist zunächst die Entwicklung von zielgruppenorientierten Portalen. Für Bürger und Unternehmen werden die öffentlichen Dienstleistungen gemäß dem Lebenslagenprinzip im Stadtportal www.berlin.de angeboten. Eine Multi-Channel-Strategie soll dabei der digitalen Spaltung entgegenwirken. Als Voraussetzung für die Realisierung des Lebenslagenkonzepts wird eine behördenübergreifende Integration der einzelnen Verwaltungsdienstleistungen angestrebt. Dementsprechend bildet die Entwicklung von problemorientierten Informations-, Dienstleistungs- und Partizipationsangeboten den zweiten Schwerpunkt

---

[144] Graßmann, Markus: Die Berliner Verwaltungsreform im achten Jahr: Standortbestimmung mit Schlussfolgerungen. Berlin: Senatsverwaltung für Inneres, 2002, S. 11.

[145] Vgl. Senatsverwaltung für Inneres (Hrsg.): Verwaltungsmodernisierung im Land Berlin: Geschäftsprozessoptimierung. – URL <http://www.berlin.de/verwal-tungsmodernisierung/strukturen/gpo.html>, online 30.07.2002.

des Programms. Eng einher mit der ressortübergreifenden Bereitstellung von Dienstleistungen geht die Schaffung einer einheitlichen IuK-Infrastruktur. Die Distribution der technologischen Plattform und eines einheitlichen Kommunikationsprozesses soll dabei zentral erfolgen. Zur Realisierung von Synergieeffekten werden Erfahrungen anderer Länder und Kommunen bzw. des Bundes berücksichtigt. Als weitere Grundlage für den Erfolg der E-Government-Aktivitäten wird die Akzeptanz der Konzepte durch die Mitarbeiter gesehen. Demzufolge spielen Qualifizierungsmaßnahmen eine Rolle, die auf den Aufbau der notwendigen Medienkompetenz abzielen. Die beiden letzten Punkte des Programms sollen schließlich die Schaffung der relevanten finanziellen und organisatorischen Rahmenbedingungen absichern. Die Budgetierung wird in dezentraler Verantwortung durchgeführt, zusätzlich ist die Bereitstellung eines zentralen Fonds für innovative Konzepte und Ideen für die Umsetzung von E-Government geplant. Die Sicherstellung organisatorischer Aspekte des E-Government erfolgt mittels Definition rechtlicher, organisatorischer und technischer Rahmenbedingungen.[146]

Die Koordination der Verwaltungsmodernisierung und somit auch der E-Government-Aktivitäten bzw. der Geschäftsprozessoptimierung als integrierte Bestandteile der Reformbestrebungen liegt in der Verantwortung der Steuergremien für die Verwaltungsreform. Neben der inhaltlichen wurde, wie oben schon erwähnt, im Mai 2002 auch eine organisatorische Neuausrichtung der Berliner Verwaltungsreform vorgenommen. Demzufolge liegt derzeit die politische Verantwortung der Aktivitäten beim Lenkungsgremium unter dem Vorsitz des regierenden Bürgermeisters, das den Senat in Fragen der Modernisierung berät. Das strategische Management wird vom Staatssekretärsausschuss unter Vorsitz des Chefs der Senatskanzlei übernommen. Dem Ausschuss obliegt die Steuerung des Reformprozesses und die Koordination der Maßnahmen mit der Sanierung des Berliner Haushalts. Verantwortlich für das operative Management, das etwa die Initiierung, Koordination und Steuerung von Projekten beinhaltet, ist die Projektgruppe Verwaltungsmodernisierung. Die Projektgruppe ist bei der Senatsverwaltung für Finanzen angesiedelt und der Staatssekretärin direkt zugeordnet.[147] E-Government als wesentlicher Bestandteil der Verwaltungsreform in Berlin wurden somit zur „Chefsache" auf oberster politischer Ebene erklärt.

Steuergremien auf höchster politischer Ebene

---

[146] Vgl. Senatsverwaltung für Inneres (Hrsg.): Verwaltungsmodernisierung im Land Berlin: E-Government. – URL <http://www.berlin.de/verwaltungsmoderni-sierung/e-government.html>, online 30.07.2002.

[147] Vgl. Senatskanzlei (Hrsg.): Steuerungsgremien zur Modernisierung der Berliner Verwaltung (Struktur und Geschäftsverteilung). Senatsbeschluss Nr. 211/02 vom 7. Mai 2002, S. 1-3.

7.1.5 *Brandenburg*

Ziele der Verwaltungsmodernisierung
Ab Mitte der 90er Jahre erkannte die Landesregierung Brandenburg, dass enge finanzielle Spielräume, technischer Fortschritt sowie die sich wandelnden Ansprüche der Bürger an den öffentlichen Sektor umfassende Reformbestrebungen notwendig machen. Für alle Ressorts wird dabei das Leitziel formuliert, dass die Landesverwaltung modern und effektiv zu gestalten ist, um die Anforderungen an eine Dienstleistungsgesellschaft sukzessive immer weiter zu erfüllen. Die Mitarbeiter als zentrale Ressource sind in diese Entwicklung aktiv zu involvieren, ihre Motivation ist für den Erfolg der Initiative von essentieller Bedeutung. Basierend auf diesem Leitziel werden die Teilziele definiert:

> ❏ Realisierung der gesetzten Politikziele der Landesregierung
>
> ❏ Verwirklichung des Service- und Dienstleistungsgedankens
>
> ❏ Anpassung der Landesverwaltung an die geänderten Anforderungen der hochtechnisierten und globalisierten Wissensgesellschaft
>
> ❏ Mitarbeitermotivation und -entwicklung
>
> ❏ Verbesserung der Verwaltungsabläufe und -strukturen
>
> ❏ Reduzierung der Verwaltungsaufgaben auf Kernaufgaben
>
> ❏ Steigerung von Kostenbewusstsein und wirtschaftlichem Verwaltungshandeln
>
> ❏ Berücksichtigung des gesellschaftlichen Wandels in der Geschlechterordnung

Box 18: Zielsystem der Verwaltungsreform in Brandenburg[148]

Das Konzept zur Verwaltungsmodernisierung definiert 5 Reformbereiche zur Zielerreichung. Es stellt somit einen Rahmen für die Modernisierungsaktivitäten dar, der für alle Verwaltungseinheiten zu konkretisieren ist:

---

[148] Vgl. Staatskanzlei Brandenburg (Hrsg.): Konzept zur Verwaltungsmodernisierung. – URL <http://www.brandenburg.de/cms/detail.php?id=20735&_siteid=13>, online 02.08.2002.

❑   Aufgabenkritik

❑   Neues Steuerungsmodell

❑   Qualitätsmanagement

❑   Personalmanagement

❑   E-Government

Box 19: Schwerpunkte der Verwaltungsreform in Brandenburg[149]

E-Government als explizit definierter Reformbereich soll in Brandenburg konsequent ausgebaut werden. Das Landesprogramm „Brandenburgs Informations-Strategie 2006 (BIS 2006)" fokussiert daher neben der Wirtschaft, Bildung und Regionalentwicklung auch den Themenbereich der Verwaltung. Das Programm zielt dabei grundsätzlich auf die Gestaltung und Forcierung der Informationsgesellschaft in Brandenburg bis zum Jahre 2006 ab. Angestrebt wird eine „Erfassung, Bündelung, Nutzung und Stärkung der vorhandenen Ressourcen und Initiativen für die zukünftige, wirtschaftliche und kulturelle Entwicklung des Landes Brandenburg."[150]   *BIS 2006*

Priorisiert als „Chefsache in Politik und Verwaltung" konzentriert sich die E-Government-Initiative der Landesregierung auf die Bereitstellung von Online-Diensten für Bürger und Wirtschaft, die Schaffung der notwendigen verwaltungsinternen Voraussetzungen und den Aufbau eines Kooperationsnetzes zur Koordinierung der Maßnahmen. Die grundlegenden Zielsetzungen wurden dabei in einem E-Government-Leitbild zusammengefasst: „Alle Internetfähigen Verwaltungsdienstleistungen des Landes und der Kommunen sollen künftig auch online angeboten werden, um die Dienstleistungsqualität der Verwaltung zu verbessern und Standortvorteile im Wettbewerb mit anderen Regionen zu gewinnen. Die Online-Dienste sind verwaltungsübergreifend und bedarfsorientiert für Bürger, Wirtschaft und Verwaltung bereitzustellen."[151]   *Leitbild des E-Government in Brandenburg*

Die vier verwaltungsrelevanten Schwerpunktbereiche von BIS 2006 und die jeweiligen Maßnahmen zeigt Tabelle 8. Der Bereich „e-Community" beinhaltet dabei regionale Modellszenarien, die auf eine Verbindung zwi-   *Schwerpunkte der E-Government-Initiative*

---

[149] Vgl. Staatskanzlei Brandenburg (Hrsg.): Konzept zur Verwaltungsmodernisierung. – URL <http://www.brandenburg.de/cms/detail.php?id=20735&_siteid=13>, online 02.08.2002.

[150] Ministerium für Wirtschaft des Landes Brandenburg (Hrsg.): BIS 2006: eGovernment im Land Brandenburg. – URL <http://www.bis2006.de/>, online 02.08.2002.

[151] Booz, Allen & Hamilton (Hrsg.): E-Government in Brandenburg: Statusbericht und Empfehlungen. Potsdam: Ministerium des Inneren des Landes Brandenburg, 2001, S. 4.

beinhaltet dabei regionale Modellszenarien, die auf eine Verbindung zwischen Bürger, Wirtschaft, Verwaltung, Bildung und Kultur auf der Basis digitaler Technologien abzielen.

Tabelle 8: BIS 2006 – Schwerpunkte und Maßnahmen[152]

Digitale Verwaltung	*Interaktive bürgernahe Verwaltung*	*Elektronische Demokratie*	*e-Community*
Einführung eines ERP-Systems	Ausbau des Landesverwaltungsportals	Erprobung des „e-Voting"	Land-Online – das virtuelle Dorf
Aufbau raumbezogener Informationssysteme	Einführung Online-Dienste	Elektronische Akteneinsicht (Pilotprojekt Rathenow)	Integrierte ländliche Entwicklung
Ausbau Landesuwelt-informationssystem	Weiterentwicklung des „NetCity"-Konzepts (Rathenow)	Digitale Signatur und Sicherheit	Verkehrsmanagementsystem für Potsdam
Aufbau Planungsinformationssystem	Elektronische Steuererklärung (ELSTER)		Landesanstalten ans Netz
Realisierung „Elektronische Akte			Pilotregion Havelland Fläming
Umsetzung UIG			

7.1.6 Bremen

Für die Senatsverwaltung der Hansestadt Bremen bilden Haushaltskonsolidierung und Verwaltungsreform keinen Gegensatz, vielmehr leiste letztere „[...] einen Beitrag zur Sanierung."[153] Die Modernisierung wird dabei als ein fundamentaler und permanenter Verbesserungsprozess gesehen, der zu einer mittel- und langfristigen Verbesserung der Wirtschaftlichkeit führt.[154]

Die Zielsetzung des Bremer Reformprozesses besteht folglich in der Optimierung des Ressourceneinsatzes und somit in der Beseitigung der finanziellen Defizite. Darüber hinaus wird ein klarer Fokus auf die Steige-

---

[152] Vgl. Ministerium für Wirtschaft des Landes Brandenburg (Hrsg.): BIS 2006: eGovernment im Land Brandenburg. – URL <http://www.bis2006.de/>, online 02.08.2002.

[153] Vgl. Der Senator für Finanzen (Hrsg.): Das Bremer Modernisierungskonzept. – URL <http://www.bremen.de/verwaltungsreform/home.html>, online 05.08.2002.

[154] Vgl. o.V.: Verwaltungsreformabkommen der Freien Hansestadt Bremen (Land und Stadtgemeinde). Bremen: Der Senat der Freien Hansestadt Bremen, 2000, S. 1-2.

rung von Bürgernähe und Effizienz gelegt. Flexibilität und Selbstinnovationsfähigkeit sollen erhöht, die kostenoptimale Abwicklung der Verwaltungsaufgaben ermöglicht werden. Zusammenfassend wurde eine Zielvision definiert, wonach die Performance der Verwaltung im Sinne des Bürgernutzens bei gleichzeitig geringerer und langfristiger Ressourcenausstattung sicherzustellen ist. Aus den globalen Zielsetzungen werden die folgenden Detailziele abgeleitet:[155]

> ❑ Bürger-, kunden- und gemeinwohlorientierte Dienstleistungsangebote
>
> ❑ Erhöhung der Effizienz und Effektivität des öffentlichen Dienstes
>
> ❑ Beteiligung der Beschäftigten an Gestaltungs- und Entscheidungsprozessen
>
> ❑ Attraktivität des öffentlichen Dienstes durch humane Arbeitsbedingungen und gesicherte Arbeitsplätze

Box 20: Zielsystem der Verwaltungsreform in Bremen

Mit der Institutionalisierung des Programms „Neuordnung der Aufgabenwahrnehmung" wurde in der laufenden Legislaturperiode für die bisherige, primär auf die Anwendung neuer Steuerungsinstrumente ausgerichteten Verwaltungsmodernisierung, eine umfassende Neuorientierung definiert. Es wird dabei auf einen öffentlichen Sektor abgezielt, der „[...]alle wichtigen Leistungen gewährleisten soll, die für das gesellschaftliche und wirtschaftliche Leben erforderlich sind – sie aber nicht unbedingt selbst erbringt."[156] Die mit der ressortübergreifenden Koordination der Reformaktivitäten betraute Staatsrätelenkungsgruppe hat dabei sechs Steuerungsgruppen eingerichtet, die jeweils eines der Schwerpunktthemen betreuen.[157]

Schwerpunkte des Bremer Modernisierungsprozesses

---

[155] Vgl. o.V.: Verwaltungsreformabkommen der Freien Hansestadt Bremen (Land und Stadtgemeinde). Bremen: Der Senat der Freien Hansestadt Bremen, 2000, S. 2.

[156] Vgl. Der Senator für Finanzen (Hrsg.): Neuordnung der Aufgabenwahrnehmung in der Freien Hansestadt Bremen. – URL <http://www.bremen.de/verwaltungsreform.html>, online 05.08.2002.

[157] Vgl. Der Senator für Finanzen (Hrsg.): Neuordnung der Aufgabenwahrnehmung in der Freien Hansestadt Bremen. – URL <http://www.bremen.de/verwaltungsreform.html>, online 05.08.2002.

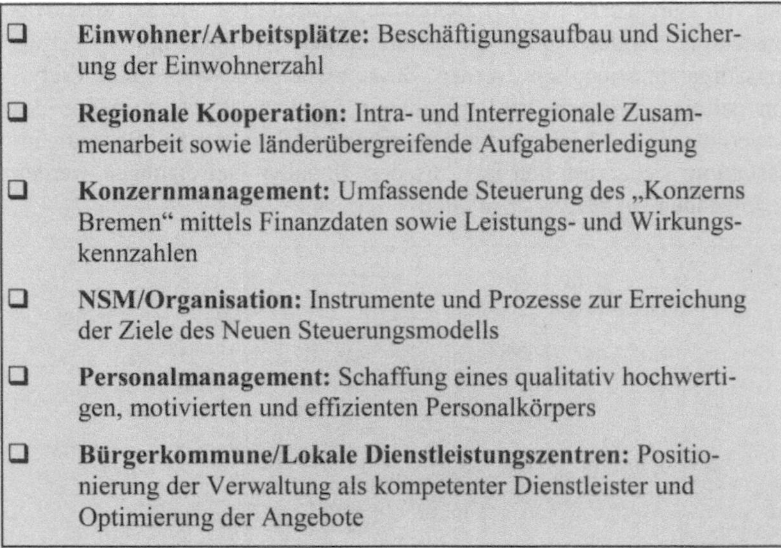

Box 21: Querschnittsthemen der Verwaltungsreform in Bremen

Geschäftprozessoptimierung im Bremer Modernisierungsprozess

Die Optimierung der Verwaltungsprozesse ist dabei ein expliziter Bestandteil des Schwerpunktbereichs „NSM/Organisation". Abbildung 31 zeigt den Stand der Umsetzung der verschiedenen zu implementierenden NSM-Bausteinen in insgesamt 54 Dienststellen. Dabei fällt auf, dass die Neugestaltung der Geschäftsprozesse lediglich in 24 Dienststellen vorangetrieben wird. Einen großen Einfluss hat hier das Projekt Media@Komm, das an späterer Stelle im Zusammenhang mit dem Bremer E-Government-Konzept noch näher beschrieben wird. Vor allem bei den Verwaltungsbehörden, die in dieses Projekt involviert sind, finden wesentliche Prozessneugestaltungen statt. Demgegenüber stehen insgesamt 5 Dienststellen, die prozessbezogene Tätigkeiten lediglich planen sowie 25 Bereiche, die keinerlei systematische Aktivitäten verfolgen. Entsprechend wird konstatiert, dass die Potenziale, die aus einer strukturierten Prozessoptimierung resultieren, nur wenig ausgenutzt werden.[158]

IuK Einsatz als "Motor" für den Modernisierungsprozesses

Als wesentlicher und fester Bestandteil der Verwaltungsreform in Bremen wird von der Senatsverwaltung der Einsatz der IuK proklamiert. Insbesondere vor dem Hintergrund der im Reformprozess angestrebten Binnenoptimierung und Verbesserung der externen Abläufe werden mit der neuen Technologie hohe Potenziale verbunden. Sie wird, wie auch die ver-

---

[158] Vgl. NSM-Team (Hrsg.): Umsetzung des „Neuen Steuerungsmodells" in der Freien Hansestadt Bremen: Sachstand und künftige Ausrichtung. Bremen: Der Senator für Finanzen, 2001, S. 12.

schiedenen Projekte, als Antrieb und unverzichtbares Element zur Umsetzung der Verwaltungsreform verstanden.[159]

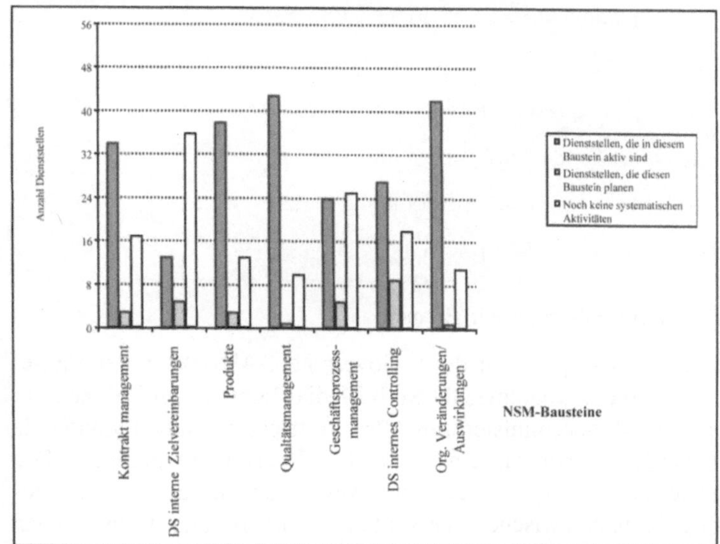

Abbildung 31: Stand der Umsetzung von NSM-Bausteinen in Bremen[160]

Neben nationalen Auszeichnungen wurde von der Europäischen Kommission im November 2001 das Gütesiegel „E-Government good practice" an Bremen verliehen. Besondere Anerkennung fand dabei der übergreifende Ansatz sowie der Einsatz elektronischer Signaturen und die Implementierung eines spezifischen Kommunikationsprotokolls (OSCI-Online Services Computer Interface). Gerade die sichere Kommunikation innerhalb des Bremischen Verwaltungsnetzes (BVN) wie auch bei externen Kontakten ist ein zentrales Thema und wird auch in einigen der folgenden Projekten berücksichtigt:

Schwerpunkte des E-Government

---

[159] Vgl. Der Senator für Finanzen (Hrsg.): Neue Medien in der bremischen Verwaltung: e-Government – Strategie & Maßnahmen. – URL <http://www.bremen.de/verwaltungsreform/frames.html?Seite=/verwaltungsreform/Kap2/Kap2_4.html>, online 05.08.2002.

[160] NSM-Team (Hrsg.): Umsetzung des „Neuen Steuerungsmodells" in der Freien Hansestadt Bremen: Sachstand und künftige Ausrichtung. Bremen: Der Senator für Finanzen, 2001, S. 10.

106

❑   Städteinformationssystem bremen.online

❑   Projekt Städtewettbewerb Media@Komm

❑   e-Government

❑   Nutzung des Internets und Aufbau eines Intranets

❑   Flächendeckende Einführung von Electronic Mail

❑   Einführung eines Dokumentenmanagementsystems

❑   Erprobung und Einführung von Telearbeit

Box 22: E-Government-Projekte in Bremen

Media@Komm   Eine besondere Wertigkeit für die E-Government-Aktivitäten der Hansestadt hat das Projekt „Städtewettbewerb Media@Komm. Im Rahmen der Initiative des Bundesministeriums für Wirtschaft und Technologie (BMWi) wurde Bremen als einer von drei Preisträgern prämiert. Das Vorhaben „bremen online services" soll Anwendungen für rechtsverbindliche Transaktionen zwischen Verwaltung, Bürgern und Unternehmen realisieren und eine entsprechende Online Plattform schaffen. Berücksichtigt werden 66 Geschäftsvorfälle mit insgesamt 26 Dienstleistungen, die zu 9 Lebenslagen zusammengefasst werden. Prozessoptimierung stellt dabei eine explizite Forderung der Initiative dar -„Abläufe im internen und externen Geschäftsverkehr öffentlicher Verwaltungen sind anzupassen"[161]- die somit, wie schon erwähnt, direkt Einfluss auf die Umsetzung des NSM-Bausteins „Geschäftsprozessgestaltung" nimmt. Darüber hinaus erfolgt in verschiedenen Teilprojekten auch die Konzeption und Implementierung einer Online-Infrastruktur.[162]

Bremen.online   Die Basis für die Umsetzung von „bremen online services" bildet das Stadtinformationssystem bremen.online. Das bereits 1996 in Betrieb genommene virtuelle Abbild der Hansestadt stellt für Bürger, Touristen und Unternehmen eine elektronische Plattform für Informationen und Kommunikationsmöglichkeiten bereit. Darüber hinaus wurde auch mit der Möglichkeit zur Buchung von Tickets für verschiedene Veranstaltungen ein „echter" Online-Dienst vorgehalten. Die Weiterentwicklung des Systems im Rahmen von Media@Komm führt zu einem umfassenden Por-

---

[161]   Deutsches Institut für Urbanistik (Hrsg.): Über die Initiative Media@Komm. – URL <http://www.mediakomm.net/index.phtml?menu_id=5&active_menu_id=5&language=de>, online 05.08.2002.

[162]   Vgl. Siegfried, Christine: Media@Komm: Beschreibung der Preisträgerkonzepte - Kurzdarstellung und Vergleich. In: Deutsches Institut für Urbanistik (Hrsg.): Arbeitspapiere aus der Begleitforschung. Berlin: Deutsches Institut für Urbanistik, 2000, S. 5-9.

tal, welches sowohl E-Government- als auch E-Commerce-Angebote sowie Marktplätze bereitstellt.[163]

Aus der internen Sicht wird die vollständig elektronische Abwicklung von Verwaltungsvorgängen angestrebt. Medienbrüche wie etwa in den Bereichen des Posteingangs, der Postverteilung, der Registratur oder der Archivierung sollen daher durch ein umfassendes Dokumentenmanagement-, Workflow- und Archivierungssystem eliminiert werden. Ein ressortübergreifendes Pilotprojekt soll bis Ende 2002 die organisatorischen wie auch technischen Voraussetzung für den Einsatz der Systeme evaluieren und eine Einschätzung der Folgewirkungen ermöglichen.[164]

Weitere Projektbeispiele

Ein weiteres Beispiel für die durchgängige elektronische Unterstützung der Verwaltungsprozesse ist im Themenbereich der Beschaffung angesiedelt. Bis Ende 2003 sollen hier sowohl ein den Vergabeprozess unterstützendes Workflow-System als auch eine Kataloglösung implementiert werden. Das Vergabesystem unterstützt dabei die Kommunikation zwischen Fachstellen, planenden Einrichtungen, zentralen Vergabestellen und Bewerbern bzw. Bietern über alle Phasen des Vergabezyklus. Der elektronische Katalog dient der Abwicklung der konkreten Beschaffung zwischen planender Stelle und Auftragnehmer, insbesondere bei Rahmenverträgen.[165]

7.1.7 *Hamburg*

Die Modernisierung der Verwaltung wird vom Hamburger Senat als notwendige und stetige Adaption an Umweltentwicklungen verstanden. Die schwierigen finanziellen Rahmenbedingungen werden dabei keineswegs als Hemmnis, sondern der resultierende Modernisierungsdruck als positiver Faktor für Reformaktivitäten gesehen. Die Haushaltssituation liefere wichtige Impulse für Veränderungen, es entstehe „[...] die Chance zur Reform und zur Rückgewinnung verlorengegangener Gestaltungsspielräume."[166]

Haushaltssituation als Treiber der Modernisierung

---

[163] Vgl. Der Senator für Finanzen (Hrsg.): Neue Medien in der bremischen Verwaltung: Stadtinformationssystem bremen.online. – URL <http://www.bremen.de/ver-waltungsreform>, online 05.08.2002.

[164] Vgl. Der Senator für Finanzen (Hrsg.): DocMan – Dokumentenmanagementsysteme. – URL <http://www.bremen.de/verwaltungsreform>, online 05.08.2002.

[165] Vgl. Der Senator für Finanzen (Hrsg.): Einkaufsmanagement. – URL <http://www.bremen.de/verwaltungsreform>, online 05.08.2002.

[166] Der Senat der Freien und Hansestadt Hamburg (Hrsg.): Mitteilung des Senats an die Bürgerschaft: Stand der Verwaltungsmodernisierung in Hamburg. Hamburg: Bürgerschaft der Freien und Hansestadt Hamburg, 2000, S. 2.

Die Reformaktivitäten in der Freien und Hansestadt Hamburg werden gemäß eines neuen Steuerungsmodells realisiert, dessen Einführung bereits 1994 vom Senat beschlossen wurden. Zentrale Elemente sind Dienstleistungsorientierung und die Erhöhung des Kostenbewusstseins. Die Gestaltung der Hamburger Verwaltung als effektiver und effizienter Dienstleister zielt dementsprechend einerseits auf die Erhöhung der Wirksamkeit und Wirtschaftlichkeit und die Verbesserung der Kunden- und Mitarbeiterorientierung andererseits. Transparenz und Ergebnisorientierung sowie Dezentralisierung von Verantwortung sind weitere Ziele der Reform.[167]

Die Modernisierung wird an den Grundsätzen des NSM ausgerichtet. In dezentraler Verantwortung haben dabei die einzelnen Behörden und Ämter den Freiraum, individuell notwendige Spezifikationen zu realisieren. Die Koordination der Aktivitäten wird durch die Projektgruppe „Projekt Verwaltungsinnovation (ProVi)" verantwortet. Die Vorgabe von Rahmenbedingungen und gemeinsamen Fachkonzepten sichert den Erfolg der dezentralen Aktivitäten:

> ❑ **Haushaltsrechtlicher Rahmen:** Dezentrale Ressourcenverantwortung und Budgetierung bei Vorgabe zentraler Regeln und Steuerungssysteme
>
> ❑ **Moderne IuK-Infrastruktur:** Bereitstellung von einheitlichen, integrierten, sicheren und leistungsfähigen Systemstrukturen
>
> ❑ **Konzept des NSM:** Bereitstellung des konzeptionellen Rahmens durch kontextspezifische Modifikationen der Modell-Elemente

Box 23: Rahmenparameter für die dezentrale Verwaltungsmodernisierung[168]

Eine Beschreibung der aktuellen, dezentral in den Behörden und Ämtern initiierten Aktivitäten würde aufgrund des Umfangs den Rahmen der vorliegenden Studie sprengen. Für die behördenübergreifenden Maßnahmen in zentralen Handlungsfeldern bestehen die Schwerpunkte in:

---

[167] Vgl. Pressestelle der Finanzbehörde Hamburg (Hrsg.): Modernisierung der Verwaltung – Projekt Verwaltungsinnovation (ProVi). – URL <http://www.hamburg.de/Behoerden/FB/Amt6/Modernisierung/welcome.ht ml>, online 05.08.2002.

[168] Vgl. Der Senat der Freien und Hansestadt Hamburg (Hrsg.): Mitteilung des Senats an die Bürgerschaft: Stand der Verwaltungsmodernisierung in Hamburg. Hamburg: Bürgerschaft der Freien und Hansestadt Hamburg, 2000, S. 2-4.

> ❏   Schaffung von Anreizen für die Steigerung von Effizienz und Effektivität
>
> ❏   Erhöhung des Kostenbewusstseins und der Kostentransparenz
>
> ❏   Optimierung von Verwaltungsprozessen
>
> ❏   Verbesserung der elektronischen Kommunikationsmöglichkeiten zwischen Bürgern und Verwaltung

Box 24: Schwerpunkte der Hamburger Verwaltungsmodernisierung

Von grundlegender Relevanz für die Verwaltungsmodernisierung in Hamburg ist die Verwendung moderner Technologien: „Hamburgs Verwaltung nimmt schon heute bei der Nutzung moderner Informations- und Kommunikationstechniken einen Spitzenplatz in Deutschland ein."[169] So wurde 2001 die umfassende Gesamtstrategie Hamburgs im Wettbewerb für E-Government in Bundes-, Landes-, und Kommunalverwaltungen mit einem Sonderpreis prämiert. Für das Projekt „FHHportal" der Finanzbehörde erhielt die Hansestadt im Jahr 2002 den ersten Preis im Bereich „Government to Employee". Der Wettbewerb wurde in beiden Jahren unter der Schirmherrschaft des Bundesinnenministeriums ausgetragen.[170]

Um die in der Vergangenheit erzielten Erfolge weiter auszubauen, wurde zwischen den Behörden im Sommer 2002 ein umfassender E-Government-Fahrplan erarbeitet. Die Zielsetzung der Aktivitäten besteht zum einen in der Realisierung von Kostenvorteilen, zum anderen in der Stärkung des Standorts durch die Bereitstellung qualitativ hochwertiger Dienstleistungen für Wirtschaft und Bürger. Grundsätzlich soll dabei ein erhöhter Nutzen wie bspw. Zeiteinsparungen auf Kunden- und Vermeidung von Redundanzen auf Verwaltungsseite für alle involvierten Parteien realisiert werden. Weitere Zielsetzungen des E-Government sind:[171]

E-Government-Fahrplan

---

[169]   Der Senat der Freien und Hansestadt Hamburg (Hrsg.): Mitteilung des Senats an die Bürgerschaft: E-Government – Chancen für Hamburg nutzen. Hamburg: Bürgerschaft der Freien und Hansestadt Hamburg, 2002, S. 1.

[170]   Vgl. KPMG Consulting AG (Hrsg.): Wettbewerb: e-Government in Bundes-, Landes und Kommunalverwaltungen. – URL <http://www.verwaltungderzukunft.de/index.html>, online 06.08.2002.

[171]   Vgl. Der Senat der Freien und Hansestadt Hamburg (Hrsg.): Mitteilung des Senats an die Bürgerschaft: E-Government – Chancen für Hamburg nutzen. Hamburg: Bürgerschaft der Freien und Hansestadt Hamburg, 2002, S. 4-5.

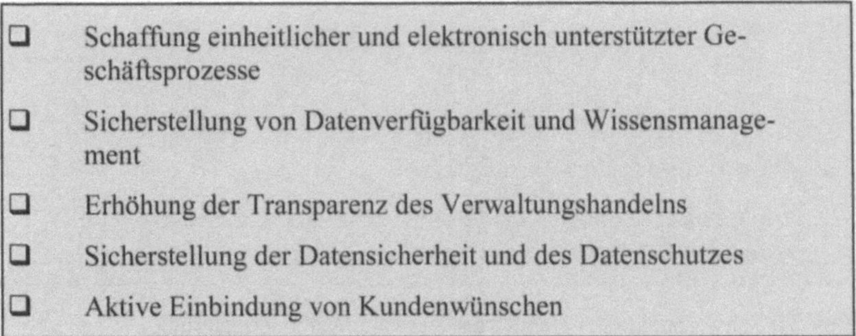

Box 25: Zielsetzungen des E-Government in Hamburg

Zentrale und dezen-
trale Projekte
Der E-Government-Fahrplan dient als Basis für die behördenübergreifende Definition einer Gesamtstrategie. Die enthaltenen Projektvorschläge
stellen eine Potenzialanalyse dar und sind jeweils vor der eigentlichen
Umsetzung auf ihre wirtschaftliche Vorteilhaftigkeit zu prüfen. In einem
ganzheitlichen Ansatz werden dabei Basismodule, behördenübergreifende
und behördenspezifische Ansätze unterschieden. Die Basismodule werden
in Verantwortung der Finanzbehörde realisiert und stellen Infrastrukturvoraussetzungen und übergreifende Funktionalitäten bereit. Beispiele für
Projektvorhaben sind etwa die Authentifikation (HamburgGateway), die
Portalinfrastruktur (FHH Portal) oder die digitale Aktenführung. Behördenübergreifende Projekte betreffen mehrere oder alle Behörden und erfordern eine enge Zusammenarbeit zwischen den involvierten Stellen.
Enthalten sind bspw. die Projekte Standortplanung, Online-Bewerbungen
sowie Rechts- und Personalportal. Behördenspezifischen Projekte umfassen kurzfristige (6-9 Monate), mittelfristige (<2 Jahre) und langfristige
(>2 Jahre) Vorhaben. Sofern Schnittstellen zu anderen Behörden oder Be-
zirken vorliegen, muss eine Kooperation initiiert werden, um einen maximalen Nutzen zu erreichen.[172]

Rahmenbedingungen
des E-Government in
Hamburg
Die Voraussetzung für die E-Government-Aktivitäten bildet für die Se-
natsverwaltung zunächst die „Internet Readiness". Diese bezieht sich zum
einen auf die technische Infrastruktur, zum anderen aber auch auf die internen Geschäftsprozesse, die letztendlich elektronische Anfragen ohne
Medienbrüche weiterverarbeiten sollen. Insgesamt sind in der Hamburger
Verwaltung etwa 30.000 Büroarbeitsplätze mit IuK ausgestattet und in
lokale Netze eingebunden, die stadtweit über ein WAN verknüpft sind.
Die Infrastruktur entspricht Standards, die in der IuK-Architektur-
Richtlinie für die gesamte Verwaltung festgeschrieben sind. Zur Unterstützung aller Fachprozesse, die eine große Fallzahl aufweisen, wurden
im Laufe der vergangenen Jahre die entsprechende Fachanwendungen in-

---

[172] Vgl. Der Senat der Freien und Hansestadt Hamburg (Hrsg.): Mitteilung des
Senats an die Bürgerschaft: E-Government – Chancen für Hamburg nutzen.
Hamburg: Bürgerschaft der Freien und Hansestadt Hamburg, 2002, S. 9-19.

stalliert. Für ausgewählte Anwendungsfälle ist eine vollständig digitale Abwicklung bereits realisiert. Zielgruppe sind dabei noch vornehmlich die professionellen Verwaltungskunden wie etwa Notare, Rechtsanwälte oder die Teilnehmer öffentlicher Ausschreibungen. Daneben wurden auch interaktions- und informationsorientierte Angebote erfolgreich umgesetzt, so dass bereits eine breite Erfahrungsbasis für zukünftige Aktivitäten in den Bereichen der Information, Interaktion und Transaktion vorliegt. Die Finanzierung dieser Aktivitäten erfolgt im Rahmen eines IuK-Globalfonds bzw. der IuK-Betriebsmittel.[173]

7.1.8 Hessen

Zentrale Zielsetzungen der Verwaltungsreform in Hessen sind die Steigerung von Bürgernähe, Wirtschaftlichkeit und Effektivität. Die Konzentration auf staatliche Kernaufgaben, ergebnisorientierte Aufgabenerfüllung, Kostenbewusstsein und modernes Personalmanagement stellen dabei Grundpostulate des Reformprozesses dar. Dementsprechend werden die übergeordneten Ziele für den „Konzern Hessen" wie folgt konkretisiert:[174]

Ziele der Verwaltungsmodernisierung

> ❑ Schaffung einfacherer Verwaltungsstrukturen
>
> ❑ Realisierung eines geringeren Verwaltungsaufwands
>
> ❑ Abbau und Vereinfachungen von Vorschriften
>
> ❑ Sicherstellung eines effektiveren Personaleinsatzes
>
> ❑ Sicherstellung der effizienten Nutzung finanzieller Mittel

Box 26: Zielsystem der Verwaltungsreform in Hessen

Zur Zielerreichung wurde eine Vielzahl von Projekten initiiert. Das Portfolio enthält dabei sowohl Vorhaben, die grundlegende Veränderungen intendieren, als auch solche, die lediglich einen begrenzten Teil der Landesverwaltung betreffen. Insgesamt werden fünf Schwerpunkt- bzw. Projektbereiche unterschieden:

Schwerpunkte der Verwaltungsmodernisierung

---

[173] Vgl. Der Senat der Freien und Hansestadt Hamburg (Hrsg.): Mitteilung des Senats an die Bürgerschaft: E-Government – Chancen für Hamburg nutzen. Hamburg: Bürgerschaft der Freien und Hansestadt Hamburg, 2002, S. 2-3, S. 6.

[174] Vgl. Hessische Staatskanzlei (Hrsg.): Reformkurs Hessen – Programm. – URL <http://www.reformkurs.hessen.de/html/inindex.htm>, online 03.08.2002.

❑   Vorschriftenabbau und -vereinfachung

❑   Privatisierung und Aufgabenabbau

❑   Strukturreformen

❑   Neue Verwaltungssteuerung, Reform des Haushalts- und Rechnungs-wesens

❑   Personalmanagement und Dienstrechtsreform

Box 27: Schwerpunkte der Verwaltungsmodernisierung in Hessen

Für alle Bereiche wurden konkrete und messbare Zielsetzungen bzgl. der konsequenten Umsetzung des jeweiligen Projekts definiert. So sollten bspw. im Bereich „Vorschriftenabbau und -vereinfachung" 30% der Rechtsverordnungen und Verwaltungsvorschriften abgebaut werden.[175]

Hessen-media Eine erfolgreiche Verwaltungsmodernisierung kann „[...] bei gleichzeitiger Effizienzsteigerung und dem zunehmenden Informationsbedürfnis des Bürgers nur durch den Einsatz moderner IuK-Technologien [...]"[176] erreicht werden. Der Bereich „Neue Technologien in Politik und Verwaltung" bildet daher einen expliziten Bestandteil der Landesinitiative Hessen-*media*. Die Landesregierung fördert mit diesem Programm die Entwicklung und Nutzung der IuK in Wirtschaft, Privathaushalten und öffentlichem Sektor. Im Rahmen der Initiative werden zum einen anwendungsorientierte Projekte gefördert. Darüber hinaus soll aber auch durch Unterstützung von Kompetenzzentren, Aus- und Weiterbildungsmaßnahmen sowie Kommunikationsmaßnahmen ein innovationsfreundliches Umfeld geschaffen werden.[177] Die Projekte im Verwaltungsbereich beinhalten dabei sowohl behördenübergreifende (Hessen Corporate Network 2000) als auch ressortspezifische Projekte mit unterschiedlichsten Schwerpunkten.[178]

---

[175] Vgl. Hessische Staatskanzlei (Hrsg.): Reformkurs Hessen – Reformbereich Vorschriftenabbau. – URL
<http://www.reformkurs.hessen.de/html/inindex.htm>, online 03.08.2002.

[176] Hessisches Ministerium für Wirtschaft, Verkehr und Landesentwicklung (Hrsg.): Hessen-media Band 1: Projektdokumentation (Schriftenreihe der Landesinitiative Hessen-media). Wiesbaden: Hessisches Ministerium für Wirtschaft, Verkehr und Landesentwicklung, 2001, S. 161.

[177] Vgl. Hessisches Ministerium für Wirtschaft, Verkehr und Landesentwicklung (Hrsg.): Hessen-media: Ziele und Aufgaben. – URL
<http://www.hessenmedia.de/wirueberuns/wirueberuns.htm>, online 03.08.2002.

[178] Hessisches Ministerium für Wirtschaft, Verkehr und Landesentwicklung (Hrsg.): Hessen-media Band 1: Projektdokumentation (Schriftenreihe der Landesinitiative Hessen-media). Wiesbaden: Hessisches Ministerium für Wirtschaft, Verkehr und Landesentwicklung, 2001, S. 163-175.

Eine Bestandsaufnahme der bestehenden E-Government-Ansätze in Hessen wurde im Januar 2002 von der Hessischen Zentrale für Datenverarbeitung (HZD) durchgeführt. Der Internetauftritt der Ministerien wie auch der Landesbehörden wird durch die Bereitstellung von Informationen dominiert. Daneben offerieren Bestellservices für Broschüren und E-Mail-Funktionen Möglichkeiten zur Kommunikation. „Echte" elektronische Dienstleistungen werden in der hessischen Landesverwaltung aufgrund der rechtlichen und sicherheitstechnischen Schranken nicht als medienbruchfreie Prozesse angeboten.

Status Quo des E-Government in der Landesverwaltung Hessen

Gleichzeitig wird konstatiert, dass gerade bei der Vielzahl der aktuellen Projekte und Initiativen eine grundsätzliche E-Government-Strategie für die Landesverwaltung Hessen von essentieller Bedeutung ist. Die konzeptionell weitgehend unverbundenen Internetauftritte der Behörden lassen „[...] bislang noch zu wenig von einer gemeinsamen strategischen Linie erkennen."[179] Für die angestrebte Bereitstellung integrationsorientierter Dienstleitungen wird eine Koordination der E-Government-Aktivitäten mittels gemeinsamer Leitideen als Voraussetzung gesehen. Mögliche Ansatzpunkte für die Integration der E-Government-Entwicklung in der Hessischen Landesverwaltung sind dabei die in Box 28 genannten Bereiche. [180]

Strategiedefinition als zentrale Aufgabe

---

[179] Vgl. Pleiderer, Dieter: Electronic Government: Grundlagen und Entwicklungsstand in der Landesverwaltung Hessen. Wiesbaden: Hessische Zentrale für Datenverarbeitung, 2002, S. 42.

[180] Vgl. Pleiderer, Dieter: Electronic Government: Grundlagen und Entwicklungsstand in der Landesverwaltung Hessen. Wiesbaden: Hessische Zentrale für Datenverarbeitung, 2002, S. 42-43.

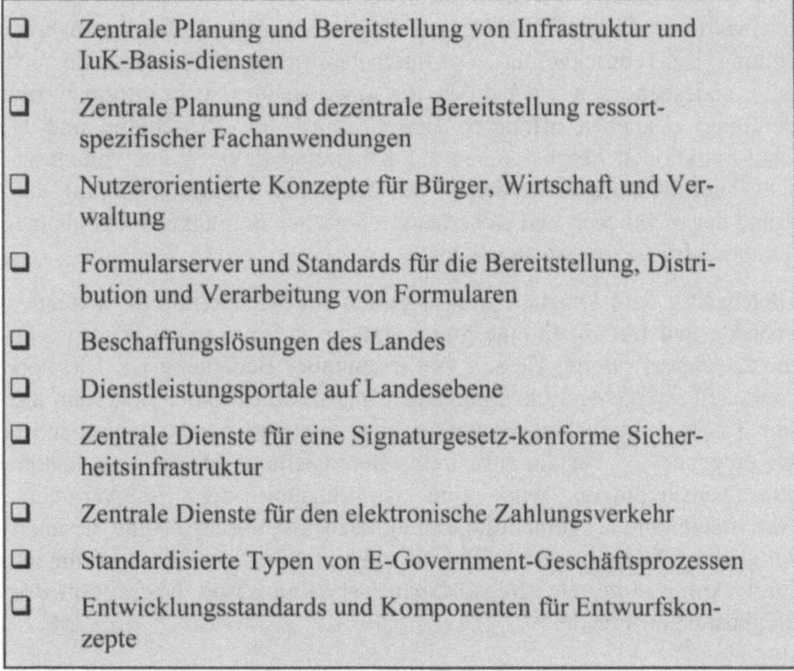

> ❑ Zentrale Planung und Bereitstellung von Infrastruktur und IuK-Basis-diensten
>
> ❑ Zentrale Planung und dezentrale Bereitstellung ressort-spezifischer Fachanwendungen
>
> ❑ Nutzerorientierte Konzepte für Bürger, Wirtschaft und Verwaltung
>
> ❑ Formularserver und Standards für die Bereitstellung, Distribution und Verarbeitung von Formularen
>
> ❑ Beschaffungslösungen des Landes
>
> ❑ Dienstleistungsportale auf Landesebene
>
> ❑ Zentrale Dienste für eine Signaturgesetz-konforme Sicherheitsinfrastruktur
>
> ❑ Zentrale Dienste für den elektronische Zahlungsverkehr
>
> ❑ Standardisierte Typen von E-Government-Geschäftsprozessen
>
> ❑ Entwicklungsstandards und Komponenten für Entwurfskonzepte

Box 28: Ansatzpunkte für die strategische E-Government-Integration

Geschäftsprozessanalyse als Grundlage für das hessische E-Government

Das Management der Geschäftsprozesse wird als Schlüsselfaktor für die Realisierung der Potenziale des E-Government in Hessen eingeschätzt.[181] Die HZD initiierte schon im Herbst/Winter 1998 mit der Auswahl des ARIS Toolset als geeignetes Werkzeug zur Prozessmodellierung, Inhouse-Schulungen und ersten internen Verbesserungsprojekten grundlegende Maßnahmen zur strukturierten Geschäftsprozessanalyse (GPA). Seitdem wurde der Themenbereich der GPA kontinuierlich ausgebaut, so wurden bspw. die Mitarbeiter-Schulungen ausgedehnt und externe Projekte angestoßen. Die Durchführung der Projekte erfolgt nach dem in Abbildung 32 dargestellten Vorgehensmodell, die Mitarbeiter der HZD übernehmen die Rolle von Fachpromotoren und bringen ihre Methodenkompetenz ein.[182]

Die Anforderungen, die dabei von den obersten Landesbehörden und deren untergeordneten Dienststellen als Kunden der HZD gestellt werden,

---

[181] Vgl. Pleiderer, Dieter: Electronic Government: Grundlagen und Entwicklungsstand in der Landesverwaltung Hessen. Wiesbaden: Hessische Zentrale für Datenverarbeitung, 2002, S. 22-23.

[182] Vgl. Göbels, Gabriele: Geschäftsprozessanalyse: Einsatzgebiete und Erfahrungen. In: Kooperationsausschuss ADV (Hrsg.): 37. Erfahrungsaustausch des KoopA ADV. Berlin: Kooperationsausschuss ADV, 2000, S. 10-11.

beziehen sich nicht auf eine Kostenoptimierung mit detaillierter Erhebung von Durchlaufzeiten oder Prozesskosten. Vielmehr soll die GPA einerseits eine Grundlage für die Einführung von Software zur Unterstützung von Verwaltungsabläufen bilden. Des weiteren verspricht man sich von der Analyse die Schaffung von Klarheit bzgl. verschiedener, nur implizit wahrgenommener Störfaktoren und daraus resultierenden Verbesserungsmöglichkeiten.[183]

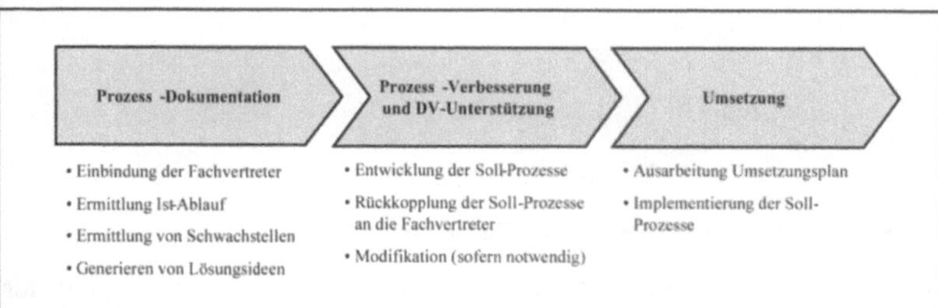

Abbildung 32: Vorgehensmodell für die GPA

7.1.9 *Mecklenburg-Vorpommern*

Die Verwaltungsmodernisierung in Mecklenburg-Vorpommern bezog sich zunächst auf Maßnahmen zur Schaffung von Strukturen in der Landesverwaltung, die zu mittel- und langfristigen Kosteneinsparungen führen sollten. Es wurde festgestellt, dass sich die Aktivitäten in der Vergangenheit eher auf eine Verschlankung der Verwaltung, eine Zentralisierung und eine Einsparung von Haushaltsmitteln konzentriert haben und weniger eine inhaltliche Modernisierung fokussierten. Die Koalitionsvereinbarung aus dem Jahre 1998 definiert die Ausrichtung der Verwaltungsreform in Mecklenburg-Vorpommern: „Die Landesregierung wird die Landesverwaltung schrittweise modernisieren. Dies geschieht im Sinne einer sparsamen und wirtschaftlichen Nutzung der begrenzten finanziellen Ressourcen und zur Steigerung von Effektivität und Effizienz des Verwaltungshandelns. Darüber hinaus wird angestrebt, durch eine schrittweise Einführung weiterer Instrumente, wie z. B. der Kosten- und Leistungsrechnung, Effizienzgewinne zu erzielen."[184] Beispiele für verschiedene Maßnahmen im Modernisierungsprozess zeigt Box 29:

Ziele der Verwaltungsmodernisierung

---

[183] Vgl. Göbels, Gabriele: Geschäftsprozessanalyse: Anwendungserfahrungen in der hessischen Landesverwaltung. In: Kooperationsausschuss ADV (Hrsg.): 38. Erfahrungsaustausch des KoopA ADV. Karlsruhe: Kooperationsausschuss ADV, 2001, S. 3-4.

[184] Unterausschuss „Allgemeine Verwaltungsorganisation" des Arbeitskreises VI der Innenministerkonferenz (Hrsg.): Aktivitäten auf dem Gebiet der Staats- und Verwaltungsmodernisierung in den Ländern und beim Bund. Magdeburg: Ministerium des Innern des Landes Sachsen-Anhalt, 2002, S. 55.

❑   Einführung der Kosten- und Leistungsrechnung und eines Controlling

❑   Neuorganisation des Grundstücks- und Gebäudemanagement des Landes

❑   Arbeitszeitenflexibilisierung

❑   Planung des Einsatzes von Informations- und Telekommunikationstechnik

❑   Qualitative Entwicklung des Personals in der Landesverwaltung

Box 29: Maßnahmen in Mecklenburg-Vorpommern

Leitlinien für den IuK-Einsatz   Grundlegend für den Einsatz der IuK in der Landesverwaltung sind der IT-Gesamtplan und die Strategie für den Einsatz von Informationstechnik. Der Gesamtplan gibt einen Überblick über die verwendete IuK und dient Entscheidungsträgern auf administrativer wie auf parlamentarischer Ebene als Entscheidungsgrundlage. Die Strategie definiert durch Vorgabe von Zielen, Inhalten und Schritten den Rahmen für den Ausbau der Infrastruktur. Zur Vermeidung von Parallelentwicklungen gilt hier das sog. „Einer für Alle" - Prinzip, gemäß dem für einzelne IuK-Vorhaben jeweils ein Ressort die Verantwortung übernimmt.[185]

Multimedia-Konzept Mecklenburg-Vorpommern   Die Nutzung der IuK in der Landesverwaltung ist expliziter Bestandteil des „Multimedia-Konzept Mecklenburg-Vorpommern". Das Konzept soll „[...] die informationstechnische Vernetzung unserer Gesellschaft sowohl im beruflichen als auch im privaten Leben [...] forcieren und Förderungen in diesen Bereichen [...] koordinieren."[186] Für die Landes- wie auch die Kommunalverwaltung wird im Multimedia-Konzept das Ziel definiert, dass die Dienste für Bürger unter einem Dach online anzubieten sind. Tabelle 9 zeigt die im Multimedia-Konzept vorgeschlagenen Maßnahmen.[187]

---

[185]   Vgl. Innenministerium Mecklenburg-Vorpommern (Hrsg.): Bilanz über die Arbeit der 3. Legislaturperiode des Innenministerium. Schwerin: Innenministerium Mecklenburg-Vorpommern, 2002, S. 45.

[186]   Tavangarian, Djamshid et al.: Fortschreibung Multimedia-Konzept Mecklenburg-Vorpommern: Analysen, Trends und Perspektiven. Schwerin: Wirtschaftsministerium Mecklenburg-Vorpommern, 2001, S. 15.

[187]   Vgl. Tavangarian, Djamshid et al.: Fortschreibung Multimedia-Konzept Mecklenburg-Vorpommern: Analysen, Trends und Perspektiven. Schwerin: Wirtschaftsministerium Mecklenburg-Vorpommern, 2001, S. 161-162.

Tabelle 9: Maßnahmen der Landesregierung Mecklenburg Vorpommern

Bereich	Maßnahme
Kommuni-kationsvor-haben	- Integration der Kommunikationsdienste - Vernetzung der PC-Arbeitsplätze - Einführung der digitalen Signatur in relevanten Verfahren
Intranet-vorhaben	- Bereitstellung von Landtagssitzungen und Ausschusssitzungen des Landtags via Videoübertragung - Computergestütztes parlamentarisches Arbeiten - Bereitstellung des Umweltdatenkatalogs
Internet-vorhaben	- Erweiterung und Vereinheitlichung der Präsentation der Landesregierung - Bereitstellung von Informationen für geschlossene Nutzergruppen - Schaffung multimediagestützter Transaktionsmöglichkeiten für Leistungen der Landesverwaltung - Erweiterung der öffentlichen Dokumentenbereitstellung - Bereitstellung von Foren zur Stärkung der Demokratie - Aufbau elektronischer Beschaffungssysteme

7.1.10 Niedersachsen

Im Vordergrund der Verwaltungsreform in Niedersachsen stehen die Minimierung des Verwaltungsaufwands, Mitarbeitermotivation und –entwicklung, Optimierung des Mitteleinsatzes sowie Aufgabenkritik. Als Fazit für die erste „Modernisierungswelle" wird festgestellt: „Die Landesverwaltung arbeitet heute spürbar wirtschaftlicher, sie ist weitaus bürger- und kundenorientierter und es ist ihr gelungen, die Leistungsfähigkeit und -bereitschaft vieler Mitarbeiterinnen und Mitarbeiter nachhaltig zu stärken."[188]. Ausgehend von dem Leitbild des „aktivierenden Staats in einer aktiven Gesellschaft" deklariert die Landesverwaltung Niedersachsen ihre Restrukturierung mittlerweile als „Staatsmodernisierung". Verwaltungsreform sei ein wichtiges Element für die Erneuerung und Stärkung des Landes, aber alleine nicht ausreichend. Die Neudefinition der staatlichen

Aktivierender Staat in einer aktiven Gesellschaft

---

[188] Niedersächsische Staatskanzlei (Hrsg.): Staatsmodernisierung Niedersachsen – mehr als nur eine Verwaltungsreform: Zukunft Verwaltung – wirtschaftlich einfach offen. Hannover: Presse- und Informationsstelle der Niedersächsischen Staatskanzlei, 2002, S. 2.

Aufgaben stelle eine Notwendigkeit dar, die die ganze Gesellschaft involviert.

Schwerpunkte im Reformprozess

Der „niedersächsische Weg" der Reform wird dadurch charakterisiert, dass bewusst darauf verzichtet wurde, „[...] sich für viele Millionen ein geschlossenes Reformkonzept entwickeln zu lassen und dieses dann der Verwaltung von oben herab zu verordnen."[189] Stattdessen erfolgte eine aktive Einbindung der Beschäftigten, deren Ideen, Wissen und Erfahrung die Basis für die Durchführung der Reformprojekte bildet. Zur Realisierung des „Konzern Verwaltung" fokussiert die niedersächsische Landesregierung die in Box 30 gezeigten Schwerpunktbereiche.[190]

❑ Leistungsorientierte Haushaltswirtschaft

❑ Benchmarking von Leistungen, Arbeitsqualität und Wirtschaftlichkeit

❑ „Lernende" Verwaltung

❑ Qualitätsmanagement

❑ Personalmanagement

Box 30: Schwerpunkte im niedersächsischen Reformprozess

E-Government in zwei Schritten

Die elektronische Verwaltung bildet für die niedersächsische Landesverwaltung einen zentralen Meilenstein im Modernisierungsprozess. Die Implementierung eines umfassenden E-Government orientiert sich dabei an einem zweistufigen Vorgehen. Im Rahmen einer Pilotphase werden in den Jahren 2002 bis 2004 die technischen, organisatorischen und rechtlichen Rahmenbedingungen geschaffen und Lösungen in ausgewählten Fachbereichen erprobt. Im Anschluss erfolgt dann eine systematische Einführung des E-Government.[191]

Zielsetzungen des E-Government in Niedersachsen

Mit der Entwicklung des E-Government verfolgt die Niedersächsische Landesregierung das Ziel, die Bürger- und Kundenorientierung zu forcie-

---

189 Niedersächsische Staatskanzlei (Hrsg.): Niedersachsen auf Gegenseitigkeit: Die Einführung der neuen Steuerung in der Landesverwaltung. Hannover: Presse- und Informationsstelle der Niedersächsischen Staatskanzlei, 2002, S. 4.

190 Vgl. Niedersächsische Staatskanzlei (Hrsg.): Staatsmodernisierung Niedersachsen – mehr als nur eine Verwaltungsreform: Zukunft Verwaltung – wirtschaftlich einfach offen. Hannover: Presse- und Informationsstelle der Niedersächsischen Staatskanzlei, 2002, S. 6-15.

191 Niedersächsisches Innenministerium (Hrsg.): Electronic Government – So geht es weiter!. – URL <http://www.mi.niedersachsen.de/master/0,,C29794_N13792_L20_D0_O52 2,00.html>, online 06.08.2002.

ren, die Wirtschaftlichkeit des Verwaltungshandelns weiter zu erhöhen und Niedersachsen als Multimedia-Standort zu stärken. Einen Überblick über das Zielsystem gibt Tabelle 0.

Tabelle 10: Zielsystem des E-Government in Niedersachsen[192]

Ziel	Dimensionen
Transparenter Service für Bürgerinnen und Bürger	- Schnelle und umfassende Informationsmöglichkeiten - Online-Tracking des Verfahrensstands - Reduzierung und Verkürzung der Behördengänge durch Online-Anträge und -Anfragen
Förderung der niedersächsischen Wirtschaft	- Schnelle und transparente Antragsabwicklung - Öffnung öffentlicher Portale als Plattform für Marktplatzaktivitäten kleinerer und mittlerer Unternehmen - Schaffung von Best Practices für sichere elektronische Kommunikation als „Muster" für die Privatwirtschaft
Förderung und Sicherung des ländlichen Raums	- Abbau der räumlichen Distanz - Anbieten von Leistungen aller Verwaltungsebenen
Wirtschaftlichkeit der Verwaltung	- Vereinfachung von Verwaltungsvorgängen - Reduktion von Arbeitsschritten - Vermeidung von Medienbrüchen - Verminderung von Informationsdefiziten

Für die Schaffung von Rahmenbedingungen als Basis für das E-Government werden insgesamt sieben Bereiche fokussiert:

---

[192] Vgl. Niedersächsisches Innenministerium (Hrsg.): Electronic Government: Leitfaden für die Pilotphase 2002-2004. Hannover: Referat für Presse- und Öffentlichkeitsarbeit, 2002, S. 7-8.

❑   Technik

❑   Recht

❑   Optimierung von Verwaltungsprozessen

❑   Förderung der Akzeptanz

❑   Beherrschung von Gefahren

❑   Zusammenarbeit mit anderen staatlichen Stellen

❑   Strategische Kooperationen mit Unternehmen

Box 31: Rahmenbedingungen für E-Government in Niedersachsen[193]

Prozessoptimierung im niedersächsischen E-Government Die Optimierung von Verwaltungsprozessen soll erreichen, dass keine elektronische Abbildung der traditionellen Verfahren, sondern die Schaffung effizienter Abläufe erfolgt. Gestaltungsspielräume ergeben sich dabei insbesondere aus den technischen Aspekten der E-Government-Lösungen. Die Neugestaltung von Verwaltungsverfahren bei Nutzung der IuK wird dabei als Chance gesehen, „[...] diese nach modernen Richtlinien zu organisieren, dienstleistungsorientiert auszurichten und zu verschlanken."[194] Die rechtliche Voraussetzung wird durch das Inkrafttreten des Dritten Gesetzes zur Änderung verwaltungsverfahrensrechtlicher Vorschriften im August 2002 geschaffen. Das Niedersächsische Verwaltungsverfahrensgesetz (NVwVfG) regelt das Verwaltungsverfahren und verweist auf das Verwaltungsverfahrensgesetz (VwVfG). Nach dessen Novellierung beabsichtigt die Landesregierung, einen Gesetzentwurf vorzulegen und das NVwVfG anzupassen.[195]

Die flächendeckende Implementierung der entwickelten Lösungen ab 2004 soll auf der Basis einer Konzeption erfolgen, der die Erkenntnisse aus der Pilotphase zugrundegelegt werden. Erfahrungen aus Entwicklungen anderer Bereiche, wie z. B. Bundesländer, Bund oder EU, bilden darüber hinaus die zweite Grundlage für die Einführung von E-Government in allen dafür geeigneten Bereichen der Niedersächsischen Landesver-

---

[193] Vgl. Niedersächsisches Innenministerium (Hrsg.): Electronic Government: Leitfaden für die Pilotphase 2002-2004. Hannover: Referat für Presse- und Öffentlichkeitsarbeit, 2002, S. 9-13.

[194] Niedersächsisches Innenministerium (Hrsg.): Electronic Government: Leitfaden für die Pilotphase 2002-2004. Hannover: Referat für Presse- und Öffentlichkeitsarbeit, 2002, S. 11.

[195] Vgl. Niedersächsisches Innenministerium (Hrsg.): Electronic Government – Rechtliche Grundlagen. – URL <http://www.mi.niedersachsen.de/master/0,,C483906_N483661_L20_D0_O 522,00.html>, online 27.08.2002.

waltung. Für die Selektion der Projekte für die Pilotphase wurde ein Kriterienkatalog definiert, der Eigenschaften von Pilotprojekten festlegt.

> ❑ Modellcharakter für andere Verfahren der Verwaltung
>
> ❑ Abdeckung typischer Prozesse der Verwaltung
>
> ❑ Abdeckung aller Interaktionsstufen des E-Government
>
> ❑ Vertretbarer Aufwand
>
> ❑ Attraktivität für alle Beteiligten durch kurzfristige Gewinnsituation
>
> ❑ Wirtschaftlichkeit bei der Einführung in der Landesverwaltung

Box 32: Anforderung an Pilotprojekte

Basierend auf diesen Kriterien wurden bereits einige Projekte definiert und befinden sich derzeit in der konkreten Planung.[196]   *Pilotprojekte*

> ❑ Querschnittsprojekte (z. B. Signaturkarte, Langzeitarchivierung)
>
> ❑ Staatliche Förderung
>
> ❑ Elektronischer Rechtsverkehr
>
> ❑ Genehmigungsverfahren
>
> ❑ Elektronische Wahlen

Box 33: Pilotprojekte in Niedersachsen

7.1.11 Nordrhein-Westfalen

Die neuen Technologien werden in Nordrhein-Westfalen als „Motor der Reform" angesehen.[197] Mit der Zielsetzung, die Verwaltungsmodernisierung durch geeignete und wirksame IuK-Maßnahmen aktiv zu unterstützen, wurde 1999 das „Konzept für den Einsatz der IuK in der Landesverwaltung NRW (IT-Konzept)" verabschiedet. Die Umsetzung beinhaltet insgesamt drei Phasen, wobei die Laufzeit von Phase I sich auf 1999 bis   *IT-Konzept Nordrhein-Westfalen*

---

[196] Vgl. Niedersächsisches Innenministerium (Hrsg.): Electronic Government: Leitfaden für die Pilotphase 2002-2004. Hannover: Referat für Presse- und Öffentlichkeitsarbeit, 2002, S. 13-14.

[197] Vgl. Innenministerium Nordrhein-Westfalen (Hrsg.): Moderne Verwaltung: Verwaltungsmodernisierung in Nordrhein-Westfalen. Düsseldorf: Innenministerium Nordrhein-Westfalen, 2001, S. 8.

2001, von Phase II auf 2001 und Phase III sich auf 2002 erstreckt. Die Koordination erfolgt durch eine ressortübergreifende Projektstruktur.

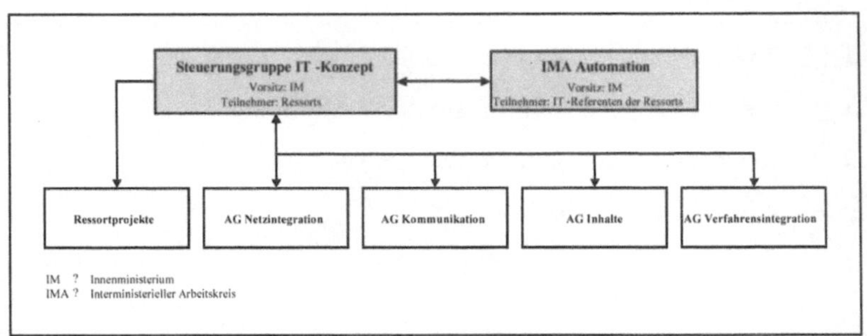

Abbildung 33: Projektstruktur Nordrhein-Westfalen[198]

Phase 1 (1999-2001) Die erste Projektphase wurde dabei insbesondere durch die Schaffung grundlegender Infrastrukturvoraussetzungen determiniert:

> ❑ Aufbau einer flächendeckenden, einheitlichen und multimediafähigen Kommunikationsinfrastruktur
>
> ❑ Verbesserung der IT-Ausstattung der Behörden und Einrichtungen des Landes sowie der Rechenzentren
>
> ❑ Bereitstellung landeseinheitlicher Grunddienste und fachneutraler Anwendungen
>
> ❑ Bereitstellung einheitlicher IT-Verfahren für Querschnittsaufgaben
>
> ❑ Verbesserung der organisatorischen, finanziellen und sonstigen Rahmen-bedingungen

Box 34: Schwerpunkte Phase 1 im IT-Konzept Nordrhein-Westfalen[199]

In den Bereichen „Kommunikation" und „Verbesserung der IT-Ausstattung" wurden die infrastrukturellen Voraussetzungen für den Informationsaustausch zwischen den Behörden wie auch die Online-Bereitstellung von Dienstleistungen für Bürger und Wirtschaft geschaffen. Die flächendeckende Vernetzung von Behörden und Einrichtungen des Lan-

---

[198] Kienbaum Management Consultants GmbH (Hrsg.): Einsatz der Informations - und Kommunikationstechnik in der Landesverwaltung Nordrhein-Westfalen: Schlussbericht zur Umsetzung der Phase 1. Düsseldorf: Innenministerium Nordrhein-Westfalen, 2001., S. 46.

[199] Vgl. Kienbaum Management Consultants GmbH (Hrsg.): Einsatz der Informations- und Kommunikationstechnik in der Landesverwaltung Nordrhein-Westfalen: Schlussbericht zur Umsetzung der Phase 1. Düsseldorf: Innenministerium Nordrhein-Westfalen, 2001, S. 7-8.

des, die lokale Vernetzung von Arbeitsplatzrechnern, oder die Erhöhung der Server-Anzahl sind Beispiele für umgesetzte Maßnahmen. Besondere Bedeutung für die interne wie auch die externe Kommunikation wurde der landesweiten Standardisierung von Bürokommunikationsprodukten zugemessen. Im November 2000 bestimmte die Landesregierung daher Microsoft Office 2000 als in der Landesverwaltung Nordrhein-Westfalen einheitlich einzusetzendes Softwarepaket. Landesweit standardisierte Lösungen werden darüber hinaus auch für Abläufe und Aufgaben angestrebt, die in allen oder in mehreren Behörden der Landesverwaltung anfallen. Vorgangsbearbeitung, Schriftgutverwaltung und Archivierung sind hier als Prozesse zu nennen, die in allen Behörden der Landesverwaltung ablaufen und durch ein einheitliches System unterstützt werden sollen. Parallel zu den skizzierten Aktivitäten, die „[...] die elektronische Kommunikation und damit E-Government zum Alltag in der Landesverwaltung [...]"[200] machen, wurde der Auf- und Ausbau elektronischer Informationsangebote forciert.

Phase 2 führte die Verbesserung und Modernisierung der informations- *Phase 2 (2001)* technischen Infrastruktur und Verfahren fort. Im Abschlussbericht wird konstatiert, dass „[...] weitere wesentliche Teilziele des IT-Konzepts erreicht werden konnten und die Landesverwaltung Nordrhein-Westfalen auch weiterhin im Vergleich der Länder der Bundesrepublik Deutschland und darüber hinaus eine Spitzenposition bei der Einführung und Nutzung moderner Informations- und Kommunikationstechniken einnimmt."[201] Die in Box 35 gezeigten Schwerpunkte für diese Umsetzungsphase wurden, im Vergleich zu Phase 1, modifiziert und ausgeweitet.

Die Nutzung des Internets zur Kommunikation mit Bürgern und Wirtschaft bildete einen der Arbeitsschwerpunkte in Phase 2. Grundsätzlich soll die Landesverwaltung, ausgehend von der elektronischen Informationsbereitstellung, zukünftig transaktions- und integrationsorientierte Dienstleistungen für Bürger und Wirtschaft realisieren. Im Vordergrund steht dabei die Zielsetzung, Effizienz, Effektivität und Transparenz der Leistungserbringung kontinuierlich weiterzuentwickeln. Dies impliziert weitergehende Anforderungen an die Informationstechnologie, da E-Government nur erfolgreich sein könne, wenn „[...] die IT klar definierte Aufgaben erfüllt, die Altsysteme sukzessiv durch webbasierte Verfahren

---

[200] Kienbaum Management Consultants GmbH (Hrsg.): Einsatz der Informations- und Kommunikationstechnik in der Landesverwaltung Nordrhein-Westfalen: Schlussbericht zur Umsetzung der Phase 1. Düsseldorf: Innenministerium Nordrhein-Westfalen, 2001, S. 29.

[201] Kienbaum Management Consultants GmbH (Hrsg.): Einsatz der Informations- und Kommunikationstechnik in der Landesverwaltung Nordrhein-Westfalen: Schlussbericht zur Umsetzung der Phase 1. Düsseldorf: Innenministerium Nordrhein-Westfalen, 2001., S. 4.

und Browsertechnologien ersetzt werden, Datenschutz und Datensicherheit auf hohem Niveau gewährleistet sind und die funktional in optimierte Prozesse eingebundenen neuen Verfahren bedarfsgerecht bis zu 24 Stunden an sieben Tage in der Woche verfügbar sind."[202]

> ❏ Integration der Sondernetze in das Landesverwaltungsnetz
>
> ❏ Verstärkte Nutzung des Internets
>
> ❏ Verbesserte technische Voraussetzungen zur Ausweitung der Telearbeit
>
> ❏ Verbesserung bestehender und Bereitstellung neuer Grunddienste wie digitale Signatur und Sprachübertragung über ein Datennetz
>
> ❏ Bereitstellung und Nutzung neuer, insbesondere multimedialer Anwen-dungen
>
> ❏ Einheitliche Software für Vorgangsbearbeitung, Schriftgutverwaltung und Archivierung
>
> ❏ Technische und fachliche Weiterentwicklung ressortübergreifender IT-Verfahren
>
> ❏ Festlegung und Entwicklung weiterer ressortübergreifender IT-Verfahren
>
> ❏ Integration der bestehenden ressortübergreifenden Verfahren
>
> ❏ Vereinheitlichung der Benutzerschnittstelle (Browser)
>
> ❏ Verstärkte Nutzung der Netze für Softwareverteilung und -betreuung

---

[202] Kienbaum Management Consultants GmbH (Hrsg.): Einsatz der Informations- und Kommunikationstechnik in der Landesverwaltung Nordrhein-Westfalen: Schlussbericht zur Umsetzung der Phase 1. Düsseldorf: Innenministerium Nordrhein-Westfalen, 2001., S. 19.

> ❑ Bereitstellung neuer Informationsangebote
>
> ❑ Erschließung bestehender konventioneller Datenbanken durch einheitliche Browsertechnologie

Box 35: Schwerpunkte Phase 2 im IT-Konzept Nordrhein-Westfalen[203]

Zur Forcierung des E-Government wurden nach dedizierten Kriterien, wie etwa Internet-basierte Kommunikation, Einsatz elektronischer Signaturen oder Transaktionsorientierung, insgesamt zehn Leitprojekte festgelegt. Die Hauptzielsetzung bestand in der Identifikation der Nutzung des Internets als Kommunikationsmittel mit externen Partnern in Projekten sowie die Beschleunigung und Ausdehnung von deren Praxiswirksamkeit. Das Hauptaugenmerk lag dabei auf technologischen Lösungsansätzen, organisatorische Aspekte waren nur sekundär Gegenstand der Betrachtung. Die Leitprojekte dienen der Identifikation von relevanten Herausforderungen, wie z. B. sicherheitstechnischer Anforderungen oder Anpassung rechtlicher Rahmenbedingungen, und der Prüfung von Lösungsmöglichkeiten.[204]

Leitprojekte E-Government

---

[203] Vgl. Kienbaum Management Consultants GmbH (Hrsg.): Einsatz der Informations- und Kommunikationstechnik in der Landesverwaltung Nordrhein-Westfalen: Schlussbericht zur Umsetzung der Phase 1. Düsseldorf: Innenministerium Nordrhein-Westfalen, 2001, S. 7-8.

[204] Vgl. Kienbaum Management Consultants GmbH (Hrsg.): Einsatz der Informations- und Kommunikationstechnik in der Landesverwaltung Nordrhein-Westfalen: Schlussbericht zur Umsetzung der Phase 2. Düsseldorf: Innenministerium Nordrhein-Westfalen, 2001., S. 18-21.

> ❑   FinMail
>
> ❑   ELSTER
>
> ❑   EP@ - Electronic Procurement
>
> ❑   Auskunftssystem Handelsregister
>
> ❑   Elektronische Handelsregisteranmeldung
>
> ❑   Elektronische Grundbuchführung
>
> ❑   ER AGM – Automatisiertes gerichtliches Mahnverfahren
>
> ❑   ELAN – Elektronische Antragsstellung für Fördermittel
>
> ❑   EFI – Lehrereinstellung Online
>
> ❑   Bürgerportal Arbeitsschutz

Box 36: Leitprojekte E-Government in Nordrhein-Westfalen[205]

Status Quo des E-Government in NRW — Der Schwerpunkt des E-Government wird von der Landesverwaltung Nordrhein Westfalen in der verbesserten Kommunikation mit ihren Bürgern und der Wirtschaft gesehen. Das aktuelle Angebot wird dabei in Informations- Kommunikations- und Transaktionsdienste segmentiert. Grundlage bildet der Einsatz der IuK innerhalb der Landesverwaltung, darüber hinaus sei eine „[...] damit verbundene Neugestaltung interner Verwaltungsprozesse [...] für einen erfolgreichen Einsatz von E-Government unverzichtbar."[206] Angebote werden insbesondere in den Bereichen Information und Kommunikation offeriert. So bietet das einheitliche Portal www.nrw.de u.a. Strukturdaten des Landes, Informationen über die Aufgaben der Landesregierung oder Gesetze und Verordnungen und kann als Einstiegspunkt zum Informationsangebot der Behörden und Einrichtungen in NRW dienen. E-Mail-Dienste, Chats und File-Transfer sind Beispiele für die angebotenen Kommunikationsfunktionen. Auch im Bereich der Transaktionsdienste wurden von der Landesverwaltung trotz rechtlicher, technischer und wirtschaftlicher Hemmnisse entsprechende Verfahren realisiert. Exemplarisch seien hier die Online-Versorgungsauskunft, die Online-Antragsstellung im Bereich des Schwerbehindertengesetzes oder das Bildungsportal genannt. Die zehn Leitprojekte sollen dar-

---

[205]   Vgl. Kienbaum Management Consultants GmbH (Hrsg.): Einsatz der Informations- und Kommunikationstechnik in der Landesverwaltung Nordrhein-Westfalen: Schlussbericht zur Umsetzung der Phase 2. Düsseldorf: Innenministerium Nordrhein-Westfalen, 2001., S. 19-20.

[206]   Innenministerium Nordrhein-Westfalen (Hrsg.): E-Government in der Landesverwaltung Nordrhein-Westfalen: Sachstandsbericht. Düsseldorf: Innenministerium Nordrhein-Westfalen, 2001, S. 2.

über hinaus wesentlich zur Forcierung der Bereitstellung „echter" E-Government-Dienste beitragen.[207]

7.1.12 Rheinland-Pfalz

Grundlage für die am 01.01.2000 in Rheinland-Pfalz in Kraft getretene Verwaltungsmodernisierung bildet das Gesetz zur Reform und Neuorganisation der Landesverwaltung vom 12.10.1999. Die hier definierte, grundlegende organisatorische Neustrukturierung der Landesverwaltung beinhaltete die Auflösung der drei regionalen Bezirksregierungen, die mit den Genehmigungs- und Strukturdirektionen, der Aufsichts- und Dienstleistungsdirektion und dem Landesuntersuchungsamt zu einer neuen Mittelinstanz mit landesweiten Aufgaben zusammengeführt wurden. [208] Der Einsatz moderner IuK ist für die Landesregierung Rheinland-Pfalz untrennbar mit dieser Restrukturierung der Behörden verbunden. Es wird konstatiert, dass die Reform nur durch ein umfassendes IuK-Konzept ermöglicht wird, „[...]das schon im Reformgesetz vorgegeben ist: danach sollen alle internen Abläufe auf standortübergreifendes, vernetztes Online-Arbeiten ausgelegt werden."[209] Die Basis bildet dabei das integrierte Verwaltungs-, Bildungs- und Wirtschaftsnetz des Landes (rlp-Netz), das seit 1996 kontinuierlich ausgebaut wurde.

IuK als Enabler für die Restrukturierung der Landesverwaltung Rheinland-Pfalz

Die Weiterentwicklung des rlp-Netz ist eines der Aktionsfelder des Leitbilds Multimedia, das die Landesregierung 1998 beschlossen und am 13. Juni 2000 fortgeschrieben hat. Es dient als Orientierung für die ressortübergreifende Multimedia-Politik der Landesregierung, definiert werden sieben Schwerpunktbereiche:

Medienpolitik und Leitbild Multimedia

---

[207] Vgl. Innenministerium Nordrhein-Westfalen (Hrsg.): E-Government in der Landesverwaltung Nordrhein-Westfalen: Sachstandsbericht. Düsseldorf: Innenministerium Nordrhein-Westfalen, 2001, S.3-9.

[208] Vgl. Büllesbach, Rudolf; Schulte, Gregor: Rheinland-Pfalz 24: die eGovernment-Initiative der Landesregierung (Multimediaforum am 11. April 2002 im ZDF-Konferenzzentrum). Mainz: Staatskanzlei Rheinland Pfalz, 2002. – URL <http://www.rlp-inform.rlp.de/site2k/navigation5.html?Aktiv=5>, online 22.08.2002., S. 23.

[209] Zuber, Walter: Eröffnungsreferat „eGovernment – Motor der Wissensgesellschaft" des Minister des Innern und für Sport, Staatsminister Walter Zuber, zum eGovernment-Forum „rheinland-pfalz 24" am 11. April 2002 im ZDF-Konferenzzentrum in Mainz. – Manuskriptfassung, S. 14.

> ❑   **rlp Netz** – Baustein für die vernetzte Kommunikation
>
> ❑   **Verwaltung 24** – Instrumente für die moderne Verwaltung
>
> ❑   **Medienkompetenz** – Schlüsselqualifikation für die Zukunft
>
> ❑   **E-Business** – Motor für Arbeitsplätze und den Wirtschafts-
>   standort
>
> ❑   **Digital Media** – Basis für die Konvergenz der Medien
>
> ❑   **Kooperationen und Partnerschaften** – Gemeinsame Strate-
>   gien für die Zukunft
>
> ❑   **Internet für alle** – Neue Qualität für Information und Zukunft

Box 37: Aktionsfelder im Leitbild Multimedia

rlp-inform Die Projekte als konkrete Umsetzung der Multimedia-Politik werden in der Initiative rlp-inform gebündelt. „Als Informationsdrehscheibe vermittelt rlp-inform Kontakte zwischen Politik, Unternehmen, Verwaltungen, Interessensverbänden, Bildungs- und Forschungseinrichtungen. Die Kommunikation und der Austausch zwischen den Akteuren im Multimediabereich wird organisiert und so werden wichtige Impulse für neue Ideen und Initiativen im Land gegeben."[210] Die Zielsetzung der Initiative besteht dabei in der Profilierung des Medienstandorts Rheinland-Pfalz und der Nutzung der neuen Technologien für die Landesentwicklung. Insgesamt wurden für die Multimedia-Aktivitäten der Landesregierung in den Jahren 2000-2001 ca. 151 Mio. € aufgewendet, die Fortschreibung erfolgt mit einem jährlichen Ansatz von ca. 51 Mio. €. In den Jahren 2002-2003 fokussiert rlp-inform die folgenden Schwerpunkte und Zielsetzungen.

---

[210] Geschäftsstelle rlp-inform (Hrsg.): Zukunft entwickeln – Die Multimediainitiative der Landesregierung. – URL <http://www.rlp-inform.rlp.de/site2k/navigation5.html5>, online 22.08.2002.

❑ **Online-Offensive „connect":** Weiterentwicklung des E-Business zur Stärkung der rheinland-pfälzischen Wirtschaft

❑ **E-Government-Initiative "Rheinland-Pfalz 24":** Ausbau der Bürgerservices und Verbesserung der Schnittstellen zur Wirtschaft

❑ **Bildungs- und Qualifikationsoffensive "Internet lernen - Wir tun´s":** Stärkung der Medienkompetenz im Bereich der Schu-len und Hochschulen

❑ **Aktionsprogramm "Internet für alle":** Erhöhung des Internet-Durchdringungsgrades

❑ **Standortinitiative:** Entwicklung des Medienstandorts Rheinland-Pfalz

Box 38: Schwerpunkte 2002/2003[211]

Die neue E-Government-Initiative der Landesregierung, „Rheinland-Pfalz 24", wurde im März 2002 im Rahmen der CeBit als einer der Schwerpunkte für die Jahre 2002/2003 vorgestellt. Zielsetzung ist es einerseits, den Bürgern rund um die Uhr zur Verfügung zu stehen, darüber hinaus sollen alle Routine-Auskünfte und in besonderen Verfahren auch standardisierte Genehmigungen automatisiert erteilt werden. Als Resultat wird eine Steigerung der Services für die Bürger, ein Mehrwert für die Wirtschaft und eine Weiterentwicklung der Verwaltung erhofft.[212]   *Rheinland Pfalz 24*

Eine generelle Strukturierung der Multimedia-Aktivitäten der Landesregierung erfolgt im Aktionsplan Multimedia, der insgesamt 67 Projekte den jeweiligen Aktionsfeldern des Leitbildes zuordnet. Enthalten sind sowohl Aktivitäten, die sich mit spezifischen Anwendungsfeldern der IuK beschäftigen, wie auch solche, die im Sinne der E-Governance Rahmenbedingungen für den Einsatz der neuen Technologien schaffen sollen. Abbildung 34 gibt exemplarisch einen Überblick über Projekte des Aktionsplans, gegliedert nach Zielgruppen und Gegenstandsbereich.   *Aktionsplan Multimedia*

---

[211] Geschäftsstelle rlp-inform (Hrsg.): Zukunft entwickeln – Die Multimediainitiative der Landesregierung. – URL <http://www.rlp-inform.rlp.de/site2k/navigation5.html5>, online 22.08.2002.

[212] Vgl. Zuber, Walter: Eröffnungsreferat „eGovernment – Motor der Wissensgesellschaft" des Minister des Innern und für Sport, Staatsminister Walter Zuber, zum eGovernment-Forum „rheinland-pfalz 24" am 11. April 2002 im ZDF-Konferenzzentrum in Mainz. – Manuskriptfassung, S. 17.

	G2G	G2C	G2B
IuK-Einsatz	•Intranet für Landesbehörden (Leitbild: rlp-Netz) •Gesetzestexte online (Leitbild: Verwaltung 24) •Elektronisches Grundbuch (Leitbild: Verwaltung 24) •Elektronische Vorgangsbearbeitung (Leitbild: Verwaltung 24)	•Geographische Informationssysteme (Leitbild: Verwaltung 24) •Virtueller Campus (Leitbild: Medienkompetenz) • rlponline – Service für die Bürgerinnen und Bürger im Internet (Leitbild: Internet für alle)	•Geographische Informationssysteme (Leitbild: Verwaltung 24) •Elektronisches Grundbuch (Leitbild: Verwaltung 24) •Vermittlungs -Netzwerk für IT - Fachkräfte, Clearingstelle (Leitbild: e -Business)
Rahmenfaktoren	•Lehreraus - und Fortbildung (Leitbild: Medienkompetenz)	•Medieneinsatz in den Schulen (Leitbild: Medienkompetenz) •Internet -Café: Lokal -Global – Jugendarbeit und neue Medien (Leitbild: Internet für alle) •Das vernetzte Dorf (BIR inform – Pilotdorf Oberhambach) (Leitbild: Internet für alle)	•Berufliche Qualifizierung, Aus - und Weiterbildung (Leitbild: Medienkompetenz) •Electronic Commerce (Leitbild: e -Business) •Multimedia in Planungs - und Produktionsprozessen (Leitbild: e -Business)

Abbildung 34: Projekte in Rheinland-Pfalz[213]

7.1.13 Saarland

Verwaltungsreform in der Landesverwaltung des Saarlands

Die Verwaltungsmodernisierung in der saarländischen Landesverwaltung wird vor dem Hintergrund der angespannten finanziellen Lage, der neuen gesellschaftlichen Anforderungen, der Globalisierung der Wirtschaft und der Entwicklung der IuK vorangetrieben. Eine moderne und leistungsfähige Verwaltung stellt dabei für die Landesregierung einen entscheidenden Standortfaktor dar. Dementsprechend besteht, gemäß der Regierungserklärung des Ministerpräsidenten Peter Müller vom 27. Oktober 1999, die zentrale Zielsetzung des Reformprozesses in der Weiterentwicklung der gesamten Landesverwaltung zu einem Dienstleistungsunternehmen. Die Koordination obliegt der Steuerungsgruppe „Modernisierung der Landesverwaltung" auf Staatssekretärsebene unter Vorsitz des Chefs der Staatskanzlei. Die Einrichtung soll grundsätzlich dem Reformprozess einen Gesamtrahmen verschaffen, „[...] der die Orientierung an dem Ziel einer bürgernahen, wirtschaftsoffenen und flexiblen Verwaltung sicherstellt."[214]

Schwerpunkte der Verwaltungsreform

Die Modernisierungsaktivitäten der Landesregierung erstrecken sich dabei auf die in Box 39 gezeigten Schwerpunktbereiche. Insgesamt sind derzeit 66 Projekte in allen Ministerien zu den verschiedenen Bereichen in Bearbeitung oder bereits abgeschlossen. Die Durchführung einer Mitarbeiterbefragung (Staatskanzlei), die Einführung der Kosten- und Leistungsrechnung für geeignete Bereiche der Landesverwaltung (Ministeri-

---

[213] Vgl. Geschäftsstelle rlp-inform (Hrsg.): Aktionsplan Multimedia 1999-2001: Fortschreibung. Mainz: Geschäftsstelle rlp-inform, 2000, S. 21-84.

[214] Saarländische Staatskanzlei (Hrsg.): Verwaltungsmodernisierung. – URL <http://www.staatskanzlei.saarland.de/verwaltungsmodernisierung.html>, online 26.08.2002.

um für Finanzen und Bundesangelegenheiten) und der Abbau von Verwaltungsvorschriften und Standards (Staatskanzlei) sind Beispiele für die Vorhaben. Die initiierten Aktivitäten haben sowohl ressortübergreifenden als auch -spezifischen Charakter, Die ressortübergreifenden Aktivitäten werden jeweils von einem Ressort federführend betreut.

<table>
<tr><td>❑</td><td>Privatisierung: Konzentration auf Kernkompetenzen</td></tr>
<tr><td>❑</td><td>Deregulierung: Abbau unnötiger bürokratischer Hindernisse</td></tr>
<tr><td>❑</td><td>Neue Steuerung: Klare Darstellung und zielorientierte Steuerung von öffentlichen Leistungen, Kosten und Verantwortungsbereichen</td></tr>
<tr><td>❑</td><td>Informationstechnik: Nutzung des Innovationspotenzials der IuK für den Umgestaltungsprozess in der Landesverwaltung</td></tr>
<tr><td>❑</td><td>Personalmanagement: Neugestaltung der Personalführung</td></tr>
</table>

Box 39: Schwerpunktbereiche der Saarländischen Verwaltungsreform[215]

Der Einsatz der IuK stellt eine „[...] zentrale Frage in der Modernisierung der Landesverwaltung [...]"[216] dar. Das Projekt „Vernetzte Landesregierung" bildet die konkrete Umsetzung des Schwerpunktbereichs „Informationstechnik" und ist eines der Leitprojekte der umfassenden E-Business-Strategie, die Innovationsimpulse für die effiziente Gestaltung von Verwaltungsabläufen geben und Meilensteine zur Verwaltungsmodernisierung setzen sollen. Im Fokus liegen, neben der Modernisierung der Verwaltung, die Verbreitung von Informations- und Kommunikationstechnologien, neue Arbeits- und Bildungsformen sowie die Schaffung von Arbeitsplätze im IT- und Dienstleistungssektor. Einen Überblick über das „Szenario einer eBusiness-Landschaft im Saarland" gibt Abbildung 35.

Szenario einer eBusiness-Landschaft im Saarland

---

[215] Vgl. Saarländische Staatskanzlei (Hrsg.): Zwischenbericht zur Modernisierung der saarländischen Landesverwaltung. Saarbrücken: Saarländische Staatskanzlei, 2000, S. 4-6.

[216] Saarländische Staatskanzlei (Hrsg.): Zweiter Bericht zur Modernisierung der saarländischen Landesverwaltung. Saarbrücken: Saarländische Staatskanzlei, 2000, S. 3.

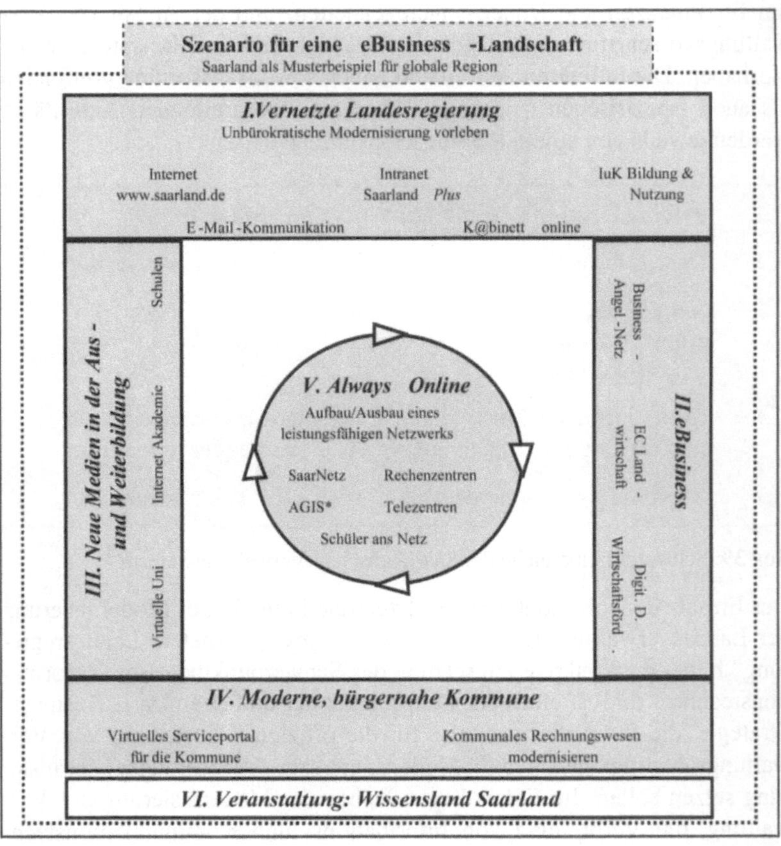

Abbildung 35: E-Business-Szenario Saarland

IT-Rahmenkonzept Der Einsatz der IuK wird als Mittel gesehen, die Verwaltung schneller, flexibler und bürgerfreundlicher zu gestalten. Um der IuK als „Taktgeber für die Verwaltungsmodernisierung im Saarland"[217] zukünftig ein stärkeres Gewicht zu geben, wurde ein IT-Rahmenkonzept erarbeitet, das Verwaltungsmodernisierung und IuK als eine Einheit versteht. Enthalten ist ein Maßnahmenkatalog mit 16 Handlungsfeldern, der die umfassende technische Modernisierung und Integration der IuK in den Geschäftsprozessen der Landesverwaltung forciert. Insgesamt lassen sich dabei drei Schwerpunktbereiche ableiten:

---

[217] Saarländische Staatskanzlei (Hrsg.): Szenario einer eBusiness-Landschaft im Saarland: Saarland als Musterbeispiel für eine globale Region. Saarbrücken: Saarländische Staatskanzlei, 2000, S. 2.

> ❑ **Ausbau, Optimierung und konsequente Nutzung von Netz-**
> **ressourcen:** Optimierung der Netz-Infrastruktur und effiziente
> Unterstützung ressort-übergreifender Geschäftsprozesse
>
> ❑ **Standardisierung und Modernisierung von Betriebs-,**
> **Büro- und Kommunikationssystemen:** Reduzierung der He-
> terogenität von Betriebs-systemen und Vielfalt von Pro-
> grammversionen durch Standardisierung
>
> ❑ **Verbesserte und integrierte IT-Unterstützung von Ge-**
> **schäftsprozessen in der Landesverwaltung:** Optimierung
> von Prozessen unter Gesichtspunkten der Wirtschaftlichkeit
> und rechtlicher Rahmenbedingungen

Box 40: Schwerpunkte im IT-Rahmenkonzept[218]

Darüber hinaus bilden das CIO-Lenkungsgremium und das IT-Innova- *IT-Innovations-*
tionszentrum (IT-I) Kernpunkte des IT-Rahmenkonzepts. Die Funktion *zentrum*
des „Chief Information Officers" (CIO) wird von der Staatssekretärsrunde
als Lenkungsgremium eingenommen. Das IT-I übernimmt als Einrichtung des Landes im Geschäftsbereich der Staatskanzlei die Funktion
eines IT-Dienstleisters. Die Aktivitäten umfassen Beratungs-, Planungs-
und -in begrenztem Umfang- auch Umsetzungsleistungen. Die Aufgaben-
schwerpunkte erstrecken sich auf insgesamt sechs Bereiche:

---

[218] Vgl. Saarländische Staatskanzlei (Hrsg.): Zweiter Bericht zur Modernisierung der saarländischen Landesverwaltung. Saarbrücken: Saarländische
Staatskanzlei, 2000, S. 37.

> ❑ Planung und Umsetzung eines „Corporate Network"
>
> ❑ Schulen ans Netz
>
> ❑ Optimierung und verbesserte IT-Unterstützung von Geschäfts-
> prozessen
>
> ❑ Einsatzmöglichkeiten und Voraussetzungen der elektronischen
> Signatur
>
> ❑ Elektronische Beschaffung
>
> ❑ Zentrale Softwareverteilung und Fernadministration

Box 41: Arbeitsschwerpunkte des IT-I[219]

Geschäftsprozessma- Gegenstand des Bereichs „Geschäftsprozesse" ist es dabei, Abläufe zu
nagement als Arbeits- optimieren, durch eine „passende" durchgängige und integrierte IuK-
schwerpunkt Unterstützung effizient zu gestalten und die Prozesse zwischen Bürger,
Wirtschaft und Verwaltung zu beschleunigen. In einem Untersuchungs-
projekt sollen daher für strategische Verwaltungsprozesse in Pilotberei-
chen Referenzmodelle und Ansätze für ein systematisches Geschäftsprozessmanagement in der Landesverwaltung konzipiert werden.

7.1.14 Sachsen

Verwaltungsmoderni- Die Verwaltungsmodernisierung in Sachsen wird vor dem Hintergrund
sierung in Sachsen der demographischen Entwicklungen im Freistaat, dem Auslaufen des
Solidarpakts im Jahre 2004 und den resultierenden finanziellen Konsequenzen sowie der Anforderungen an bürgerfreundliche Verwaltungsverfahren vorangetrieben.[220] Die Aktivitäten im Reformprozess erstrecken
sich dabei auf insgesamt sechs Handlungsfelder:

---

[219] Saarländische Staatskanzlei (Hrsg.): Zweiter Bericht zur Modernisierung der
saarländischen Landesverwaltung. Saarbrücken: Saarländische Staatskanzlei,
2000, S. 38-40.

[220] Vgl. Sächsisches Staatsministerium des Innern (Hrsg.): Verwaltungsreform:
Allgemeines. – URL <http://www.sachsen.de/de/bf/staatsregierung/ministe-
rien/smi/schwerpunkte/verwaltungsreform/index.html>,online 23.08.2002.

- ❑ Funktionalreform
- ❑ Privatisierung
- ❑ Deregulierung
- ❑ Controlling
- ❑ Hochschulentwicklungskommission
- ❑ Moderne Kommunikationstechnik

Box 42: Handlungsfelder der Verwaltungsreform in Sachsen[221]

Der Themenbereich „Prozessoptimierung" ist Bestandteil des Handlungs-felds „Controlling" der Verwaltungsreform. Die Staatsverwaltung konstatiert, dass „[...] die Verbesserung der Verwaltungsprozesse (Prozessoptimierung) einen beträchtlichen Einfluss auf die Wirksamkeit und Wirtschaftlichkeit des Verwaltungshandelns hat."[222] Die Prozessoptimierung wurde daher zum Gegenstand der Verwaltungsreform gemacht und fokussiert insgesamt drei Bereiche.

Prozessoptimierung als Handlungsfeld

- ❑ Definition der produktbezogenen Prozesse unter Einbezug der Prozess-beteiligten
- ❑ Prozessanalyse und -visualisierung
- ❑ Prozessbewertung, Ermittlung und Visualisierung des Soll-Prozesses auf der Basis des Know-how der Prozessbeteiligten

Box 43: Elemente der Prozessoptimierung in Sachsen

Zielgrößen der Prozessoptimierung sind die Verringerung der Durchlaufzeiten, Kostensenkungen, Effizienzsteigerungen und Qualitätsverbesserungen. Zugrundegelegt wird dabei, im Gegensatz zu der früheren, hierarchisch orientierten Funktionsperspektiven, eine produktorientierte Prozessperspektive. Um die Vorteile dieser neuen Sichtweise zu überprüfen, wurden beim Statistischen Landesamt drei Prozesse im Rahmen einer Vorstudie abgebildet und untersucht. Die Erfahrungen aus diesem Pilotprojekt führten dazu, dass die Methoden der Prozessoptimierung für die

Produktorientierte Prozessperspektive

---

[221] Vgl. Sächsisches Staatsministerium des Innern (Hrsg.): Aktivitäten auf dem Gebiet der Verwaltungsreform im Freistaat Sachsen: Sächsisches Staatsministerium des Innern, 2001, S. 2-11.

[222] Unterausschuss „Allgemeine Verwaltungsorganisation" des Arbeitskreises VI der Innenministerkonferenz (Hrsg.): Aktivitäten auf dem Gebiet der Staats- und Verwaltungsmodernisierung in den Ländern und beim Bund. Magdeburg: Ministerium des Innern des Landes Sachsen-Anhalt, 2002, S. 102.

Verbesserung von IT-Prozessen in allen sächsischen Landesbehörden eingesetzt werden sollen. Repräsentative, produktbezogene Abläufe, die IT-Produkte generieren, werden in einem ersten Schritt im Ist-Zustand erfasst und dienen als Basis für die Erstellung von Referenzmodellen. Diese werden durch die Definition adäquater Prozessmessgrößen ergänzt, die zur Einschätzung des quantitativen und qualitativen Personaleinsatzes für die optimierten IT-Prozesse dienen.[223]

Government Excellence Modell

Die Prozessorientierung ist auch im Handlungsfeld des Qualitätsmanagements ein wesentlicher Erfolgsfaktor. Es wird konstatiert, dass durch die Einführung des Neuen Steuerungsmodells zwar die Ergebnis-, nicht aber die Wirkungsorientierung forciert wurde. Traditionelle Handlungsfelder der Verwaltungsmodernisierung wie etwa Gebietsstruktur- oder Verwaltungsaufbaustrukturreform „[...] stehen vielfach vereinzelt neben den neuen Handlungsfeldern im Rahmen der Einführung betriebswirtschaftlicher Elemente."[224] Der Erfolg der Verwaltungsmodernisierung wird daher durch die Definition eines Ordnungsrahmens abgesichert, der die Handlungsfelder und deren Vernetzung aufzeigt. Einen solchen Rahmen stellt das in Abbildung 36 dargestellte „Government Excellence Modell" dar, das vom Sächsischen Staatsministerium des Innern gemeinsam mit dem REFA-Verband für Arbeitsentwicklung, Betriebsorganisation und Unternehmensentwicklung e.V. erarbeitet wurde.

---

[223] Vgl. Unterausschuss „Allgemeine Verwaltungsorganisation" des Arbeitskreises VI der Innenministerkonferenz (Hrsg.): Aktivitäten auf dem Gebiet der Staats- und Verwaltungsmodernisierung in den Ländern und beim Bund. Magdeburg: Ministerium des Innern des Landes Sachsen-Anhalt, 2002, S. 102-103.

[224] Unterausschuss „Allgemeine Verwaltungsorganisation" des Arbeitskreises VI der Innenministerkonferenz (Hrsg.): Aktivitäten auf dem Gebiet der Staats- und Verwaltungsmodernisierung in den Ländern und beim Bund. Magdeburg: Ministerium des Innern des Landes Sachsen-Anhalt, 2002, S. 103.

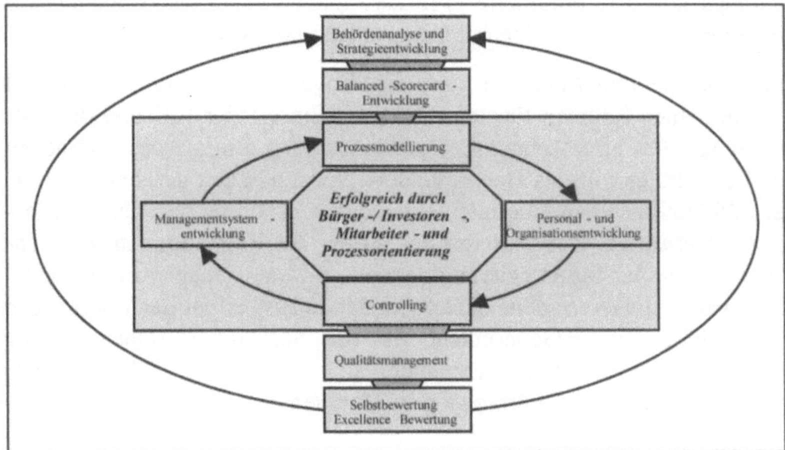

Abbildung 36: "Government Excellence Modell"

Die acht Module können gemäß der individuellen Vorgehensweise und *Prozessmanagement* deren Aufgaben und Prioritäten eingesetzt werden. Die in der Behördenanalyse und Strategieentwicklung definierten strategischen Ziele werden in der Balanced Scorecard umgesetzt. Dies geschieht in einem mehrstufigen Prozess, der, ausgehend von den Kriterien zur Zielerreichung, strategische Stossrichtungen definiert und – von strategischen über operativen Ziele – Maßnahmen bestimmt. Die Prozessmodellierung und -analyse quantifiziert und qualifiziert mittels Kennzahlen die Ziele und Maßnahmen. Basis bildet dabei ein Prozessmodell, das in Form eines Organisationshandbuchs dokumentiert ist und Ziele, Kennzahlen, Produkte und die zugehörigen Prozesse beinhaltet. Die Methoden erstrecken sich auf Prozesszeit-, Prozessschritt-, und Prozesswertanalyse, und unterstützen die Analyse der Ist-Prozesse wie auch die Erstellung von Referenzprozess-Modellen. Die Organisations- und Personalentwicklung basiert auf der funktionsorientierten Aufbau- und prozessorientierten Ablauforganisation. Das Controlling übernimmt schließlich die Steuerung der produktbezogenen Prozesse unter Verwendung relevanter Zeit-, Qualitäts- und Kostendaten. Die Daten sind in einem Managementinformationssystem zur Verfügung zu stellen. Qualitätsmanagement und Selbstbewertung sichern die kontinuierliche Überprüfung auf Schwachstellen und Bewertung der Organisation als Grundlage für die Weiterentwicklung. Insgesamt wird ein kontinuierlicher Verbesserungsprozess initiiert, der an den Kundenanforderungen ausgerichtet ist. Das Handlungsfeld des Qualitätsmanagement wird somit als ganzheitliches Managementsystem betrachtet. Zielsetzung ist die Steigerung der Kundenzufriedenheit unter Berücksichtigung der Verwaltungsziele. Die optimierten Prozesse dienen dabei als Grundlage für die Steuerung der Behörden mit Kennzahlen und Zielvereinbarungen.[225]

Weiterentwicklung des E-Government als Anforderung

Die Prozessoptimierung wie auch das Government Excellence Modell schaffen einen Rahmen für den effektiven Einsatz der IuK und die Entwicklung eines umfassenden E-Government. Der Einsatz des Internet in der Verwaltung wird als eine besondere Notwendigkeit gesehen, da Bürger und Unternehmen eine internetgerechte Gestaltung der Verwaltungsprozesse erwarten. Zur weiteren Forcierung des E-Government in Sachsen wird von der Staatsregierung derzeit ein Strategiepapier erarbeitet.[226] Konform zum Government Excellence Modell ist es bei der zukünftigen Entwicklung des E-Government für die Sächsische Staatsregierung grundsätzlich notwendig, zu erkennen, „[...] was morgen wichtig ist, daraus Ziele abzuleiten und Strategien in Aktionen umzusetzen."[227]

7.1.15 Sachsen-Anhalt

IuK als Antrieb für die Verwaltungsmodernisierung

Das Leitbild für die Modernisierung der Landesverwaltung Sachsen-Anhalt führt die Notwendigkeit zur Restrukturierung zunächst auf einen Strukturwandel in der Dienstleistungsgesellschaft zurück. Insbesondere die Entwicklung der IuK und die resultierenden Anforderungen der Bürger werden hier als ein zentraler Faktor gesehen, der Einfluss auf die Gestaltung des zukünftigen Verwaltungshandelns nimmt. Darüber hinaus sollen die Technologien dazu genutzt werden, Verwaltungsstrukturen und -abläufe zu straffen, innovative organisatorische Lösungen zu gestalten und somit entsprechende Einsparungspotenziale zu realisieren. Der Zwang zur Konsolidierung öffentlicher Haushalte, die demographische Entwicklung in Sachsen-Anhalt bis zum Jahre 2010 und die Notwendigkeit zur Schaffung einer flexiblen und effizienten Verwaltung als Standortfaktor im globalen Wettbewerb sind weitere Triebfedern für die Verwaltungsreform.[228]

---

[225] Vgl. Unterausschuss „Allgemeine Verwaltungsorganisation" des Arbeitskreises VI der Innenministerkonferenz (Hrsg.): Aktivitäten auf dem Gebiet der Staats- und Verwaltungsmodernisierung in den Ländern und beim Bund. Magdeburg: Ministerium des Innern des Landes Sachsen-Anhalt, 2002, S. 104.

[226] Vgl. Milbradt, Georg: Sachsen auf dem Weg zu einer führenden Region in der Mitte Europas: Regierungserklärung des Ministerpräsidenten des Freistaats Sachsen, Prof. Dr. Georg Milbradt, am 16. Mai 2002 im Landtag. – Manuskriptfassung, S. 19.

[227] o.V.: E-Government – wohin geht die Reise?. In: Sächsisches Staatsministerium des Innern (Hrsg.): SaxInform: Die Zeitung zur Verwaltungsreform. Dresden: Sächsisches Staatsministerium des Innern, Nr. 4, 2001, S. 2.

[228] Vgl. Staatskanzlei des Landes Sachsen-Anhalt (Hrsg.): Zukunft für Sachsen-Anhalt: Leitbild und Programm der Landesregierung. Magdeburg: Statistisches Landesamt Sachsen-Anhalt, 2000, S. 4-7.

Die Landesregierung formuliert für die Verwaltungsmodernisierung insgesamt vier Zielbereiche: *Ziele der Verwaltungsreform*

> ❑ Steigerung der Bürgerfreundlichkeit und Kundenorientierung
>
> ❑ Schaffung leistungsstarker und kostengünstiger Verwaltungsstrukturen
>
> ❑ Schaffung eines neuen Verwaltungsverständnis
>
> ❑ Schaffung einer neuen Verantwortungsteilung

Box 44: Ziele der Verwaltungsreform in Sachsen-Anhalt

Die Gestaltung neuer Verwaltungsprozesse wird zunächst durch die Zielsetzung der Kundenorientierung konkretisiert. Schnelle, transparente und flexible Verfahren sollen zum Dienstleistungscharakter der Verwaltung beitragen. Die IuK ermöglichen dabei eine stärkere vertikale und horizontale Vernetzung der verschiedenen Verwaltungen. Dies schafft die Voraussetzung dafür, dass die Gemeinden, Landkreise und kreisfreien Städte den Bürgern als Ansprechpartner für alle Verwaltungsangelegenheiten zur Verfügung stehen, „[...] unabhängig davon, ob sie in Kommunal-, Landes- oder Bundesangelegenheiten Hilfe brauchen."[229]. Prozessoptimierung soll auch die Schaffung leistungsstarker und kostengünstiger Verwaltungsstrukturen begünstigen. Die Zielsetzung besteht hier in der Vereinfachung von Verfahrensabläufen etwa durch Reduktion von Redundanzen oder unsachgemäßen Verflechtungen. Als Voraussetzung für die Wandlung zum schnellen und flexiblen Dienstleister wird das entsprechende Agieren der Mitarbeiter gesehen. Personalentwicklungsmaßnahmen zur Sicherstellung der notwendigen Schlüsselqualifikation sollen die Einführung der neuen Verwaltungsstrukturen und somit die Steigerung der Kundenfreundlichkeit unterstützen. *Prozessoptimierung*

Zur Erreichung der genannten Zielsetzungen konzentriert sich die Landesverwaltung auf die folgenden Schwerpunktmaßnahmen: *Schwerpunkte*

---

[229] Vgl. Staatskanzlei des Landes Sachsen-Anhalt (Hrsg.): Zukunft für Sachsen-Anhalt: Leitbild und Programm der Landesregierung. Magdeburg: Statistisches Landesamt Sachsen-Anhalt, 2000, S. 7.

❑   Aufgabenkritik

❑   Strukturveränderungen

❑   Modernes Personalmanagement

❑   Neue Wege für mehr Chancengleichheit von Frauen und
    Männern

❑   Einführung betriebswirtschaftlicher Steuerungsinstrumente

❑   Optimierung des Einsatzes moderner Informationstechnologie

❑   Initiativen auf Bundesebene

❑   Beteiligung von Beschäftigten und Personalräten

Box 45: Schwerpunkte des Modernisierungsprozesses in Sachsen-Anhalt[230]

Im Rahmen der Optimierung moderner Informationstechnologie soll ein übergreifendes Zielsystem, eine Neugestaltung der IuK- Kompetenzen und die IuK-Koordination zur Steigerung des Anwendungsnutzens der neuen Medien in der Landesverwaltung realisiert werden. Der Aufbau einer internen Leistungsverrechnung bildet einen weiteren Schwerpunkt.

Grundlage für die IuK-bezogenen Aktivitäten ist das „Leitbild der Landesregierung für den IT-Einsatz in der Landesverwaltung (IT-Leitbild)". Hier werden in vier Schwerpunktbereichen verschiedene Richtlinien angegeben, die Hinweise zur Nutzung der IuK geben sollen:

---

[230]   Vgl. Staatskanzlei des Landes Sachsen-Anhalt (Hrsg.): Zukunft für Sachsen-Anhalt: Leitbild und Programm der Landesregierung. Magdeburg: Statistisches Landesamt Sachsen-Anhalt, 2000, S. 10-17.

> ❏ **Möglichkeiten nutzen:** IuK als Treiber für Innovationen im Verwaltungshandeln sowie bei der Unterstützung gerichtlicher und staatsanwaltschaftlicher Verfahren
>
> ❏ **Leistung bieten und Werte schöpfen:** Unterstützung der Verwaltungsrationalisierung durch Schaffung von Datenverbünden und Zugang zu Informationen
>
> ❏ **Innovativ und produktiv gestalten:** Förderung produktiver, effektiver und innovativer Organisation
>
> ❏ **Standards vorgeben und Handlungsräume erhalten:** Schaffung eines landesweit einheitlichen Rahmens für den IuK-Einsatz

Box 46: Aspekte des IT-Leitbilds Sachsen-Anhalt

Aspekte der Prozessoptimierung sind Gegenstand des ersten Bereichs. Demzufolge werden die Verwaltungsprozesse „[...] mit den Möglichkeiten durchgehender Nutzung der Informationstechnik überarbeitet und fortwährend angepasst."[231]

7.1.16 Schleswig-Holstein

Die Zielsetzung der Verwaltungsmodernisierung in Schleswig-Holstein bestand zunächst in der Schaffung einer kunden- und mitarbeiterorientierten Verwaltung sowie der Entwicklung einer schnellen, flexiblen, kostengünstigen und qualitativ hochwertigen Leistungserstellung. Zur Zielerreichung wurde ein sequentielles, projektorientiertes Vorgehen in ausgewählten Bereichen gewählt, das Erkenntnisse und Best Practices für eine spätere Übertragung auf andere Verwaltungsteile generieren sollte. Das Leitbild „Wir arbeiten für Schleswig-Holstein", das unter Einbeziehung der Mitarbeiterschaft in der ersten Phase des Reformprozesses erstellt wurde, bildet den Bezugsrahmen für den Modernisierungsprozess. Fokussiert werden dabei insgesamt vier zentrale Modernisierungsansätze:[232]

Verwaltungsmodernisierung in Schleswig-Holstein

---

[231] Staatskanzlei des Landes Sachsen-Anhalt (Hrsg.): Zukunft für Sachsen-Anhalt: Leitbild und Programm der Landesregierung. Magdeburg: Statistisches Landesamt Sachsen-Anhalt, 2000, S. 34.

[232] Vgl. Staatskanzlei Schleswig-Holstein (Hrsg.): Moderne Verwaltung in Schleswig-Holstein - ein Überblick. – URL <http://landesregierung.schleswigholstein.de/coremedia/generator/Aktueller_20Bestand/StK/Information/Moderne_20Verwaltung_C3_9Cberblick.html>, online 29.08.2002.

❑   Realisierung einer Aufgabenanalyse und Aufgabenkritik

❑   Schaffung effizienter Organisationsstrukturen

❑   Realisierung eines modernen Personalmanagement

❑   Realisierung neuer Steuerungsformen

Box 47: Schwerpunkte der Verwaltungsreform in Schleswig-Holstein

Dezentrale Reformak-
tivitäten
Der „Roll-Out" der Ergebnisse erfolgte dann in einer zweiten Phase. Hier wurde ganz bewusst ein ganzheitlicher Ansatz gewählt, der die Reformmaßnahmen auf die gesamte Landesverwaltung ausdehnen sollte. Leitprojekte, die in dieser Phase entwickelt wurden, sind u.a. die Kosten- und Leistungsrechnung und die Personalentwicklung. Derzeit ist erkennbar, dass die Verwaltungsmodernisierung sich zu einem dezentral verlagernden Prozess hin entwickelt. Dies entspricht der von der Landesregierung festgelegten strategischen Zielsetzung einer ganzheitlich ausgerichteten lernenden Organisation.[233]

IuK als Werkzeug der
Kundenorientierung
Eine koordinierende und unterstützende Funktion nimmt die Staatskanzlei ein. Im Sinne eines „Inhouse Consulting" steht ein eigens gegründetes Referat zur Verfügung, das die einzelnen Ressorts mit dem bisher entwickelten Know-how in Modernisierungsaktivitäten begleitet. Insgesamt wird allerdings konstatiert, dass aufgrund der großen Bandbreite der Projekte vermehrt Probleme auftreten, übergreifende Ziele zu definieren und eine Verknüpfung zu einem ganzheitlichen Ansatz zu realisieren. „Eine strategische Verknüpfung aller Modernisierungsprojekte bereitet angesichts der Unterschiedlichkeit der Einzelprojekte Schwierigkeiten. Hier kann alleine durch die Deklarierung als Modernisierungsprojekt die Einbindung in den Gesamtprozess plakativ verdeutlicht werden."[234] Gerade die Integration der Verbesserungsaktivitäten ist allerdings wichtig für die Erreichung des Ziels, Dienstleistungen in hoher Qualität zu erbringen. Den Maßstab dafür bilden die Anforderungen und Bedürfnisse der Bürger, weshalb derzeit eine Ausrichtung des Reformprozesses in der Landesverwaltung an den Kunden der Verwaltung zu verzeichnen ist. Die

---

[233] Vgl. Unterausschuss „Allgemeine Verwaltungsorganisation" des Arbeitskreises VI der Innenministerkonferenz (Hrsg.): Aktivitäten auf dem Gebiet der Staats- und Verwaltungsmodernisierung in den Ländern und beim Bund. Magdeburg: Ministerium des Innern des Landes Sachsen-Anhalt, 2002, S. 114.

[234] Staatskanzlei Schleswig-Holstein (Hrsg.): 2. Geschäftsbericht der Staatskanzlei und der Ressorts zur Verwaltungsmodernisierung. Kiel: Staatskanzlei Schleswig-Holstein, 2001, S. 10.

Landesregierung misst den IuK-gestützten Verfahren dabei eine immer stärkere Bedeutung zu und unterstützt deren Einsatz nachhaltig.[235]

Generell wird die IuK als „Katalysator" für die Verwaltungsreform in Schleswig-Holstein gesehen, wobei die Analyse der zu unterstützenden Verwaltungsprozesse die Basis für den Einsatz der Technologie bildet. Insbesondere die Möglichkeiten, die eine Internetstrategie eröffnet, sollen weitaus stärker zu Veränderungen in den Organisationsstrukturen beitragen, als dies im bisherigen Reformprozess zu verzeichnen war. In der Einschätzung der Ressorts ist die Nutzung der IuK für die Prozessgestaltung und vor allem zur Bereitstellung bürgernaher Verwaltungsleistungen von strategischer Bedeutung.[236] Die verschiedenen Aspekte für den Einsatz der IuK werden im Rahmen des Gesamtprojekts „Landessystemkonzept (LSK-SH)" dargelegt. *Einsatz der IuK*

> ❏ Verbesserung der Kommunikationsfähigkeit und des IuK-Ausstattungsgrades
>
> ❏ Vereinheitlichung der Bürokommunikationsprodukte
>
> ❏ Zentralisierung der Administation
>
> ❏ Vereinheitlichung der Techniken und Werkzeuge
>
> ❏ Verbesserung der Informationsangebote
>
> ❏ Schaffung der organisatorischen, fachlichen und personellen Rahmenbedingungen

Box 48: Aspekte der IuK in der Landesverwaltung Schleswig-Holstein[237]

Den Schwerpunkt für die Landesregierung Schleswig Holstein bildet der verstärkte Ausbau der Internet-Technologie in der Landesverwaltung zur Schaffung des direkten Bürgerkontakts. Eine eigens eingerichtete Projektgruppe prüft daher die Eignung der verschiedenen Verwaltungsvor- *Projekte*

---

[235] Vgl. Unterausschuss „Allgemeine Verwaltungsorganisation" des Arbeitskreises VI der Innenministerkonferenz (Hrsg.): Aktivitäten auf dem Gebiet der Staats- und Verwaltungsmodernisierung in den Ländern und beim Bund. Magdeburg: Ministerium des Innern des Landes Sachsen-Anhalt, 2002, S. 114.

[236] Vgl. Staatskanzlei Schleswig-Holstein (Hrsg.): 2. Geschäftsbericht der Staatskanzlei und der Ressorts zur Verwaltungsmodernisierung. Kiel: Staatskanzlei Schleswig-Holstein, 2001, S. 7.

[237] Vgl. Unterausschuss „Allgemeine Verwaltungsorganisation" des Arbeitskreises VI der Innenministerkonferenz (Hrsg.): Aktivitäten auf dem Gebiet der Staats- und Verwaltungsmodernisierung in den Ländern und beim Bund. Magdeburg: Ministerium des Innern des Landes Sachsen-Anhalt, 2002, S. 118.

gänge für eine Bearbeitung via Internet.[238] Box 49 zeigt exemplarisch einige der IuK-Projekte in den Ressorts:

❑   Projekt „Internet Strategie" (STK)

❑   Neuer Internet-Auftritt der Landesregierung (STK)

❑   Einführung des elektronischen Grundbuchs (MFJ)

❑   Elektronisches Mahnregister (MFJ)

❑   Prozessorientiertes IT-Anfragen- und Wissensmanagement (ITNet)

❑   Wissens- Ideen- und Dokumentationsmanagement – WisDoM (IM)

❑   Natur- und Umweltinformationssystem – NUIS (MUNF)

❑   ELSTER (MFE)

❑   Leitbildprojekt virtuelles Amt für ländliche Räume (MLR)

Box 49: IuK-Projekte in der Landesverwaltung Schleswig-Holstein[239]

Verschiedene Projekte der Landesregierungen aus den Bereichen E-Learning, E-Government, Netze und Standards sowie Datenschutz wurden im Rahmen der CeBit 2002 vorgestellt um die „[...] herausragende Position in der Anwendung moderner IT-gestützter Verfahren [...]"[240] zu demonstrieren.

7.1.17 Thüringen

Ziele der Verwaltungsreform in Thüringen

Die Verwaltungsreform in Thüringen zielt auf die permanente Anpassung der Landesverwaltung an neue Rahmenbedingungen und Anforderungen ab. Ermöglicht wird dies durch eine fortlaufende Überprüfung der Verwaltungsaufgaben, -strukturen und -prozesse. Die Zielsetzungen der Modernisierungsbestrebungen gliedern sich im wesentlichen in sechs Bereiche:

---

[238]   Vgl. Hildebrand, Gerhard; Nilges, Anne: Zwischenbilanz zur Verwaltungsreform: Schleswig-Holstein an der Spitze der Bewegung. Kiel: Pressestelle der Landesregierung Schleswig-Holstein, 2001, S. 1.

[239]   Vgl. Staatskanzlei Schleswig-Holstein (Hrsg.): 2. Geschäftsbericht der Staatskanzlei und der Ressorts zur Verwaltungsmodernisierung: Projekte – Innovative und bürgernahe Verwaltung. Kiel: Staatskanzlei Schleswig-Holstein, 2001, S. 1-3.

[240]   Staatskanzlei Schleswig-Holstein (Hrsg.): 2. Geschäftsbericht der Staatskanzlei und der Ressorts zur Verwaltungsmodernisierung. Kiel: Staatskanzlei Schleswig-Holstein, 2001, S. 21.

> ❑ Überprüfung des öffentlichen Leistungskatalogs und Regelungsbestands
>
> ❑ Verbesserung der Bürger- und Kundenorientierung
>
> ❑ Erhöhung der Transparenz und Vereinfachung der Verwaltungsverfahren
>
> ❑ Steigerung der Wirtschaftlichkeit des Verwaltungshandelns
>
> ❑ Sicherung der Motivation der Beschäftigten
>
> ❑ Konsequente Nutzung der neuen Informationstechnologien

Box 50: Ziele der Verwaltungsmodernisierung in Thüringen[241]

Wesentlich für die Erreichung dieser Ziele ist die Betrachtung der Reformaktivitäten als ganzheitlicher Prozess. Die Thüringer Landesregierung richtet diese Sichtweise auf verschiedene Handlungsebenen einerseits und Handlungsfelder andererseits. Die Ebenen umfassen dabei staatliche und kommunale Verwaltungen. Die Felder beziehen sich auf die Privatisierung und Deregulierung, die Funktional- und Strukturreform sowie die Optimierung der verwaltungsinternen Strukturen und Prozesse. Zur Absicherung des Erfolgs der Reform müssen die verschiedenen Handlungsebenen ihre Aktivitäten aufeinander abstimmen. Die Bearbeitung der Handlungsfelder muss ebenso koordiniert ablaufen, wobei alle Aktivitäten auf die gemeinsame Erreichung eines übergeordneten Ziels ausgerichtet werden. Insgesamt unterscheidet die Landesregierung Thüringen vier Schwerpunktbereiche:

Schwerpunkte der Verwaltungsreform in Thüringen

---

[241] Vgl. Unterausschuss „Allgemeine Verwaltungsorganisation" des Arbeitskreises VI der Innenministerkonferenz (Hrsg.): Aktivitäten auf dem Gebiet der Staats- und Verwaltungsmodernisierung in den Ländern und beim Bund. Magdeburg: Ministerium des Innern des Landes Sachsen-Anhalt, 2002, S. 120.

146

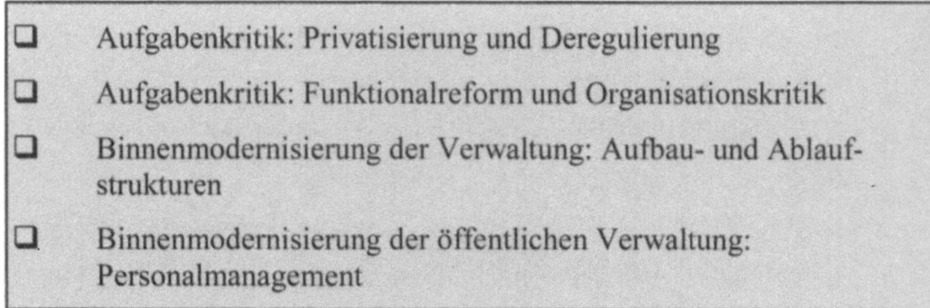

Box 51: Schwerpunktbereiche der Verwaltungsreform in Thüringen[242]

Kennzahlensysteme als Grundlage der Prozessoptimierung Im Rahmen der Binnenmodernisierung bildet die Prozessoptimierung ein explizites Handlungsfeld. Der Fokus wird hier insbesondere auf Steuerungssysteme gelegt, die Aktivitäten einzelner Leistungseinheiten auf dedizierte Ziele hin ausrichten und einen Soll-Ist-Vergleich für die Bestimmung des Zielerreichungsgrads ermöglichen. Es soll damit die Schaffung einer Kosten- und Ergebnistransparenz sowie eine Erhöhung der Outputorientierung erreicht werden. Ausgangspunkt sind dabei die Produkte der einzelnen Verwaltungseinheiten, für die quantitative und qualitative Messgrößen festgelegt werden. Die Bestimmung der Zielerreichung unter Berücksichtigung des Ressourceneinsatzes ermöglicht den Führungskräften die Steuerung des Verwaltungshandelns. Die Ergebnisse der Qualitätsmessungen dienen außerdem als Grundlage für die Initiierung eines kontinuierlichen Verbesserungsprozesses, der alle Verwaltungsstrukturen und -prozesse betrifft. Die Erhebung der Kennzahlen in Verbindung mit einem strukturierten Qualitätsmanagement ermöglicht weiterhin den Vergleich der Leistungsfähigkeit verschiedener Verwaltungseinheiten in Form eines systematischen Benchmarking.[243]

IuK-Einsatz in der Landesverwaltung Das zweite Handlungsfeld der Binnenmodernisierung ist der Einsatz der IuK in der Thüringer Landesverwaltung. Es wird konstatiert, dass die Technologie zum einen zur Erleichterung und Beschleunigung des Verwaltungshandelns beiträgt, zum anderen aber auch zu einer grundlegenden Veränderung der traditionellen Aufbau- und Ablaufstrukturen führt. Dementsprechend resultiert für die Landesregierung die Aufgabe, einen gestaltenden Einfluss auf diese Entwicklungen auszuüben und die entsprechenden Rahmenbedingungen zu schaffen. Eine weitere zentrale

---

[242] Vgl. Thüringer Innenministerium (Hrsg.): Weiterentwicklung der Verwaltungsreform und der Organisation der Landesverwaltung: Rahmenkonzept der Thüringer Landesregierung. Erfurt: Thüringer Innenministerium, 2001, S. 5-14.

[243] Vgl. Thüringer Innenministerium (Hrsg.): Weiterentwicklung der Verwaltungsreform und der Organisation der Landesverwaltung: Rahmenkonzept der Thüringer Landesregierung. Erfurt: Thüringer Innenministerium, 2001, S. 11-12.

Aufgabe besteht in der Öffnung der Verwaltung und der elektronischen Bereitstellung von Verwaltungsleistungen. Die Zielperspektive des E-Government in Thüringen besteht in der Realisierung einer sog. anspruchsbasierten Nutzerstruktur: „Gleichgültig, ob Bürger, Wirtschaftsvertreter oder Verwaltungsmitarbeiter – alle Nutzer erhalten über ein einziges Portal Zugang zur virtuellen Gemeinschaft „Freistaat Thüringen" und je nach registrierter Anspruchsberechtigung Zugang zu den virtuellen Anwendungen und Leistungen."[244]

Die IuK-Aktivitäten der Thüringer Landesverwaltung folgen dem E-Government Konzept. Das Konzept wurde sowohl für die Landes- als auch die Kommunalverwaltung entwickelt und stellt einen Handlungsleitfaden für die E-Government-Strategie des Freistaats dar. Zielsetzung ist es, die Realisierung einer einheitlichen Technologie sicherzustellen. Zu diesem Zweck werden, aufbauend auf der bestehenden Infrastruktur in den Landes- und Kommunalverwaltungen, konkrete Empfehlungen zur technologischen Umsetzung des E-Government gegeben. Einbezogen werden dabei alle relevanten Kommunikationspartner. Die Lösungsvorschläge beziehen sich auf die Bereiche Infrastruktur, Sicherheit, Technologieplattformen sowie Applikationen und Dienste. Die technologischen Rahmenbedingungen für E-Government werden im Rahmen der „Infrastruktur" vorgegeben. Beinhaltet sind dabei u.a. Hinweise zur Gestaltung zentraler Serverdienste und der Netzinfrastruktur. Der Bereich „Sicherheit" beschreibt sowohl Aspekte der Datensicherheit als auch der Systemverfügbarkeit. Vorgaben für die Realisierung einer einheitlichen Technologieplattform werden dann im Bereich der Technologie- und Integrationsplattform gemacht. Zielsetzung ist es, eine strategiekonforme Plattform für die prozessorientierte und medienbruchfreie Online-Bearbeitung von Verwaltungsvorgängen zu schaffen:

E-Government-
Konzept

---

[244] Thüringer Innenministerium (Hrsg.): Weiterentwicklung der Verwaltungsreform und der Organisation der Landesverwaltung: Rahmenkonzept der Thüringer Landesregierung. Erfurt: Thüringer Innenministerium, 2001, S. 13.

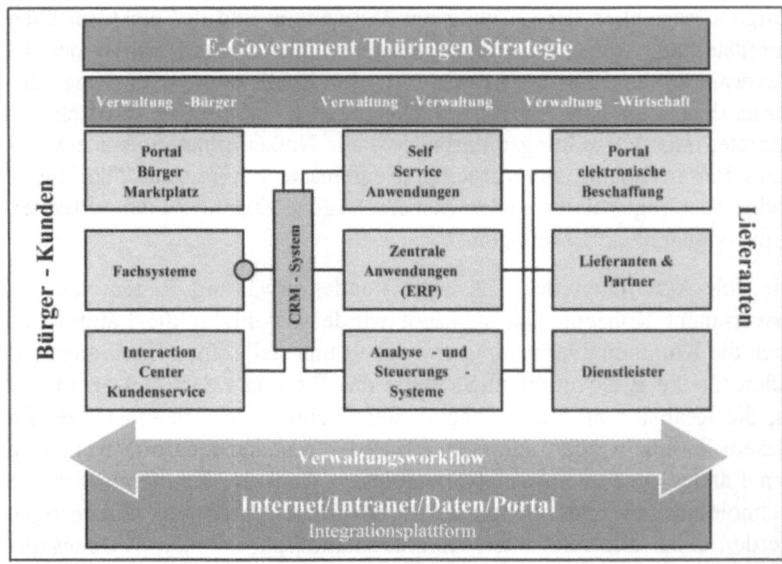

Abbildung 37: E-Government-Strategie Thüringen[245]

Medienbruchfreie Verwaltungsprozesse Die Plattform beinhaltet eine Präsentations-, eine Applikations- und eine Datenebene. Die bereitgestellten Funktionen auf Applikationsebene ermöglichen es, die Verwaltungsprozesse medienbruchfrei für Bürger, Verwaltung und Wirtschaft zu unterstützen. Ein zentraler Erfolgsfaktor für die Thüringer Landesregierung ist dabei die Integration der derzeit bereits existenten Applikationen in den Gesamtprozess. Die letztendliche Gestaltung der Leistungen umfasst die Stufen der Information, Kommunikation bis hin zur Transaktion. Der zukünftige Betrieb der Thüringer E-Government-Landschaft soll von einem wirtschaftlich geführten Kompetenzzentrum übernommen werden.[246]

---

[245] Thüringer Innenministerium (Hrsg.): e-Government: Konzept für den Freistaat Thüringen. – URL <http://www.thueringen.de/de/suche/searchloader. asp?url=/de/tim/u7/u_start.html>, online 23.08.2002.

[246] Vgl. Thüringer Innenministerium (Hrsg.): e-Government: Konzept für den Freistaat Thüringen. – URL <http://www.thueringen.de/de/suche/search loader.asp?url=/de/tim/u7/u_start.html>, online 23.08.2002.

7.2 Status Quo der Prozessorientierung in den Landesverwaltungen

7.2.1 Untersuchungsmethodik

Die Recherche der verschiedenen Länderinitiativen und -aktivitäten in den Bereichen E-Government und Verwaltungsmodernisierung macht die Heterogenität der Prozessorientierung deutlich. Um weitergehende Einblicke in die Thematik zu erhalten, wurde zusätzlich zu der Sekundäranalyse eine Pilotbefragung in Form einer Expertenbefragung durchgeführt. Wie auf Bundesebene wurde bei dieser Primärerhebung eine qualitative Befragung innerhalb der verschiedenen relevanten Institutionen im Umfeld der Landesverwaltungen vorgenommen. Die Auswahl der befragten Personen orientiert sich auch hier an dem Quota-Verfahren. Zusätzlich erfolgte jeweils eine telefonische Vorbesprechung mit den Ansprechpartnern zur Klärung der individuellen Modalitäten. *Zielgruppe*

Bei der Untersuchung wurde, wie auch im Umfeld der Bundesverwaltungen, ein Fragebogen verwendet, der dem Adressatenkreises in den Landesverwaltungen entspricht. Es wurde darauf geachtet, möglichst differenziert Aufgabenbereiche aufzulisten, um auch hier bestmöglich die angegebenen Informationen und deren Bandbreite erfassen zu können. Der Fragebogen für die Landesverwaltungen ist in unterschiedliche Sektionen unterteilt, die jeweils ein relevantes Themengebiet umfassen. Die Definition der Sektionen ist identisch zum Fragebogen für die Bundesbehörden, dessen Darstellung bereits an früherer Stelle vorgenommen wurde. Es sei daher an dieser Stelle auf Abschnitt 6.2.1 verwiesen. *Fragebogen*

Insgesamt wurden alle 16 Landesverwaltungen kontaktiert, von denen 13 geantwortet haben. Der Fragebogenversand erfolgte dabei, je nach individuellen Präferenzen, sowohl in der traditionellen Weise als Papierversion, wie auch in elektronischer Form. *Rücklauf*

7.3 Ergebnisse der Erhebung

Wie schon bei der Darstellung der Initiativen im Rahmen der Sekundärerhebung deutlich wurde, sind die Bereiche der Information und der Kommunikation die momentan am stärksten ausgeprägten Interaktionsstufen im E-Government der Länder. Interaktion und Transaktion als „höhere" Ebenen sind nach eigener Einschätzung noch wenig existent: *Realisierungsgrad in den Ländern*

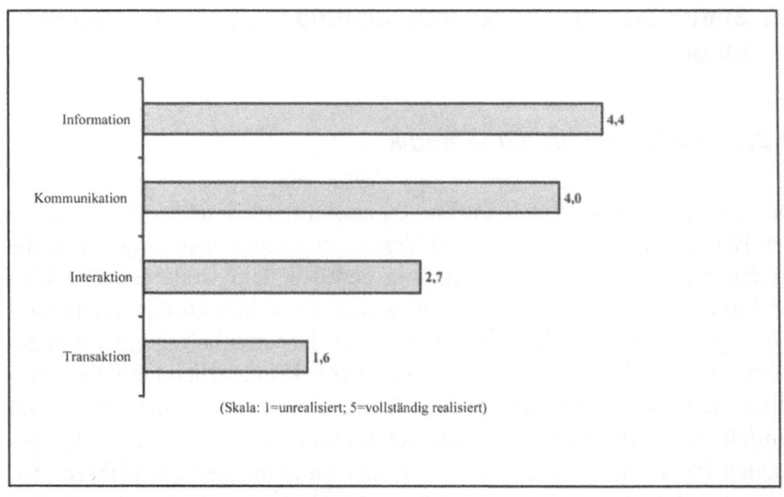

Abbildung 38: Umfang des Internetangebots

Tabelle 1 gibt einen detaillierten Einblick in die Bewertung der Realisierungsgrade für die verschiedenen Interaktionsstufen. Es wird hier nochmals deutlich, dass eine sukzessive Entwicklung der elektronischen Präsenz erfolgt. Während Informations- und Kommunikationsangebote in der Vergangenheit zu 92% und 66% „größtenteils" bzw. „vollständig" realisiert werden konnten, liegt die Herausforderung nun in der Weiterentwicklung zu der Bereitstellung vollständig integrierter Dienstleistungen. 75% der Befragten schätzen den aktuellen Stand im Bereich der Interaktion mit „größtenteils" bzw. „teilweise" realisiert ein und haben somit zumindest die Basis für ein transaktionsorientiertes Leistungsangebot gelegt. Letzteres steht allerdings noch weitestgehend im Anfangsstadium, so geben 85% der Landesverwaltungen an, hier lediglich eine ansatzweise oder aber keine Umsetzung erreicht zu haben.

Tabelle 11: Realisierungsgrad im Detail

Stufe	Realisierungsgrad				
	vollständig realisiert	größtenteils realisiert	teilweise realisiert	ansatzweise realisiert	nicht realisiert
Transaktion	0%	0%	17%	25%	58%
Interaktion	0%	17%	58%	0%	25%
Kommunikation	33%	33%	33%	0%	0%
Information	50%	42%	8%	0%	0%

Die Realisierung der elektronischen Dienstleistungen wird dabei vom Großteil der Landesverwaltungen forciert. So geben lediglich 20% an, dass sie derzeit keine Dienstleistungen anbieten und dies auch in absehbarer Zeit nicht geplant haben. Weitere 20% wollen bereits im Laufe des nächsten Jahres Fortschritte erzielen, während ein Anteil von 60% bereits innerhalb der nächsten drei Jahre die Bereitstellung entsprechender Leistungen realisieren will.

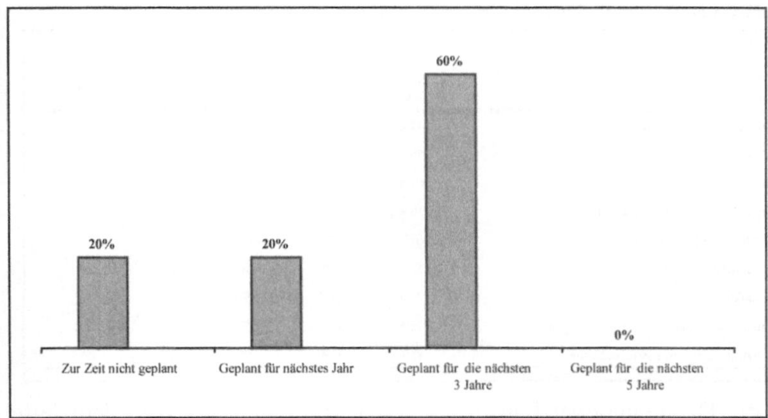

Abbildung 39: Zeitplan für die Realisierung elektronischer Dienstleistungen

Die Relevanz verschiedener Zielsetzungen, die mit der Umsetzung des E-Government in den Landesverwaltungen verfolgt werden, zeigt Abbildung 40. Insgesamt wurden alle vorgeschlagenen Zielkategorien mit „sehr wichtig" bzw. „extrem wichtig" bewertet. Von besonderer Bedeutung für die Behörden zeichneten sich allerdings die Schaffung effizienter Arbeitsabläufe, die Qualitätssteigerung der Dienstleistungen und die Produktivitätssteigerung ab.

Ziele des E-Government in den Landesverwaltungen

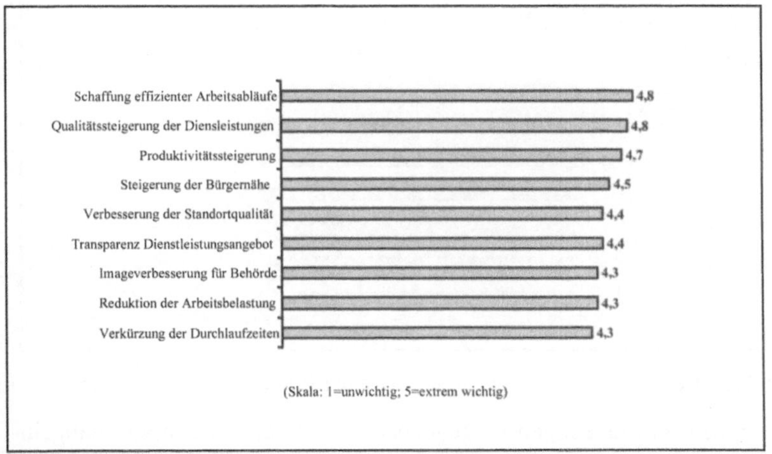

Abbildung 40: Zielsetzungen des E-Government in den Landesverwaltungen

Weitere Ziele, die zusätzlich zu den vorgegebenen Alternativen von den Vertretern der Landesbehörden genannt wurden, sind die Realisierung von Einsparpotenzialen, der Ausgleich von Disparitäten innerhalb des Landes, die Verbesserung der Beziehungen zur Wirtschaft sowie die Erleichterung des Zugangs zu Verwaltungsleistungen für Behinderte. Einen detaillierten Überblick über die Einzelbewertung der verschiedenen Zielkategorien gibt Tabelle 12:

Tabelle 12: Relevanz der Ziele für die Landesverwaltungen

Zielsetzung	Relevanz				
	extrem wichtig	*sehr wichtig*	*wichtig*	*weniger wichtig*	*unwichtig*
Verkürzung der Durchlaufzeiten	42%	42%	16%	0%	0%
Reduktion der Arbeitsbelastung	50%	33%	17%	0%	0%
Imageverbesserung für Behörde	67%	8%	17%	8%	0%
Transparenz Dienstleistungsangebot	58%	25%	17%	0%	0%
Verbesserung der Standortqualität	67%	8%	25%	0%	0%
Steigerung der Bürgernähe	58%	33%	9%	0%	0%
Produktivitätssteigerung	75%	17%	8%	0%	0%
Qualitätssteigerung der Diensleistungen	75%	25%	0%	0%	0%
Schaffung effizienter Arbeitsabläufe	83%	17%	0%	0%	0%

Barrieren für die Umsetzung Bei der Darstellung der Länderinitiativen wurde deutlich, dass dedizierte E-Government-Strategien teilweise bereits definiert sind oder sich im Entwicklungsstadium befinden. Auf dem Weg zu einem umfassenden E-Government wird konstatiert, dass, direkt nach der allgemeinen Ressourcenknappheit, die existierenden Lücken zwischen Strategie und Umsetzung die größten Barrieren für die Umsetzung darstellen.

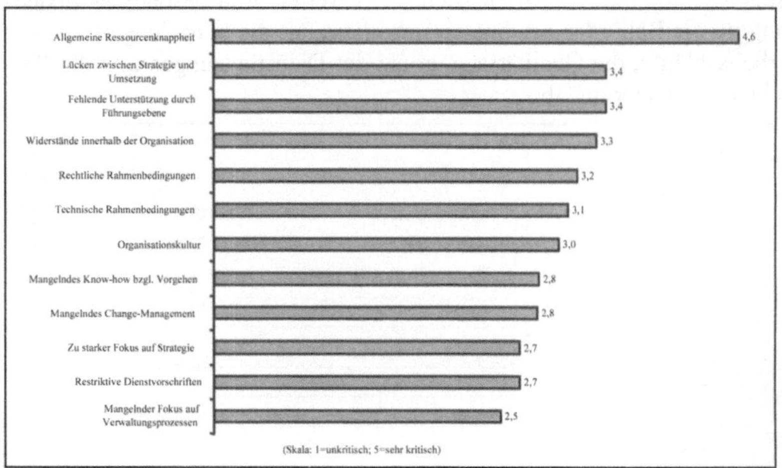

Abbildung 41: Barrieren für die Umsetzung einer E-Government-Strategie

Neben den im Fragebogen vorgegebenen Barrieren wurden die mangelnde Koordination innerhalb der Landesverwaltung, die vorhandenen Ressort- und Dienststellenegoismen, die mangelnde Qualifikation der Mitarbeiter, die Unwirtschaftlichkeit in der Einführungsphase sowie die Konflikte mit gewerblichen Informationsdiensten als weitere wesentliche Hindernisse gesehen. Tabelle 3 zeigt im Detail die Bewertung der verschiedenen Barrieren. Es wird deutlich, dass die mangelnden Ressourcen monetärer Art von dem Großteil der Antwortenden als wesentliches Hindernis gesehen werden. Im Rahmen der Sekundäranalyse war dabei allerdings zu erkennen, dass bereits Aktivitäten, wie etwa die Gründung von

Public-Private-Partnerships, zur Relativierung dieses Problems initiiert wurden Weiterhin stellt die fehlende Unterstützung durch die Führungsebene für insgesamt 59% der Befragten eine „sehr wichtige" bis „extrem" Barriere dar. Auch hier konnte durch die Sekundäranalyse belegt werden, dass zur Beseitigung dieser Barrieren bereits Maßnahmen ergriffen wurden. Die Mehrzahl der Landesverwaltungen hat die Realisierung des E-Government bspw. mit der Einrichtung von Lenkungsgremien auf höchster Ebene oder spezieller Stabsstellen zur „Chefsache" gemacht.

Tabelle 13: Einschätzung der Barrieren für eine E-Government-Strategie

Barriere	Relevanz				
	extrem wichtig	*sehr wichtig*	*wichtig*	*weniger wichtig*	*unwichtig*
Mangelnder Fokus auf Verwaltungsprozessen	17%	0%	17%	50%	16%
Restriktive Dienstvorschriften	8%	8%	42%	25%	17%
Zu starker Fokus auf Strategie	0%	25%	25%	42%	8%
Mangelndes Change-Management	9%	0%	55%	36%	0%
Mangelndes Know-how bzgl. Vorgehen	17%	8%	33%	25%	17%
Organisationskultur	9%	18%	45%	18%	10%
Technische Rahmenbedingungen	8%	33%	25%	25%	9%
Rechtliche Rahmenbedingungen	17%	25%	25%	25%	8%
Widerstände innerhalb der Organisation	8%	33%	42%	17%	0%
Fehlende Unterstützung durch Führungsebene	17%	42%	17%	17%	7%
Lücken zwischen Strategie und Umsetzung	17%	17%	58%	8%	0%
Allgemeine Ressourcenknappheit	75%	8%	17%	0%	0%

Die Bewertung der Prozessorientierung zeigt, dass ein mangelnder Fokus auf den Verwaltungsprozessen nicht als Barriere für die Umsetzung bewertet wird. Insgesamt schätzten 67% der Verantwortlichen in den Landesverwaltungen diese Barriere als „weniger wichtig" bzw. „unwichtig" ein. Dementsprechend wurde die Relevanz der Maßnahmen zur Prozessoptimierung von insgesamt 75% der Befragten als „sehr wichtig" bis „extrem" eingestuft. Es wurde damit für die Landesverwaltungen bestätigt, dass die Wichtigkeit der Prozessgestaltung in das Bewusstsein der Entscheider gerückt ist.

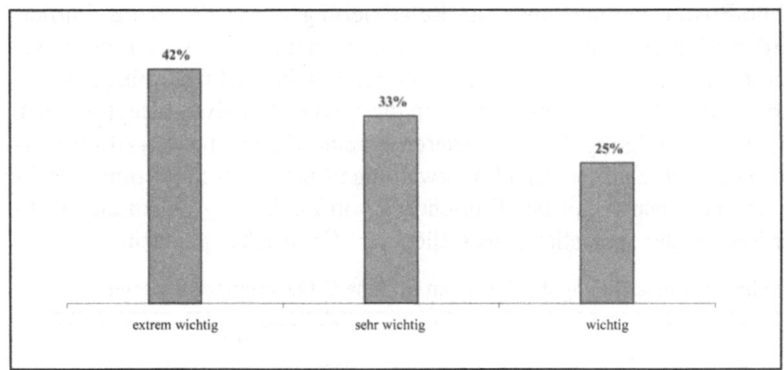

Abbildung 42: Relevanz der Prozessoptimierung für ein effektives E-Government

Prozessmessung als zentraler Aspekt

Im Rahmen eines strukturierten Prozessmanagements kommt der Überwachung der Prozessperformanz eine zentrale Bedeutung zu. Der permanente Vergleich der tatsächlichen Zielerreichung mit den Sollgrößen eines vorher definierten messbaren Zielsystems bildet dabei die Voraussetzung für das Erkennen eines Optimierungsbedarfs und die letztendliche Initiierung entsprechender Prozessverbesserungsprojekte. Gemäß diesem Grundprinzip wird in den Landesverwaltungen der Messung der Zielerreichung mit einer durchschnittlichen Bewertung von 4,1 Punkten die größte Bedeutung für die Sicherung der Effektivität und Effizienz der Verwaltungsabläufe zugesprochen. Die Definition von Prozessmessgrößen als Voraussetzung für die Prozessbeurteilung und die Bestimmung eines Prozessverantwortlichen als Instanz bilden die Rahmenbedingungen und wurden entsprechend bewertet. Die Einstufung des Aspektes der Bürgerbefragung überrascht hier insbesondere vor dem Hintergrund der im Rahmen der Sekundäranalyse evaluierten Zielsetzungen der Verwaltungsreform. Relevante und messbare Zielgrößen könnten bspw. direkt aus derartigen Befragungen abgeleitet und dem Prozessmanagement zur Verfügung gestellt werden. Wird allerdings berücksichtigt, dass die Masse der „echten" Bürgerkontakte auf der kommunalen Ebene angesiedelt ist, relativiert sich die vorgenommene Bewertung.

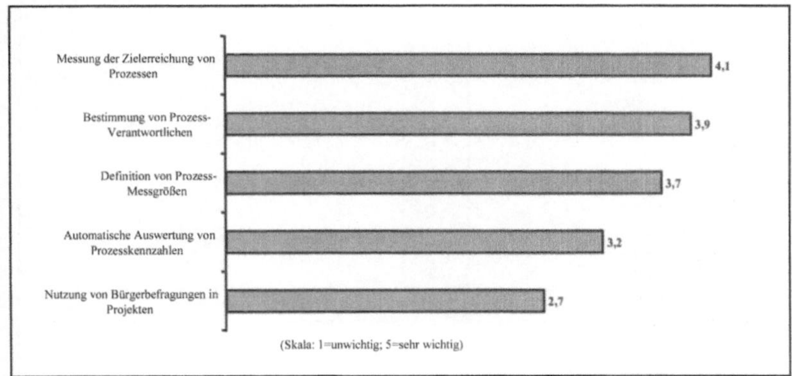

Abbildung 43: Aspekte zur Sicherung von Effektivität und Effizienz

Einen Einblick in die Bewertung der Einzelaspekte gibt Tabelle 14. Die Wichtigkeit, die 84% der Verantwortlichen in den Landesverwaltungen der Messung und Überwachung der Prozessperformanz zumessen, wird hier nochmals verdeutlicht. Übereinstimmend mit der Relevanz von Prozessmessungen führen 64% der Befragten eine kontinuierliche Überwachung der Zielerreichung durch. Lediglich 36% der Ansprechpartner konstatierten, dass ein solches Prozess-Controlling ausschließlich situationsabhängig und „punktuell, wenn notwendig" durchgeführt wird.

Tabelle 14: Aspekte zur Sicherung der Prozessperformanz

Maßnahme	Relevanz				
	extrem wichtig	sehr wichtig	wichtig	weniger wichtig	unwichtig
Nutzung von Bürgerbefragungen in Projekten	0%	25%	25%	42%	8%
Automatische Auswertung von Prozesskennzahlen	17%	8%	50%	25%	0%
Definition von Prozess-Messgrößen	17%	50%	25%	0%	8%
Bestimmung von Prozess-Verantwortlichen	25%	42%	33%	0%	0%
Messung der Zielerreichung von Prozessen	42%	42%	8%	0%	8%

Die Dokumentation der Prozesse spielt im Rahmen der Prozessoptimierung insbesondere für die Ist-Analyse eine zentrale Rolle. Sie liefert den Ausgangspunkt für die Überprüfung auf Schwachstellen und bildet somit die Grundlage für die Definition der letztendlichen Soll-Abläufe und die Gestaltung der IuK-Unterstützung. Dies bedeutet für die konkrete Projektdurchführung, dass auf bereits bestehende Prozessdokumentationen zurückgegriffen wird, oder aber eine umfassende Erhebung durchgeführt werden muss. Für den Großteil der Landesverwaltungen liegen derzeit Prozesse in teilweise dokumentierter Form vor, lediglich 33% der Ansprechpartner konstatierten, dass keinerlei Dokumentationen vorliegen. Eine vollständige Dokumentation wurde bis dato in keiner Behörde durchgeführt.

Stand der Prozessdokumentation

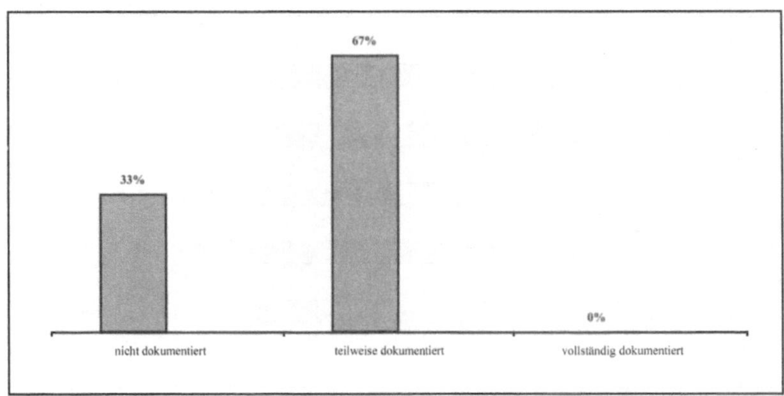

Abbildung 44: Realisierungsgrad der Dokumentation bestehender Prozesse

Landesverwaltungen, die hier bereits aktiv waren, bedienten sich verschiedenster Instrumente. Allerdings wurden spezifische Prozessmodellierungswerkzeuge lediglich in 33%, allgemeine SW-Werkzeuge in 17% der Fälle eingesetzt. Insbesondere die Produkte aus der Microsoft-Office-Palette dominieren den zweiten Bereich. In insgesamt 58% der Fälle fanden „andere Dokumentationsformen" Verwendung. Als Beispiele wurden Verwaltungsvorschriften, Betriebshandbücher, manuell erstellte Dokumentationen sowie verbale Beschreibungen genannt.

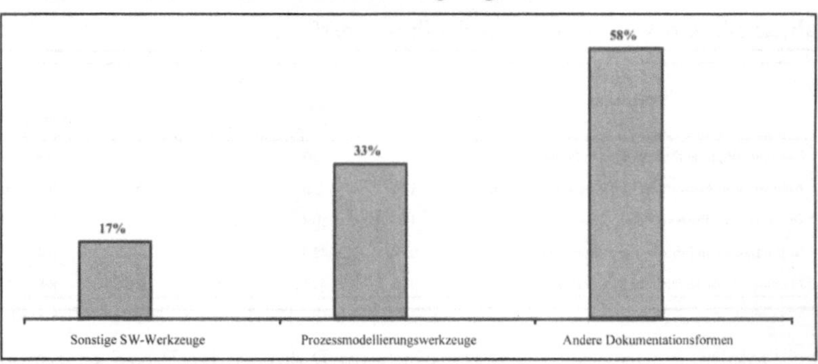

Abbildung 45: Werkzeugeinsatz zur Prozessmodellierung

Barrieren für Restrukturierungsmaßnahmen
Die Implementierung der Soll-Prozesse erfolgt in der Regel unter Berücksichtigung geeigneter Technologien. Als dominierende Barriere für die Umsetzung der Restrukturierung wurde auch hier die Ressourcenknappheit genannt. Die fehlende Dokumentation der Prozesse, Widerstände innerhalb der Organisation und gesetzliche Restriktionen stellen weitere Hindernisse dar.

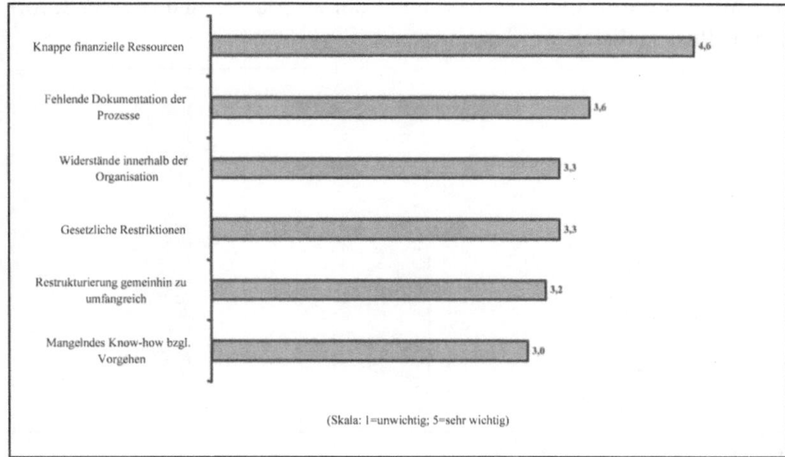

Abbildung 46: Barrieren für die Umsetzung von Restrukturierungsmaßnahmen

Zusätzlich wurden von den Vertretern der Landesbehörden die Angst der Mitarbeiter vor dem Verlust bisheriger Tätigkeiten, die Problematik der Zusammenführung unterschiedlicher Verfahren und Länderbesonderheiten sowie die mangelnde Erfahrungen der betroffene Personen und eine daraus resultierende Abwehrhaltung als Hindernisse genannt. Einen detaillierten Überblick über die Einzelbewertungen der verschiedenen Kategorien gibt Tabelle 15.

Tabelle 15: Barrieren für Restrukturierungsmaßnahmen

Barriere	Relevanz				
	extrem wichtig	*sehr wichtig*	*wichtig*	*weniger wichtig*	*unwichtig*
Mangelndes Know-how bzgl. Vorgehen	8%	25%	42%	8%	17%
Restrukturierung gemeinhin zu umfangreich	25%	0%	42%	33%	0%
Gesetzliche Restriktionen	17%	25%	33%	17%	8%
Widerstände innerhalb der Organisation	8%	25%	58%	9%	0%
Fehlende Dokumentation der Prozesse	33%	8%	42%	17%	0%
Knappe finanzielle Ressourcen	75%	8%	17%	0%	0%

Die Einschätzung von 83% der Befragten, dass die Widerstände innerhalb der Organisation als „sehr wichtig" bzw. zumindest als „wichtig" zu berücksichtigen sind, zeigt die Relevanz dieser Problemstellung. Verstärkt wird dies durch die zusätzlich genannten Aspekte, die sich im Wesentlichen auf mitarbeiterspezifische Barrieren beziehen. Dementsprechend hat die Integration eines umfassenden Change-Management-Konzepts in die E-Government-Aktivitäten einen sehr hoher Stellenwert (s. Abbildung 47). Ein wesentlicher Aspekt ist hierbei die Realisierung einer offenen Kommunikationspolitik. Im Rahmen der Sekundäranalyse hat sich gezeigt, dass bspw. in Form von spezifischen Mitarbeiterzeitungen zur

Change Management

Verwaltungsreform und E-Government ein konstanter und offener Informationsfluss realisiert werden konnte.

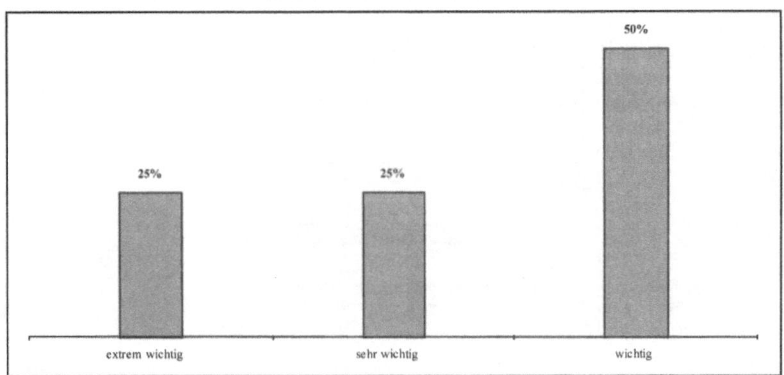

Abbildung 47: Relevanz des Change-Managements

Organisationsüber- Die medienbruchfreie Bearbeitung der Verwaltungsvorgänge verlangt im
greifende Prozesse Sinne eines umfassenden E-Government auch die Integration verschiedener interner und externer Organisationseinheiten. Abbildung 48 gibt einen Überblick über die verschiedenen Partner, die im Umfeld der Landesverwaltungen in organisationsübergreifende Prozesse integriert werden sollen.

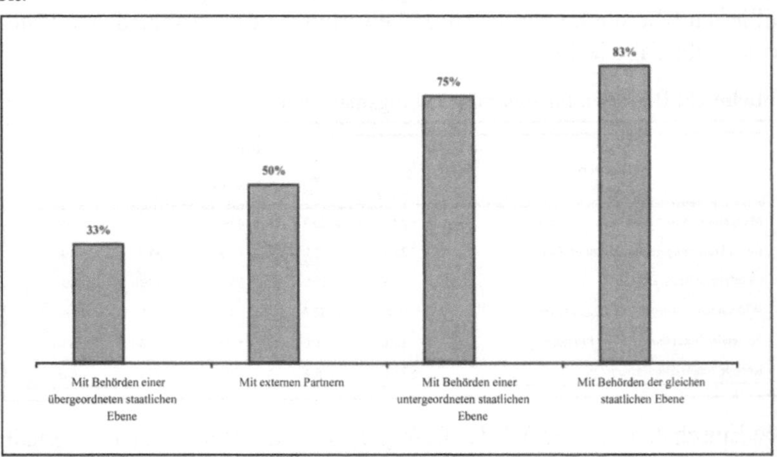

Abbildung 48: Organisationsübergreifende Abwicklung von Prozessen

Der Großteil der Ansprechpartner gab dabei an, dass vor allem die Integration der Verwaltungen auf der gleichen staatlichen Ebene bzw. einer untergeordneten staatlichen Ebene von Bedeutung sind. Für 50% der Landesverwaltungen ist auch die Verbesserung der Schnittstellen zu externen Partnern von Relevanz, als Beispiel wäre hier die organisationsübergreifende Abwicklung von Beschaffungsvorgängen mit Unterstützung entsprechender Systeme zu nennen.

Die in den Landesverwaltungen zum Einsatz kommenden technologischen Komponenten sind zum Einen Standard- zum Anderen aber auch Individuallösungen. Als derzeit verwendete Standardlösungen wurden u.a. Governikus, DOMEA (DMS), IC Team (CMS), die Verarbeiterplattform-Bund sowie Firewall-Technologien genannt. Die Individualentwicklungen werden zum größten Teil (83%) durch externe Dienstleister vorgenommen, seltener (33%) sind eigene Mitarbeiter involviert. Die Entwicklung und Implementierung der technologischen Komponenten wird in den Landesverwaltungen in mehreren Phasen durchgeführt. Einen Überblick über die Einordnung der Phasen gibt Abbildung 49.

Technologie als Treiber der Prozessoptimierung

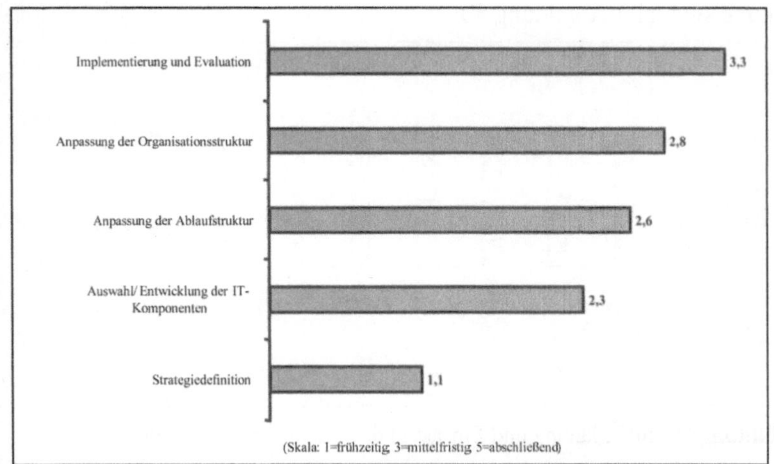

Abbildung 49: Zeitlicher Ablauf der Technologieentwicklung

Es fällt dabei auf, dass der Strategiedefinition sofort die Auswahl der Standard- bzw. Entwicklung der Individualkomponenten folgt. Die Anpassung der Aufbau- und Ablaufstrukturen erfolgt dann unter Einbeziehung der Möglichkeiten und Grenzen der Technologie. Wie auch schon im Rahmen der Sekundäranalyse verstärkt sich hier der Eindruck, dass die Eigenschaften der Technologie die Gestaltung der Prozesse bestimmt. Betrachtet man die Einzelbewertungen im Detail, so wird die Vorgehensweise nochmals verdeutlicht:

Tabelle 16: Zeitlicher Ablauf der Technologieentwicklung im Detail

Phase	Zeitpunkt				
	früh-zeitig		*mittel-fristig*		*ab-schließend*
Strategiedefinition	91%	9%	0%	0%	0%
Auswahl/Entwicklung der IT-Komponenten	17%	50%	25%	8%	0%
Anpassung der Ablaufstruktur	17%	17%	58%	8%	0%
Anpassung der Organisationsstruktur	17%	8%	59%	8%	8%
Implementierung und Evaluation	9%	18%	37%	9%	27%

So herrscht bei 91% der Befragten Einigkeit, dass die Strategiedefinition als Basis für alle weiteren Aktivitäten frühzeitig erfolgen muss. 50% fahren dann mit der Auswahl bzw. Entwicklung der IuK fort, während insgesamt 33% der Meinung sind, dass dies auch zu einem späteren Zeitpunkt erfolgen kann. Die Anpassung der Ablauf- und Organisationsstruktur sollte für insgesamt 66% der Ansprechpartner mittelfristig bzw. später erfolgen. Lediglich 34% nehmen die Anpassung der Ablaufstruktur zeitnah zur Strategiedefinition vor.

Technologien Einen abschließenden Überblick über verschiedene IuK-Komponenten, die derzeit in den Landesverwaltungen Verwendung finden oder aber in Planung sind, gibt Abbildung 50.

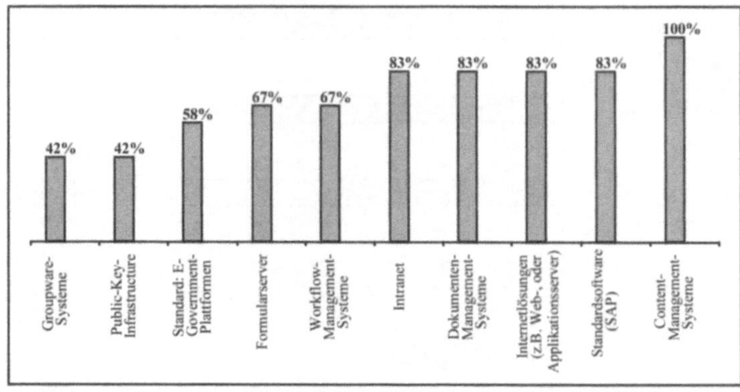

Abbildung 50: IuK Planung und Einsatz in den Landesverwaltungen

8 E-Government – zukünftige Entwicklungen

8.1 Lessons learned

Das Bewusstsein für E-Government nahm in den letzten Jahren sowohl auf Landes- als auch auf Bundes-Ebene kontinuierlich zu. Mit BundOnline 2005 und den diversen Landesinitiativen wird E-Government in Deutschland in einem rasanten Tempo vorangetrieben. Im internationalen Vergleich kann Deutschland aber trotzt der erhöhten Aktivitäten nur einen Platz im vorderen Mittelfeld einnehmen.[247] Nationen, wie z. B. Singapur, USA und Australien haben im E-Government eine Vorreiterpositionen eingenommen. Australien hatte sich z. B. zum Ziel gesetzt alle internetfähigen Dienstleistungen bis ins Jahr 2001 online bereitzustellen. Bereits Ende 2001 wurde das Ziel zu 90% realisiert.[248] Im Vergleich dazu sollen im Rahmen von BundOnline 2005 alle internetfähigen Dienstleistungen erst bis Ende 2005 online verfügbar sein. Die Betrachtung des Entwicklungsgrads in Deutschland zeigt, dass deutsche E-Government-Lösungen sich noch überwiegend auf der Informations-Ebene bewegen. Die führenden Länder hingegen haben sich konsequent auf der Transaktions-Ebene positioniert.

Deutschland im internationalen Vergleich

Online-Transaktionen stellen dementsprechend in Deutschland zur Zeit noch die Ausnahme dar. Vereinzelt werden interaktive öffentliche Online-Angebote, wie z. B. ELSTER, den Bürgern und Unternehmen als Pilotprojekte zur Verfügung gestellt. Allerdings haben sich fast alle nationalen E-Government-Initiativen zum Ziel gesetzt, innerhalb der nächsten vier Jahre den Reifegrad der Transaktionsstufe zu erreichen. Sollen zukünftig also „echte" elektronische Dienstleistungen im Sinne des E-Government realisiert werden, so ist spätestens jetzt ein grundsätzliches Überdenken und ein konsequentes Restrukturieren der Abläufe unabdingbar. Da Aktivitäten auf der Informations- und Kommunikationsebene den Dienstleistungserstellungsprozess im wesentlichen nicht tangieren, war bislang die zwingende Notwendigkeit zur Modifikation von Verwaltungsabläufen noch nicht gegeben. Erst ab dem Erreichen der Transaktionsebene kann das gesamte Handeln durch den Einsatz von IuK optimiert und somit ein effizientes und effektives Agieren forciert werden. Eine Positionierung als kundenfreundlicher Dienstleister gegenüber Bürgern und Wirtschaft wird erleichtert, mittel- und langfristige Kostensenkungspotenziale können

Reifegrad der Transaktionsstufe

---

[247] Vgl. Bill, Holger; Schneider, Stefan: Anspruch und Wirklichkeit: eGovernment in Deutschland. München: Accenture Deutschland, 2001

[248] Vgl. Office of the e-Envoy (Hrsg.): e-Government – Benchmarking Electronic Service Delivery. London: Office of the e-Envoy, 2002, S. 6.

realisiert werden. E-Government-Lösungen, die Transaktionen unterstützen, leisten somit auch einen nicht unwesentlichen Beitrag zur Entspannung der prekären Finanzlage der öffentlichen Verwaltung.

Rahmenkonzept Die Erfahrungen der letzten Jahre aus dem E-Business haben dabei gezeigt, dass die Restrukturierungsmaßnahmen in ein adäquates Rahmenkonzept integriert werden müssen. Ein solches Konzept wurde im Rahmen der Studie skizziert.

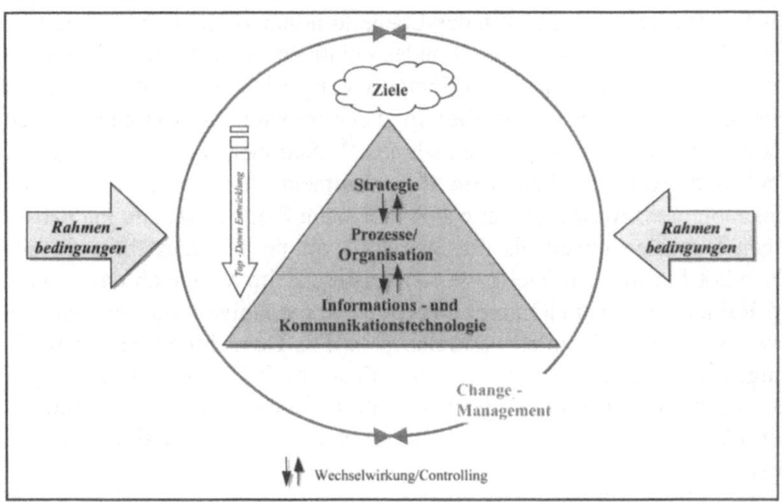

Abbildung 51: Integriertes Rahmenkonzept

Die in den Abschnitten 6.2 und 7.2 dargestellten Ergebnisse der Primärerhebung zeigen, dass sowohl Landes- als auch Bundesbehörden einer solchen Architektur eine hohe Bedeutung zumessen. Als Rahmenplan für die Umsetzung eines umfassenden E-Government könnte sie eine bessere zentrale Koordination und Steuerung der weitestgehend heterogenen Aktivitäten auf Bundes- und Landes- Ebene ermöglichen.. Redundante und proprietäre Lösungen sind so weitestgehend vermeidbar.

„top-down"-Ansatz Des weiteren kann die beschriebene Vorgehensweise eine technologiegetriebene Entwicklung des E-Government verhindern. Der Fokus sollte demgemäss zunächst auf die jeweilige Strategie, die Prozesse und die Organisationsform gelegt werden. Der IuK kommt lediglich die Aufgabe eines „Enablers" zu. Dieser Ansatz wird auch von den E-Government-Verantwortlichen der Bundes- und Landesbehörden zwar als die prinzipiell richtige Vorgehensweise angesehen. Die Analysen haben jedoch gezeigt, dass zwar die „top-down"-Vorgehensweise als adäquate Methode betrachtet wird, in der Praxis aber aufgrund verschiedenster Restriktionen einer primär auf die Technologie fokussierte Entwicklung der Vorzug gegeben wird. So wird bspw. im Rahmen der Initiative BundOnline 2005 die Bedeutung des Re-Engineering der Prozesse und Organisationsstrukturen zwar erkannt, eine umfassende Restrukturierung ist aber nicht vor-

gesehen. Vielmehr wird eine Modifizierung grundsätzlich nur insoweit vorgenommen, wie dies für das Funktionieren der Technologie nötig ist.

In der Beschreibung der E-Government-Initiativen der Bundes- und Landesbehörden wird die Bedeutung von Umstrukturierungsmaßnahmen explizit proklamiert. Für deren konkrete und nachhaltige Realisierung in der Verwaltungspraxis sieht jedoch gemäß Befragung mindestens die Hälfte der Ansprechpartner Schwierigkeiten. Eigentlich notwendige und zielführende Restrukturierungsaktivitäten scheitern oftmals aufgrund diverser Restriktionen – nicht zuletzt monetärer Art – in ihrer Umsetzung. Neben den fehlenden finanziellen Ressourcen wird ein weiteres zentrales Hindernis darin gesehen, dass den meisten Bundes- und Landesverwaltungen Prozessdokumentationen überhaupt nicht oder nur als rudimentäre Ist-Prozess-Aufnahmen vorliegen. Vereinzelt setzen Verwaltungen hier professionelle Software für Prozessdokumentation und -management ein. Dies stellt zur Zeit allerdings noch eine Ausnahme dar. *Theorie vs. Praxis*

Kurzfristig gesehen resultiert aus der beschriebenen technologieorientierten Vorgehensweise zwar ein Benefit. Langfristig können die E-Government-Potenziale aber nur vollständig ausgeschöpft werden, wenn die Prozesse als ein Bindeglied zwischen der festgelegten Strategie und der IuK akzeptiert werden und die „Lücke" zwischen beiden Bereichen geschlossen wird. Ohne die Modifizierung der Prozesse und Organisationsstrukturen in den Behörden wird lediglich eine „Elektrifizierung" alttradierter und ineffizienter Verwaltungsabläufe erreicht. *Schlussfolgerung*

8.2 Collaborative E-Government Technology

Die IuK-Landschaft der realisierten E-Government-Lösungen ist in Deutschland sowohl auf der Bundes- wie auch der Landesebene sehr heterogen ausgeprägt. Selbst auf der gleichen Behörden-Stufe werden oftmals unterschiedliche Technologien verwendet, die zum Teil nicht kompatibel miteinander sind. Aus diesem Grund sind auf allen Ebenen Eigenentwicklungen vorhanden, die informationstechnische Insellösungen darstellen. Eine durchgehende, behördenübergreifende Abwicklung von Online-Dienstleistungen ist mit einer derartigen System-Landschaft ohne Medienbruch nicht möglich. Ressourcenverschwendungen und Reibungsverluste sind das Resultat. *Heterogene IuK-Landschaften in den Behörden*

Eine integrierte und behördenübergreifend standardisierte Systemplattform könnte der zentralen Koordination und Steuerung der E-Government Aktivitäten in Deutschland förderlich sein. Durch den Zugriff auf bereits bestehende Basiskomponenten und einem entsprechenden Know-how Support wäre eine schnellere und effizientere Implementierung von E-Government-Lösungen in den Behörden möglich. Zudem würde der Plattform unter anderem die Aufgabe eines Intermediär zwischen den Behörden zukommen. Abbildung 52 zeigt eine Möglichkeit auf, wie eine derartige Plattform gestaltet sein könnte:

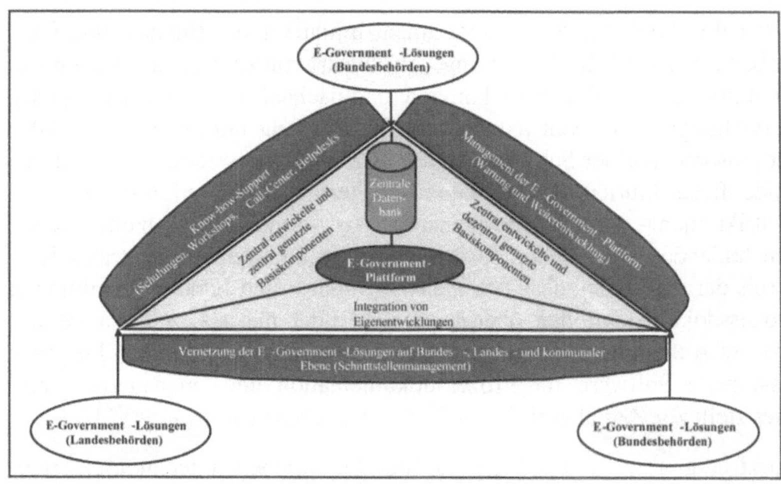

Abbildung 52: „Collaborative Shared E-Government Technology"

Integration heterogener Systeme

Die „Collaborative Shared E-Government-Technology" hat die Aufgabe, die verschiedenen E-Government-Lösungen technisch miteinander so effizient zu vernetzen, dass Behörden ihren Kunden organisationsübergreifend Online-Dienstleistungen ohne Medienbruch anbieten können. Mit Hilfe dieser Plattform können unter bestimmten Voraussetzungen heterogene Systeme technologisch integriert werden. Eine integrierte, verteilte Datenhaltung leistet einen wesentlichen Beitrag zur Prozessbeschleunigung, insbesondere wenn es sich um bundesländerübergreifende Online-Dienstleistungen handelt. Redundanzen und Inkonsistenzen können vermieden werden. Die „Collaborative Shared E-Government-Technology" soll darüber hinaus eine Entwicklung von weitestgehend identischen technologischen Lösungen in den einzelnen Behörden verhindern. Dieses Vorgehen verhindert die Verschwendung von Ressourcen und gewährleistet deren effiziente Allokation.

Angebot von Basiskomponenten

Die Plattform stellt zentral entwickelte E-Government-Basiskomponenten in Form kompatibler Systeme zur Verfügung. Diese ermöglichen die ganzheitliche übergreifende Abwicklung von Online-Dienstleistungen. Es werden dabei zwei Kategorien von Komponenten bereitgestellt. Zum einen handelt es sich um zentral entwickelte Basiskomponenten, die zentral von den Behörden genutzt werden können. Diese Anwendungen stellen fachneutrale Lösungen, wie z. B. Online-Zahlungsplattformen, dar. Zum anderen werden zentral entwickelte und dezentral genutzte Systeme angeboten. Diese werden zwar zentral entwickelt, aber dezentral in den jeweiligen Verwaltungseinheiten eingesetzt und an die spezifischen Rahmenbedingungen angepasst. Zu diesen Fachanwendungen gehören unter anderem Dokumenten-, Work-Flow- und Content-Management-Systeme.

Mit Hilfe der Basiskomponenten kann langfristig die technische Homogenisierung der E-Government-Lösungen in Deutschland stattfinden.

Des weiteren sind die Eigenentwicklungen in den Behörden zwecks Absicherung der Kompatibilität durch die Vorgabe vordefinierter Standards zu steuern. So muss etwa bei der Entwicklung von Spezialsystemen auf die Einhaltung von Schnittstellen-Standards geachtet werden. Dies ermöglicht die Integration der Eigenentwicklungen in die zentrale E-Government-Plattform. Die beteiligten Behörden werden somit in die Lage versetzt, trotz des Einsatzes spezifischer E-Government-Lösungen, behördenübergreifende Dienstleistungen online anzubieten. Die E-Government-Plattform könnte somit die bundesweite Vernetzung von individuell evaluierten Verwaltungslösungen ermöglichen. *Integration von kompatiblen Eigenentwicklungen*

Der effektive Betrieb der Plattform könnte außerdem dadurch abgesichert werden, dass den Behörden durch Kompetenzzentren Know-how und Support mit Hilfe von Schulungen, Worksshops, Helpdesks o.ä. vermittelt werden. Insbesondere handelt es sich dabei um Einrichtungen, die den Behörden bei der Implementierung der Basiskomponenten das benötigte Wissen bereitstellen. Durch regelmäßige Schulungen und Workshops wird der Wissensstand bei den E-Government-Verantwortlichen in den jeweiligen Behörden aktuell gehalten. Darüber hinaus bieten die Know-how-Transfer-Zentren allgemeine aktuelle Informationen an. *Know-how Transferzentren*

Zur Betreuung und Weiterentwicklung der zentralen E-Government-Plattform, sollte eine Organisationseinheit, bspw. in Form eines Innovationszentrums, gebildet werden, die das Management der Systeme übernimmt. Zu ihrem Aufgabenbereich könnte weiterhin die Bereitstellung von technisch stets aktuellen Basiskomponenten, die Steuerung und Koordination der E-Government Plattform sowie die Betreuung der Kompetenzzentren gehören. *Zentrale Betreuungsinstanz*

9 Literaturverzeichnis

Alpar, Paul: Kommerzielle Nutzung des Internets (2. Aufl.). Berlin: Springer, 2000.

Bäumer, Hartmut; Kauther, Helmut: Zukunft des öffentlichen Dienstes – Öffentlicher Dienst der Zukunft eGovernment, eDemocracy und die Verwaltung der Zukunft. Hannover: Regierungskommission NRW, 2002.

Bayerische Staatskanzlei (Hrsg.): eGovernment in Bayern. München: Bayerische Staatskanzlei, 2002. – URL <http://www.bayern.de/Wirtschaftsstandort/ eGovernment/eGovernment_konzept.pdf>, online 24.07.2002.

Bayerische Staatskanzlei (Hrsg.): Initiativen für Bayern – Aus dem Regierungsprogramm der Bayerischen Staatsregierung für die Legislaturperiode 1998-2003. – URL <http://www.bayern.de/Politik/Initiativen/Verwaltung/schlank. htm>, online 24.07.2002.

Bayerische Staatskanzlei (Hrsg.): Initiativen für Bayern – Bürgerorientierung – Die Verwaltung als Dienstleister. – URL <http://www.bayern.de/Politik/ Initiativen/Verwaltung/buergeror.htm>, online 24.07.2002.

Bayerische Staatskanzlei (Hrsg.): Initiativen für Bayern – Moderne Informations- und Kommunikationstechnik als zentraler Bestandteil der Verwaltungsreform. – URL <http://www.bayern.de/Politik/Initiativen/Verwaltung/ iuktechnik.htm>, online 24.07.2002.

Bayerische Staatskanzlei (Hrsg.): Initiativen für Bayern – Reform von Staat und Verwaltung. – URL <http://www.bayern.de/Politik/Initiativen/Verwaltung/ einfuehr.htm>, online 24.07.2002.

Bayerische Staatskanzlei (Hrsg.): Initiativen für Bayern – Was heißt „Verwaltungsreform Bayern"?. – URL <http://www.bayern.de/Politik/Initiativen/ Verwaltung/ wasistvr.htm>, online 24.07.2002.

Bayerischer Landtag (Hrsg.): Gesetz über den Einsatz der Informations- und Kommunikationstechnik in der öffentlichen Verwaltung. – Bayerisches Gesetz- und Verordnungsblatt Nr. 28/2001. – URL <http://www.zv.ze.tu-muenchen.de/ TUM/recht/iukg.htm>, online 24.07.2002.

Becker, Jörg; Meise, Volker: Prozessmanagement : Ein Leitfaden zur prozessorientierten Organisationsgestaltung: Strategie und Ordnungsrahmen. Berlin: Springer, 2002.

Bertelsmann Stiftung (Hrsg.): Balanced E-Government : Elektronisch Regieren zwischen administrativen Effizienz und bürgernaher Demokratie. Gütersloh: Bertelsmann Stiftung, 2002.

Beyer, Lothar; Brinckmann, Hans: Kommunalverwaltung im Umbruch : Verwaltungsreform im Interesse von Bürgern und Beschäftigten. Köln: Bund-Verlag, 1990.

Beyer, Lothar; Wirth, Roland: Die Schalterhalle im globalen Dorf. Eschborn: RKW, 1998.

Bill, Holger; Falk, Svenja: Visionen mit Pragmatismus: eGovernment in Deutschland 2002. München: Accenture Deutschland, 2002. – URL <http://www.accenture.de/index2.html?/4publika/index.jsp>, online 21.07.2002.

Bill, Holger; Schneider, Stefan: Anspruch und Wirklichkeit: eGovernment in Deutschland. München: Accenture Deutschland, 2001. – URL <http://www.accenture.de/co_de_4_0_publikationen/4_2_studien/pdf/a-egov.pdf>, online 10.06.2002.

Booz, Allen & Hamilton (Hrsg.): E-Government in Brandenburg : Statusbericht und Empfehlungen. Potsdam: Ministerium des Inneren des Landes Brandenburg, 2001. – URL <http://www.bis2006.de/archive/5.2.3.pdf>, online 02.08.2002.

Brynjolfsson, Erik: The Productivity Paradox of Information Technology. In: Communications of the ACM, 36 (1993) 12, S. 66-77. – URL <http://doi.acm.org/10.1145/163298.163309>, online 02.09.2002.

Büllesbach, Rudolf; Schulte, Gregor: Rheinland-Pfalz 24 : die eGovernment-Initiative der Landesregierung (Multimediaforum am 11. April 2002 im ZDF-Konferenzzentrum). Mainz: Staatskanzlei Rheinland Pfalz, 2002. – URL <http://www.rlp-inform.rlp.de/site2k/navigation5.html?Aktiv=5>, online 22.08.2002.

Bundesamt für Sicherheit in der Informationstechnik: E-Government-Modellprojekte des Bundes. – URL <http://www.e-government-handbuch.de>, online 02.09.2002.

Central IT Unit (Hrsg.): Information Age Government – Benchmarking Electronic Service Delivery. London, 2001. – URL <http://www.citu.gov.uk/publications/reports/benchmarking/Draft_International_   benchmarking_reportv 2.1.doc>, online 12.09.2002.

Chandler, Alfred Dupont: Strategy and Structure : Chapters in the History of industrial Enterprise. Cambridge: M.I.T. Press, 1962.

Corsten, Hans: Geschäftsprozessmanagement : Grundlagen, Elemente und Konzepte. In: Corsten, Hans (Hrsg.): Management von Geschäftsprozessen: Theoretische Ansätze - Praktische Beispiele. Stuttgart: Kohlhammer, 1997.

Davenport, Thomas H.: Process Innovation : Reengineering Work through Information Technology. Boston: Harvard Business School Press, 1993.

Der Senat der Freien und Hansestadt Hamburg (Hrsg.): Mitteilung des Senats an die Bürgerschaft : Stand der Verwaltungsmodernisierung in Hamburg. Hamburg: Bürgerschaft der Freien und Hansestadt Hamburg, 2000. – URL <http://www.buergerschaft-hh.de/parldok/>, online 06.08.2002.

Der Senat der Freien und Hansestadt Hamburg (Hrsg.): Mitteilung des Senats an die Bürgerschaft : E-Government – Chancen für Hamburg nutzen. Hamburg: Bürgerschaft der Freien und Hansestadt Hamburg, 2002. – URL <http://www.hamburg.de/fhh/behoerden/finanzbehoerde/veroeffentlichungen /pdf/egov_drs17_ 1091.pdf>, online 06.08.2002.

Der Senator für Finanzen (Hrsg.): Das Bremer Modernisierungskonzept. – URL <http://www.bremen.de/verwaltungsreform/home.html>, online 05.08.2002.

Der Senator für Finanzen (Hrsg.): DocMan – Dokumentenmanagementsysteme. – URL <http://www.bremen.de/verwaltungsreform>, online 05.08.2002.

Der Senator für Finanzen (Hrsg.): Einkaufsmanagement. – URL <http://www.bremen.de/verwaltungsreform>, online 05.08.2002.

Der Senator für Finanzen (Hrsg.): Neue Medien in der bremischen Verwaltung : e-Government – Strategie & Maßnahmen. – URL <http://www.bremen.de/verwaltungsreform/frames.html?Seite=/verwaltungsreform/Kap2/Kap2_4.html>, online 05.08.2002.

Der Senator für Finanzen (Hrsg.): Neue Medien in der bremischen Verwaltung: Stadtinformationssystem bremen.online. – URL <http://www.bremen.de/verwaltungsreform>, online 05.08.2002.

Der Senator für Finanzen (Hrsg.): Neuordnung der Aufgabenwahrnehmung in der Freien Hansestadt Bremen. – URL <http://www.bremen.de/verwaltungsreform.html>, online 05.08.2002.

Deutsches Institut für Urbanistik (Hrsg.): Über die Initiative Media@Komm. – URL <http://www.mediakomm.net/index.phtml?menu_id=5&active_menu_id=5& language=de>, online 05.08.2002.

Forschungsgesellschaft Informatik (Hrsg.): European Information Technology Observatory. Wien: FGI, 2002.

Gaitanides, Michael; Scholz, Rainer; Vrohlings, Alwin: Prozessmanagement : Grundlagen und Zielsetzung. In: Gaitanides, Michael (Hrsg.): Prozeßmanagement : Konzepte, Umsetzungen und Erfahrungen des Reengineering. München: Hanser, 1994, S. 1-19.

Geschäftsstelle rlp-inform (Hrsg.): Aktionsplan Multimedia 1999-2001 : Fortschreibung. Mainz: Geschäftsstelle rlp-inform, 2000. – URL <http://www.rlp-inform.rlp.de/site2k/navigation5.html?Aktiv=5>, online 22.08.2002.

Geschäftsstelle rlp-inform (Hrsg.): Schwerpunkte der Multimediapolitik 2002/2003. – URL <http://www.rlp-inform.rlp.de/site2k/navigation5.html5>, online 22.08.2002.

Geschäftsstelle rlp-inform (Hrsg.): Zukunft entwickeln – Die Multimediainitiative der Landesregierung. – URL <http://www.rlp-inform.rlp.de/site2k/navigation5.html5>, online 22.08.2002.

Gisler, Michael: Einführung in die Begriffswelt des eGovernment. In: Gisler, Michael; Spahni, Dieter (Hrsg.): eGovernment : Eine Standortbestimmung (2. Aufl.). Bern, Stuttgart: Paul Haupt, 2001, S. 13-30.

Göbels, Gabriele: Geschäftsprozessanalyse : Anwendungserfahrungen in der hessischen Landesverwaltung. In: Kooperationsausschuss ADV (Hrsg.): 38. Erfahrungsaustausch des KoopA ADV. Karlsruhe: Kooperationsausschuss ADV, 2001. – URL <http://www.koopa.de/Dokumente/II6Goebels_Geschaeftsprozessanalyse.doc, online 05.08.2002>.

Göbels, Gabriele: Geschäftsprozessanalyse : Einsatzgebiete und Erfahrungen. In: Kooperationsausschuss ADV (Hrsg.): 37. Erfahrungsaustausch des KoopA ADV. Berlin: Kooperationsausschuss ADV, 2000. – URL <http://www.koopa.de/Dokumente/geschaeftsprozessanalyse.pdf>, online 05.08.2002.

Gongolsky, Mario: Wie der Bund E-Government schön redet. – URL <http://www.spiegel.de/netzwelt/politik/o,1518,druck-206676,00.html>, online 30.07.2002.

Graßmann, Markus: Die Berliner Verwaltungsreform im achten Jahr : Standortbestimmung mit Schlussfolgerungen. Berlin: Senatsverwaltung für Inneres, 2002. – URL <http://www.berlin.de/Verwaltungsmodernisierung/publikationen.html>, online 30.07.2002.

Gröhs, Bernhard: E-Government : Paradigmenwechsel und private Dienstleister : Die Rolle der Dienstleistungsunternehmen auf dem Weg zum digitalisierten Staat: Referat vor dem österreichischen College in Alpbach am 28.08.2001. – URL <http://wko.at/alpbach/bm/dok/Groehs-ref.pdf>, online 10.12.2001.

Grünenfelder, Peter: Die Rolle der politischen Führung im Rahmen des New Public Management in Christchurch. Bern: Paul Haupt, 1996.

Hammer, Michael; Champy, James: Business Reengineering – Die Radikalkur für das Unternehmen (6. Aufl.). Frankfurt (Main): Campus 1996.

Hauschild, Timo; Isselhorst, Hartmut: E-Government-Handbuch. Bonn: Bundesamt für Sicherheit in der Informationstechnik (BSI), 2002. – URL <http://www.bsi.de/fachthem/egov/6.htm>, online 10.07.2002.

Heib, Ralf: Kein E-Government ohne Prozessveränderungen : Gestaltung organisationsübergreifender Geschäftsprozesse in der öffentlichen Verwaltung. In: Initiative D21 e. V. (Hrsg.): Mit Internet Staat machen. E-Government und die Zukunft der Demokratie. Berlin: Initiative D 21, 2002, S. 122-125.

Hermanns, Arnold; Sauter, Michael (Hrsg.): Management-Handbuch : Electronic Commerce. München: Vahlen, 1999.

Hessische Staatskanzlei (Hrsg.): Reformkurs Hessen – Programm. – URL <http://www.reformkurs.hessen.de/html/inindex.htm>, online 03.08.2002.

Hessische Staatskanzlei (Hrsg.): Reformkurs Hessen – Reformbereich Vorschriftenabbau. – URL <http://www.reformkurs.hessen.de/html/inindex.htm>, online 03.08.2002.

Hessischer Landkreistag (Hrsg.): e-government. – URL <http://www.hessischerlandkreistag.de/Links/e-government.htm>, online 05.08.2002.

Hessisches Ministerium für Wirtschaft, Verkehr und Landesentwicklung (Hrsg.): Hessen-*media* Band 1 : Projektdokumentation (Schriftenreihe der Landesinitiative Hessen-*media*). Wiesbaden: Hessisches Ministerium für Wirtschaft, Verkehr und Landesentwicklung, 2001. – URL <http://www.hessen-media.de/service/projektdokumentation2001.pdf>, online 03.08.2002.

Hessisches Ministerium für Wirtschaft, Verkehr und Landesentwicklung (Hrsg.): Hessen-*media* : Ziele und Aufgaben. – URL <http://www.hessen-media.de/wirueberuns/wirueberuns.htm>, online 03.08.2002.

Hildebrand, Gerhard; Nilges, Anne: Zwischenbilanz zur Verwaltungsreform: Schleswig-Holstein an der Spitze der Bewegung. Kiel: Pressestelle der Landesregierung Schleswig-Holstein, 2001. – URL <http://landesregierung. schleswig-holstein.de/coremedia/generator/Aktueller_20Bestand/StK/Information/PDF/ GB_20Modernisierung__Anlage_202,property=pdf.pdf>, online 29.08.2002.

Innenministerium Mecklenburg-Vorpommern (Hrsg.): Bilanz über die Arbeit der 3. Legislaturperiode des Innenministerium. Schwerin: Innenministerium Mecklenburg-Vorpommern, 2002. – URL <http://www.mv-regierung.de/im/ doku/bilanz3.pdf>, online 13.08.2002.

Innenministerium Nordrhein-Westfalen (Hrsg.): E-Government in der Landesverwaltung Nordrhein-Westfalen : Sachstandsbericht. Düsseldorf: Innenministerium Nordrhein-Westfalen, 2001. – URL <http://www.im.nrw.de/inn/ doks/it/bericht 2001.pdf>, online 10.08.2002.

Innenministerium Nordrhein-Westfalen (Hrsg.): Moderne Verwaltung: Verwaltungsmodernisierung in Nordrhein-Westfalen. Düsseldorf: Innenministerium Nordrhein-Westfalen, 2001. – URL <http://www.im.nrw.de/inn/doks/vm/ modverw3.pdf>, online 10.08.2002.

Jann, Werner: Neues Steuerungsmodell. In: Bandemer, Stephan; Blanke, Bernhard; Wewer, Göttrik (Hrsg.): Handbuch zur Verwaltungsreform. Opladen: Leske + Budrich, 1998.

Jansen, Stephan A.; Priddat, Birger P.: Electronic Government: neue Potentiale für einen modernen Staat, Stuttgart: Klett-Cotta, 2001.

KBSt (Hrsg.): Das Bundesportal bund.de. – URL <http://www.bund.de/BundOnline-2005/SAGA-.6341.htm>, online 12.09.2002.

Kienbaum Management Consultants GmbH (Hrsg.): Einsatz der Informations- und Kommunikationstechnik in der Landesverwaltung Nordrhein-Westfalen : Schlussbericht zur Umsetzung der Phase 1. Düsseldorf: Innenministerium Nordrhein-Westfalen, 2001. – URL <http://www.im.nrw.de/inn/doks/ itkonz.pdf>, online 10.08.2002.

Kienbaum Management Consultants GmbH (Hrsg.): Einsatz der Informations- und Kommunikationstechnik in der Landesverwaltung Nordrhein-Westfalen: Schlussbericht zur Umsetzung der Phase 2. Düsseldorf: Innenministerium Nordrhein-Westfalen, 2001. – URL <http://www.im.nrw.de/inn/doks/ itkonzp2.pdf>, online 10.08.2002

Klumpp, Dieter; Lenk, Klaus: Electronic Government als Schlüssel zur Modernisierung von Staat und Verwaltung : Memorandum des Fachausschusses Verwaltungsinformatik der Gesellschaft für Informatik e.V. und des Fachbereichs 1 der Informationstechnischen Gesellschaft im VDE. Bonn, 2000.

KPMG Consulting AG (Hrsg.): Wettbewerb: e-Government in Bundes-, Landes und Kommunalverwaltungen. – URL <http://www.verwaltung-der-zukunft. de/index.html>, online 06.08.2002.

Mattheis, Peter: Prozessorientierte Informations- und Organisationsstrategie, Wiesbaden 1993.

Mayntz, Renate: Max Webers Idealtypus der Bürokratie und die Organisationssoziologie. In: Mayntz, Renate (Hrsg.): Bürokratische Organisation. Köln: Kiepenheuer & Witsch, 1968, S. 27-35.

Milbradt, Georg: Sachsen auf dem Weg zu einer führenden Region in der Mitte Europas : Regierungserklärung des Ministerpräsidenten des Freistaats Sachsen, Prof. Dr. Georg Milbradt, am 16. Mai 2002 im Landtag. – Manuskriptfassung.

Ministerium für Wirtschaft des Landes Brandenburg (Hrsg.): BIS 2006 : eGovernment im Land Brandenburg. – URL <http://www.bis2006.de/>, online 02.08.2002.

Ministry of Information, Communications and the Arts (Hrsg.): Singapore Government Web Site. – URL <http://www.gov.sg/>, online 12.09.2002.

Müller, Horst: Innenaufbau der Verwaltungsorganisation. In: König, Klaus; Siedentopf, Heinrich (Hrsg.): Öffentliche Verwaltung in Deutschland (2.Aufl.). Baden-Baden: Nomos, 1997.

Müller, Werner: E-Business braucht E-Government. In: Gemini AG (Hrsg.): eGovernment-Jahrbuch 2002/3, Regensburg: AW-Mediengesellschaft, 2002.

Niedersächsische Staatskanzlei (Hrsg.): Niedersachsen auf Gegenseitigkeit : Die Einführung der neuen Steuerung in der Landesverwaltung. Hannover: Presse- und Informationsstelle der Niedersächsischen Staatskanzlei, 2002. – URL <http://www.niedersachsen.de/functions/downloadObject/0,,c769377_s20,00 .pdf>, online 06.08.2002.

Niedersächsische Staatskanzlei (Hrsg.): Staatsmodernisierung Niedersachsen – mehr als nur eine Verwaltungsreform : Zukunft Verwaltung – wirtschaftlich einfach offen. Hannover: Presse- und Informationsstelle der Niedersächsischen Staatskanzlei, 2002. – URL <http://www.niedersachsen.de/functions/downloadObject/ 0,,c741846_s20,00.pdf>, online 06.08.2002.

Niedersächsisches Innenministerium (Hrsg.): Electronic Government : Leitfaden für die Pilotphase 2002-2004. Hannover: Referat für Presse- und Öffentlichkeitsarbeit, 2002. – URL <http://www.mi.niedersachsen.de/functions/downloadObject/0,, c417489_s20,00.pdf>, online 06.08.2002.

Niedersächsisches Innenministerium (Hrsg.): Electronic Government – Rechtliche Grundlagen. – URL <http://www.mi.niedersachsen.de/master/0,,C483906_N483661_L20_D0_O522,00.html>, online 27.08.2002.

Niedersächsisches Innenministerium (Hrsg.): Electronic Government – So geht es weiter!. – URL <http://www.mi.niedersachsen.de/master/0,,C29794_N13792_L20_D0_O522,00.html>, online 06.08.2002.

NSM-Team (Hrsg.): Umsetzung des „Neuen Steuerungsmodells" in der Freien Hansestadt Bremen : Sachstand und künftige Ausrichtung. Bremen: Der Senator für Finanzen, 2001. – URL <http://www.bremen.de/verwaltungsreform/>, online 05.08.2002.

o.V.: E-Government – wohin geht die Reise?. In: Sächsisches Staatsministerium des Innern (Hrsg.): SaxInform : Die Zeitung zur Verwaltungsreform. Dresden: Sächsisches Staatsministerium des Innern, Nr. 4, 2001. – URL <http://www.sachsen.de/ de/bf/staatsregierung/ministerien/smi/schwerpunkte /verwaltungsreform/index.html>, online 23.08.2002.

o.V.: Verwaltungsreformabkommen der Freien Hansestadt Bremen (Land und Stadtgemeinde). Bremen: Der Senat der Freien Hansestadt Bremen, 2000. – URL <http://www.bremen.de/verwaltungsreform/home.html>, online 05.08.2002.

Office of the e-Envoy (Hrsg.): e-Government – Benchmarking Electronic Service Delivery. London: Office of the e-Envoy, 2002. – URL <http://www.citu. gov.uk/publications/reports/benchmarkingV2/finalrep.doc>, online 11.09.2002.

Olazabal, Nedda Gabriela: Banking: The IT papadox. In: The McKinsey Quarterly, (2002) 1, S. 47-51.

Perillieux, René: Digitale Spaltung in Deutschland-Initi@tive D21 2000. Berlin: Booz Allen Hamilton, 2000.

Pleiderer, Dieter: Electronic Government : Grundlagen und Entwicklungsstand in der Landesverwaltung Hessen. Wiesbaden: Hessische Zentrale für Datenverarbeitung, 2002. – URL <http://www.hessen.de/hzd/inhalte/downloads/ E_Government. pdf>, online 03.08.2002.

Pressestelle der Finanzbehörde Hamburg (Hrsg.): Modernisierung der Verwaltung – Projekt Verwaltungsinnovation (ProVi). – URL <http://www.hamburg.de/ Behoerden/FB/Amt6/Modernisierung/welcome.html>, online 05.08.2002.

Projektgruppe BundOnline 2005, Interview vom 08.08.2002.

PwC Deutsche Revision (Hrsg.): Die Zukunft heißt E-Government. Deutschlands Städte auf dem Weg zur virtuellen Verwaltung. Ergebnisse einer Umfrage von PwC Deutsche Revision mit dem Deutschen Städte- und Gemeindebund. Frankfurt: Fachverlag Moderne Wirtschaft, 2000.

Referat IT (Hrsg.): SAGA - Standards und Architekturen für E-Government Anwendungen im Rahmen der Initiative BundOnline 2005. Berlin: Bundesministerium des Innern, 2002.

Roßnagel, Alexander: Elektronische Signatur in der öffentlichen Verwaltung – Notwendige Anpassungen im öffentlichen Recht. In: Picot, Arnold; Quadt, Hans-Peter (Hrsg.): Verwaltung ans Netz! : Neue Medien halten Einzug in die öffentlichen Verwaltungen, Berlin: Springer 2001.

Saarländische Staatskanzlei (Hrsg.): Szenario einer eBusiness-Landschaft im Saarland : Saarland als Musterbeispiel für eine globale Region. Saarbrücken: Saarländische Staatskanzlei, 2000. – URL <http://www.staatskanzlei.saarland.de/innovation_2121.htm>, online 26.08.2002.

Saarländische Staatskanzlei (Hrsg.): Verwaltungsmodernisierung. – URL <http:// www.staatskanzlei.saarland.de/verwaltungsmodernisierung.html>, online 26.08.2002.

Saarländische Staatskanzlei (Hrsg.): Zweiter Bericht zur Modernisierung der saarländischen Landesverwaltung. Saarbrücken: Saarländische Staatskanzlei, 2000. – URL <http://www.staatskanzlei.saarland.de/verwaltungsmoderni-sierung_10640. htm>, online 26.08.2002.

Saarländische Staatskanzlei (Hrsg.): Zwischenbericht zur Modernisierung der saarländischen Landesverwaltung. Saarbrücken: Saarländische Staatskanzlei, 2000. – URL <http://www.staatskanzlei.saarland.de/verwaltungsmoderni-sierung_zwischenbericht.html>, online 26.08.2002.

Sächsisches Staatsministerium des Innern (Hrsg.): Aktivitäten auf dem Gebiet der Verwaltungsreform im Freistaat Sachsen: Sächsisches Staatsministerium des Innern, 2001. – URL <http://www.sachsen.de/de/bf/staatsregierung/ministe-rien/ smi/schwerpunkte/verwaltungsreform/index.html>,online 23.08.2002.

Sächsisches Staatsministerium des Innern (Hrsg.): Verwaltungsreform : Allge-meines. – URL <http://www.sachsen.de/de/bf/staatsregierung/ministerien/ smi/ schwerpunkte/ verwaltungsreform/index.html>, online 23.08.2002.

Schedler, Kuno: eGovernment und neue Servicequalität der Verwaltung?. In: Gisler, Michael; Spahni, Dieter (Hrsg.): eGovernment : Eine Standortbe-stimmung (2. Aufl.). Bern: Haupt, 2001, S. 33-51.

Scheer, August-Wilhelm: ARIS - Modellierungsmethoden, Metamodelle, Anwen-dungen. Berlin: Springer, 2001.

Scheer, August-Wilhelm: ARIS – Vom Geschäftsprozess zum Anwendungssy-stem (3. Aufl.). Berlin et al.: Springer, 1998.

Scheer, August-Wilhelm; Erbach, Fabian; Thomas, Oliver: E-Business – Wer geht? Wer bleibt? Wer kommt?. In: Scheer, August-Wilhelm (Hrsg.): E-Business – Wer geht? Wer bleibt? Wer kommt?, 21. Saarbrücker Arbeitsta-gung 2000 für Industrie, Dienstleistung und Verwaltung. Berlin: Springer 2000, S. 3-45.

Scheer, August-Wilhelm; Milius, Frank: Informationsgesellschaft: Trends und Szenarien der Televerwaltung. In: Scheer, August-Wilhelm; Friederichs, Jo-hann (Hrsg.): Innovative Verwaltung 2000. Wiesbaden: Gabler, 1996, S. 177-189.

Scheer, August-Wilhelm; Nüttgens, Markus; Zimmermann, Volker: Business Process Reengineering in der Verwaltung. In: Scheer, August-Wilhelm; Friederichs, Johann (Hrsg.): Innovative Verwaltung 2000. Wiesbaden: Gabler, 1996, S. 11-29.

Scholz, Christian: Strategische Organisation (2. Aufl.). Landsberg: moderne indu-strie, 1996.

Schröter, Eckhard; Wollmann, Hellmut. New Public Management. In: von Ban-demer, Stephan; Blanke, Bernhard; Wewer, Göttrik (Hrsg.): Handbuch zur Verwaltungsreform. Opladen: Leske + Budrich, 1998, S. 59-70.

Senatskanzlei (Hrsg.): Steuerungsgremien zur Modernisierung der Berliner Ver-waltung (Struktur und Geschäftsverteilung). Senatsbeschluss Nr. 211/02 vom 7. Mai 2002.

Senatsverwaltung für Inneres (Hrsg.): Verwaltungsmodernisierung im Land Berlin: Ziele. – URL <http://www.berlin.de/verwaltungsmodernisierung/ziele.html>, online 30.07.2002.

Senatsverwaltung für Inneres (Hrsg.): Verwaltungsmodernisierung im Land Berlin : E-Government. – URL <http://www.berlin.de/verwaltungsmodernisierung/e-government.html>, online 30.07.2002.

Senatsverwaltung für Inneres (Hrsg.): Verwaltungsmodernisierung im Land Berlin: Schwerpunkte. – URL <http://www.berlin.de/verwaltungsmodernisierung/schwerpunkte.html>, online 30.07.2002.

Senatsverwaltung für Inneres (Hrsg.): Verwaltungsmodernisierung im Land Berlin: Geschäftsprozessoptimierung. – URL <http://www.berlin.de/verwaltungsmodernisierung/strukturen/gpo.html>, online 30.07.2002.

Siegfried, Christine: Media@Komm : Beschreibung der Preisträgerkonzepte - Kurzdarstellung und Vergleich. In: Deutsches Institut für Urbanistik (Hrsg.): Arbeitspapiere aus der Begleitforschung. Berlin: Deutsches Institut für Urbanistik, 2000. – URL: <http://www.mediakomm.net/documents/Bd1.pdf>, online 05.08.2002.

Staatskanzlei Brandenburg (Hrsg.): Konzept zur Verwaltungsmodernisierung. – URL <http://www.brandenburg.de/cms/detail.php?id=20735&_siteid=13>, online 02.08.2002.

Staatskanzlei des Landes Sachsen-Anhalt (Hrsg.): Zukunft für Sachsen-Anhalt : Leitbild und Programm der Landesregierung. Magdeburg: Statistisches Landesamt Sachsen-Anhalt, 2000. – URL <http://www.mi.sachsen-anhalt.de/broinfo/leitbildg/ index.htm>, online 27.08.2002.

Staatskanzlei Schleswig-Holstein (Hrsg.): 2. Geschäftsbericht der Staatskanzlei und der Ressorts zur Verwaltungsmodernisierung. Kiel: Staatskanzlei Schleswig-Holstein, 2001. – URL <http://landesregierung.schleswig-holstein.de/coremedia/generator/Aktueller_20Bestand/StK/Information/PDF/2._20GB_20Modernisierung__Teil_202,property=pdf.pdf>, online 29.08.2002.

Staatskanzlei Schleswig-Holstein (Hrsg.): 2. Geschäftsbericht der Staatskanzlei und der Ressorts zur Verwaltungsmodernisierung : Projekte – Innovative und bürgernahe Verwaltung. Kiel: Staatskanzlei Schleswig-Holstein, 2001. URL <http://landesregierung.schleswig-holstein.de/coremedia/generator/Aktueller_20Bestand/StK/Information/PDF/2._20GB_20Modernisirung__Teil_202,property=pdf.pdf>, online 29.08.2002.

Staatskanzlei Schleswig-Holstein (Hrsg.): Moderne Verwaltung in Schleswig-Holstein - ein Überblick. – URL <http://landesregierung.schleswig-holstein.de/coremedia/generator/Aktueller_20Bestand/StK/Information/Moderne_20Verwaltung_C3_9Cberblick.html>, online 29.08.2002.

Stabsstelle für Verwaltungsreform im Innenministerium Baden-Württemberg (Hrsg.): Verwaltungsreform 2001 bis 2006 in Baden-Württemberg. – URL <http://www.verwaltungsreform-bw.de>, online 23.07.2002.

Stabsstelle für Verwaltungsreform im Innenministerium Baden-Württemberg (Hrsg.): Standards des Landessystemkonzepts Baden-Württemberg. Stuttgart: Innenministerium Baden-Württemberg, 2002. – URL <http://www.verwaltungsreform-bw.de/cgi-bin/DxML?Template=./Templates/Start.tpl&DVA_Location=lskbw>, online 23.07.2002

Stabsstelle für Verwaltungsreform im Innenministerium Baden-Württemberg (Hrsg.): Leitfaden für IuK-Projektmanagement, IuK Ressortplanung und -steuerung (PM-Leitfaden). Stuttgart: Innenministerium Baden-Württemberg, 1998. – URL <http://www.verwaltungsreform-bw.de/cgi-bin/DxML?Template=./Templates/Start.tpl&DVA_Location=lskbw>, online 23.07.2002

Stabsstelle für Verwaltungsreform im Innenministerium Baden-Württemberg (Hrsg.): Richtlinien der Landesregierung für den Einsatz der Informations- und Kommunikationstechnik (IuK) in der Landesverwaltung (IuK Richtlinien), Stuttgart: Innenministerium Baden-Württemberg, 1997. – URL <http://www.verwal-tungsreform-bw.de/cgibin/DxML?Template=./Templates/Start.tpl&DVA_Location=lskbw>, online 23.07.2002

Stabsstelle für Verwaltungsreform im Innenministerium Baden-Württemberg (Hrsg.): Elektronische Bürgerdienste Baden-Württemberg (e-Bürgerdienste), Stuttgart: Innenministerium Baden-Württemberg, 2002. – URL <http://www.verwaltungsreform-bw.de/cgi-bin/DxML?Templte=./Templates/Start.tpl&DVA_Location=lskbw>, online 23.07.2002

Stabsstelle Moderner Staat – Moderne Verwaltung (Hrsg.): BundOnline 2005 : Umsetzungsplan für die e-Government-Initiative. Berlin: Bundesministerium des Innern, 2001. – URL <http://www.bund.de/Anlage67126/pdf_datei.pdf>, online 25.07.2002.

Stabsstelle Moderner Staat-Moderne Verwaltung (Hrsg.): Bilanz 2002, Berlin: Bundesministerium des Innern, 2002.

Tavangarian, Djamshid et al.: Fortschreibung Multimedia-Konzept Mecklenburg-Vorpommern : Analysen, Trends und Perspektiven. Schwerin: Wirtschaftsministerium Mecklenburg-Vorpommern, 2001. – URL <http://www.wm.mv-regierung.de>, online 13.08.2002.

Thüringer Innenministerium (Hrsg.): e-Government : Konzept für den Freistaat Thüringen. – URL <http://www.thueringen.de/de/suche/searchloader.asp?url=/de/tim/u7/u_start.html>, online 23.08.2002.

Thüringer Innenministerium (Hrsg.): Weiterentwicklung der Verwaltungsreform und der Organisation der Landesverwaltung : Rahmenkonzept der Thüringer Landesregierung. Erfurt: Thüringer Innenministerium, 2001. – URL <http://www.thueringen.de/ imperia/md/content/tim/20.pdf>, online 23.08.2002.

Unterausschuss „Allgemeine Verwaltungsorganisation" des Arbeitskreises VI der Innenministerkonferenz (Hrsg.): Aktivitäten auf dem Gebiet der Staats- und Verwaltungsmodernisierung in den Ländern und beim Bund. Magdeburg: Ministerium des Innern des Landes Sachsen-Anhalt, 2002. – URL <http://www.mi.sachsen-anhalt.de/broinfo/index.htm>, online 24.08.2002.

von Lucke, Jörn; Reinermann, Heinrich: Speyrer Definition von Electronic Government. Speyer: Forschungsinstitut für öffentliche Verwaltung bei der

Deutschen Hochschule für Verwaltungswissenschaften Speyer, 2001. – URL <http://foev.dhv-speyer.de/ruvii/Sp-EGov.pdf>, online 23.07.2002.

Zentes, Joachim: Grundbegriffe des Marketing (4. Aufl.). Stuttgart: Schaeffer-Poeschel, 1996.

Zuber, Walter: Eröffnungsreferat „eGovernment – Motor der Wissensgesell-schaft" des Minister des Innern und für Sport, Staatsminister Walter Zuber, zum eGovernment-Forum „rheinland-pfalz 24" am 11. April 2002 im ZDF-Konferenzzentrum in Mainz. – Manuskriptfassung.

Zypries, Brigitte: Der Anspruch an eine moderne, bürgernahe Verwaltung. In: Picot, Arnold; Quadt, Hans-Peter (Hrsg.): Verwaltung ans Netz! Neue Medien halten Einzug in die öffentlichen Verwaltungen. Berlin: Springer, 2001.

10 URLs der Länderinitiativen

Land	Institution & URL
Baden-Württemberg	Stabsstelle für Verwaltungsreform im Innenministerium http://www.verwaltungsreform-bw.de
Bayern	Bayerische Staatskanzlei http://www.bayern.de/Wirtschaftsstandort/eGovernment/ http://www.bayern.de/Politik/Initiativen/Verwaltung/
Berlin	Projektgruppe Modernisierung der Berliner Verwaltung http://www.berlin.de/Verwaltungsmodernisierung
Brandenburg	Staatskanzlei Brandenburg http://www.brandenburg.de http://www.bis2006.de
Bremen	Senator für Finanzen http://www.bremen.de/verwaltungsreform
Hamburg	Der Senat der Freien und Hansestadt Hamburg http://www.buergerschaft-hh.de http://www.hamburg.de/Behoerden/FB/Amt6/Modernisierung/welcome.html
Hessen:	Hessische Staatskanzlei Hessisches Ministerium für Wirtschaft, Verkehr und Landesentwicklung http://www.hessischerlandkreistag.de http://www.reformkurs.hessen.de http://www.hessen.de
Mecklenburg-Vorpommern	Innenministerium http://www.mv-regierung.de/im/
Niedersachsen	Niedersächsische Staatskanzlei Niedersächsisches Innenministerium http://www.niedersachsen.de http://www.mi.niedersachsen.de
Nordrhein-Westfalen	Innenministerium Nordrhein-Westfalen http://www.im.nrw.de/ http://www.rlp-inform.rlp.de

URLs der Länderinitiativen (Fortsetzung)

Rheinland-Pfalz	Rheinland-Pfalz 24 http://www.rlp-inform.rlp.de
Saarland	Saarländische Staatskanzlei http://www.staatskanzlei.saarland.de/verwaltungsmodernisierung.html
Sachsen	Sächsisches Staatsministerium des Innern http://www.sachsen.de/de/bf/staatsregierung/ministerien/smi/schwerpunkte/verwaltungsreform/index.html
Sachsen-Anhalt	Ministerium des Innern des Landes Sachsen-Anhalt http://www.mi.sachsen-anhalt.de
Schleswig-Holstein	Staatskanzlei Schleswig-Holstein http://landesregierung.schleswig-holstein.de/
Thüringen	Thüringer Innenministerium http://www.thueringen.de/tim/